中公新書 2245

佐藤信之著

鉄道会社の経営

ローカル線からエキナカまで

中央公論新社刊

はじめに

日本は、世界でも冠たる鉄道大国である。全国の大都市を新幹線網が結び、地方都市との間には特急列車が頻繁に走っている。また、大都市を中心に、地下鉄や高架鉄道などの稠密《ちゅうみつ》な路線網が形成されている。大都市では、あえて自家用車に依存せずに、鉄道によって仕事や生活のすべてを快適にこなすことができる。

いっぽうで、地方では自家用車への依存度が高まり、中心市街地から郊外への経済活動の流出が続き、人口も大きく減少して、中心部の空洞化が進んだ。地方都市でも、新しい流れとして、中心市街地の再活性化のための鉄道再生、新しい軌道システムであるＬＲＴ（Light Rail Transit）の整備が進む気運が生まれてきた。鉄道・軌道の利便性が改善した一部先行都市（たとえば富山市）では、すでに都心部の再活性化の実があがっており、それに追随しようとする都市が増えている。

このように、社会基盤として重要な役割を担《にな》う鉄道であるが、日本では、運賃収入による収支採算を前提として整備・運営が行われてきた。しかし、大都市での新線は建設時の資本費負担で経営が厳しく、また地方のローカル線は、通勤の自家用車へのシフト、少子化による通学生の減少により、運賃収入だけでは採算を取れない路線も多い。

欧米では、環境問題への関心の高まりを背景にして、都市圏での鉄道・軌道整備が進められ、魅力的な都市環境を実現しているところも多い。そのようなケースでは、もはや整備・運営費用の利用者負担の原則は採られていない。

日本でも、自家用車に偏りすぎた交通需要を公共交通にシフトさせる政策を進めている。そのために、近年、国・自治体によるさまざまな支援制度が整備された。また、地方のローカル交通については、規制緩和と地方分権政策の中で翻弄《ほんろう》され、大きく傷ついている。その建て直しを図るという大きな課題がある。

本書は、鉄道会社がどのようにして経営を行っているのか、鉄道が他の公共交通とどう異なり、どのような特徴があるのか、社会資本としての鉄道の価値をどう計り、どう維持・整備していくのかについて、豊富な実例を紹介しながら解説するものである。

目次

はじめに　i

1　鉄道の経営とは　1

津軽鉄道を訪ねて　津軽五所川原駅へ　ある朝の情景　6時20分―出庫点検
朝の通学ラッシュ　利用者の内訳　ストーブ列車の運行　中心市街の空洞化
周辺高校と通学の形態　津軽鉄道の決算　JR東日本の経営モデル　JR東日本の路線網　新幹線と首都圏が利益のほとんど　新幹線の収益構造　新幹線と在来線の比較

2　日本の鉄道事業の特徴　39

インドネシア政府の鉄道投資担当者の疑問　効率の良い日本の都市鉄道　緻密な都市鉄道　各国の鉄道の経営　各国の鉄道営業キロとシェア　昭和40年～50年の鉄道事業者数の推移　昭和51年～平成2年の鉄道事業者数の推移　平成3年～12年の鉄道事業者数の推移　平成13年～22年の鉄道事業者数の推移　今後の鉄道需要　外国人観光客の取り込み

3 新幹線鉄道網の形成 67
東海道新幹線の建設　山陽新幹線の建設　整備新幹線計画　東北・上越新幹線の建設　JR発足以後　ミニ新幹線・スーパー特急構想　既設新幹線の譲渡　整備新幹線の開業　フル規格での整備へ　航空機との競争　LCCの登場　リニア新幹線

4 都市鉄道の整備 93
都市への人口集中とインフラの未整備　混雑する鉄道　新線建設のための子会社　戦前の都市鉄道ネットワーク　乗り換えに便利な駅　恐慌下の路線建設　山手線と京浜東北線の路線分離　利便性の落ちた戦後の路線改良　世界初の相互直通運転　「万里の長城」山手線　直通運転の開始　中央線の複々線化　常磐緩行線の延伸　常磐線と千代田線の相互直通運転　大阪の新線建設　都心回帰と若者の自動車離れ　新たな大都市鉄道整備計画

5 鉄道会社のレジャー開発 121
通勤客以外の乗客増　宝塚の開発　西武園の開発　戦後の行楽地開発　小田急の箱根乗り入れ　箱根山戦争　名鉄と犬山遊園の開発　東武鉄道による観光開

発　野球と鉄道―国鉄スワローズ　東映フライヤーズ　西武ライオンズ　阪神タイガース

6　鉄道会社の増収努力　147
国鉄の通勤ライナー　通勤での特急利用　総武・横須賀線へのグリーン車連結　湘南新宿ラインの運行　高崎線・東北本線・常磐線普通列車へのグリーン車連結　グリーン車Ｓｕｉｃａシステム　私鉄の着席サービス　ミニ新幹線のプロジェクト　山形新幹線　秋田新幹線

7　鉄道会社の観光開発　177
観光需要に期待　黒部峡谷鉄道　大井川鐵道井川線　各地のトロッコ風列車　蒸気機関車の運転　本線でのＳＬ運転　ＳＬやまぐち号の運転　観光仕様の列車　ＪＲ九州の車両デザイン　ＪＲ東日本のリゾートトレイン　レストラン車両の登場　名物列車　アテンダント　イメージキャラクターの登場

8　鉄道会社の沿線開発―住宅地とターミナル　213
鉄道事業以外の増収策　阪急の創始者小林一三　小林一三モデル　アメリカの鉄道建設と分譲　池田室町住宅地の開発　渋沢栄一と田園調布　流通、阪急ストア

〜阪急百貨店　堅実な経営　ターミナルデパートの隆盛　JR大阪三越伊勢丹の出店　大阪ステーションシティの開業効果　阪急百貨店建て替え　渋谷の開発
渋谷ヒカリエ、渋谷周辺部大規模再開発　都心部の再開発

9　鉄道会社のエキナカビジネス―JR東日本の場合―253

巨大な売上高　グループ内競争　周辺商店街との関係　国鉄時代　駅ビルの発展　JR東日本の兼業―コンビニ事業　リゾート開発　生活総合サービスへ
サンフラワープラン　ニューフロンティア21　Diliaとecute　キヨスク　小規模店のリストラ

10　必要な鉄道の維持のために―279

都市公共交通について　インフラ整備の財源　アメリカの政策転換　コンパクトシティの思想　需要と供給はどう決まるか　公共交通の価格決定　共通運賃制度の導入を　経営の一元化　地域公共交通の維持　生存権と公共交通　移動可能性を保障しつつ、付加価値を高める　公共の支援　通学定期補助　まとめ

写真は特記以外、著者・編集部撮影です。
地図の作成にあたっては、「カシミール3D」（DAN杉本氏作）を使用しました。
地図の標高データは国土地理院発行の基盤地図情報を使用しました。

1　鉄道の経営とは

津軽鉄道を訪ねて

津軽《つがる》鉄道は、日本最北の旅客輸送を行う私鉄である。以前は、さらに北側に北海道ちほく高原鉄道が営業していたが、平成18年（２００６）に廃止された。

青森県の私鉄としては、１９９０年代以降、下北《しもきた》交通、南部《なんぶ》縦貫《じゅうかん》鉄道、弘南《こうなん》鉄道黒石《くろいし》線、十和田《とわだ》観光電鉄が廃止され、残っているのは津軽鉄道と弘南鉄道の弘南線と大鰐《おおわに》線だけとなってしまった（旧国鉄のＪＲ東日本と第三セクター「青い森鉄道」を除く）。

津軽五所川原駅へ

津軽鉄道の始発駅がある五所川原《ごしょがわら》市へは、東北新幹線の終着駅新青森《しんあおもり》で下車して、弘南バス五所川原行きに乗り換えるのが便利である。在来線の鉄道で行く場合は、青森駅から奥羽《おうう》本線で川部《かわべ》駅へ向かい五能《ごのう》線に乗り換えるのであるが、本数が少ないので、観光客は青森駅発の快

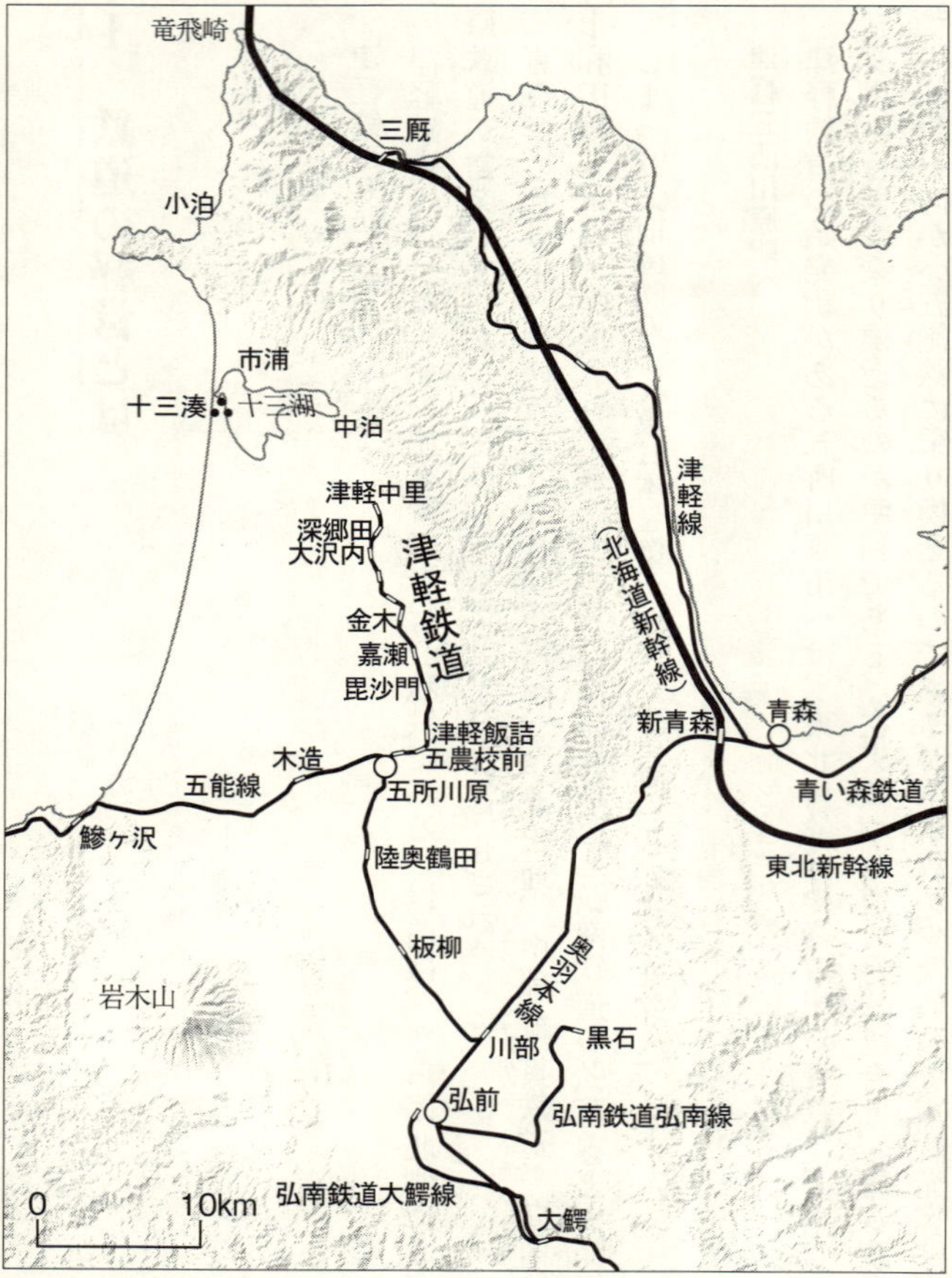
竜飛崎
三厩
小泊
市浦
十三湊
十三湖
中泊
津軽中里
深郷田
大沢内
津軽鉄道
金木
嘉瀬
毘沙門
津軽飯詰
五農校前
五所川原
木造
五能線
鰺ヶ沢
陸奥鶴田
板柳
岩木山
川部
奥羽本線
黒石
弘前
弘南鉄道弘南線
弘南鉄道大鰐線
大鰐
津軽線
（北海道新幹線）
新青森
青森
青い森鉄道
東北新幹線
0
10km
津軽鉄道関係地図

津軽鉄道津軽五所川原駅駅舎（写真・津軽鉄道）

速「リゾートしらかみ」（季節運転・1日3往復・全席指定）を使うことが多い。

津軽鉄道は、かつてはバス事業を経営し、子会社にタクシー会社（津鉄観光）を持っていたが、今は鉄道専業である。現在、弘南バスが運行している青森〜五所川原間の路線バスも、戦前は津軽鉄道が経営していた。

津軽鉄道の鉄道路線は、津軽五所川原から津《つ》軽中里《がるなかさと》までの20・7kmである。その起点の津軽五所川原駅の駅舎は、JR五能線の五所川原駅に隣り合ったところにあり、昭和の香りのする木造平屋の古い建物である。改札口を入ると、そこはJRの構内で、JRと共用している跨線《こせん》橋《きょう》を越えた先に津軽鉄道のホームはある。

津軽鉄道の車両基地は津軽五所川原駅の裏側にある。正式名称を津軽五所川原機関区という仰々しいものだが、機関庫に2線、客車庫に1

線、留置線2線のこぢんまりとした施設である。そのほかに車両の向きを変えるターンテーブル（転車台）があるが、今ではなかなか出番がない。

客車庫には機関車2両が収容され、ホームに面する裏1番線（4番線の表示がある）には冬季を中心に「ストーブ列車」に使用する客車3両が留置してある。国鉄から購入した旧型客車で、なかでもオハフ33形は車内も木製で、レトロな感覚を体感するには必要にして十分な車両である。ただし客車の状態はあまりよくない。JRが各所に保管していた旧型客車が解体されたという噂《うわさ》を聞くにつけ、つい、「もったいない」とつぶやいてしまう。

そのほかに、旧西武《せいぶ》鉄道の電車を改造した客車が2両ある。車籍はあるが不具合があって、しばらく営業線に出ていない。復活運転のためのオーナー募集・寄付金募集という話も出ている。この車両は、現在の新宿《しんじゅく》線などを運行していた戦前の旧西武鉄道が導入した車両である。いまや、旧西武鉄道の車両で現存しているのは津軽鉄道所有のこの客車だけである。

このほかに、現在主力として使用されている津軽21形ディーゼルカー（全5両）と貨車、今は使用されていない旧国鉄のキハ22形ディーゼルカーやラッセル車も留置されている。

ある朝の情景

平成25年（2013）9月3日火曜日、早朝6時15分、津軽五所川原駅7時8分発第1列車に使われる車両の出庫風景を見ようと訪問した。

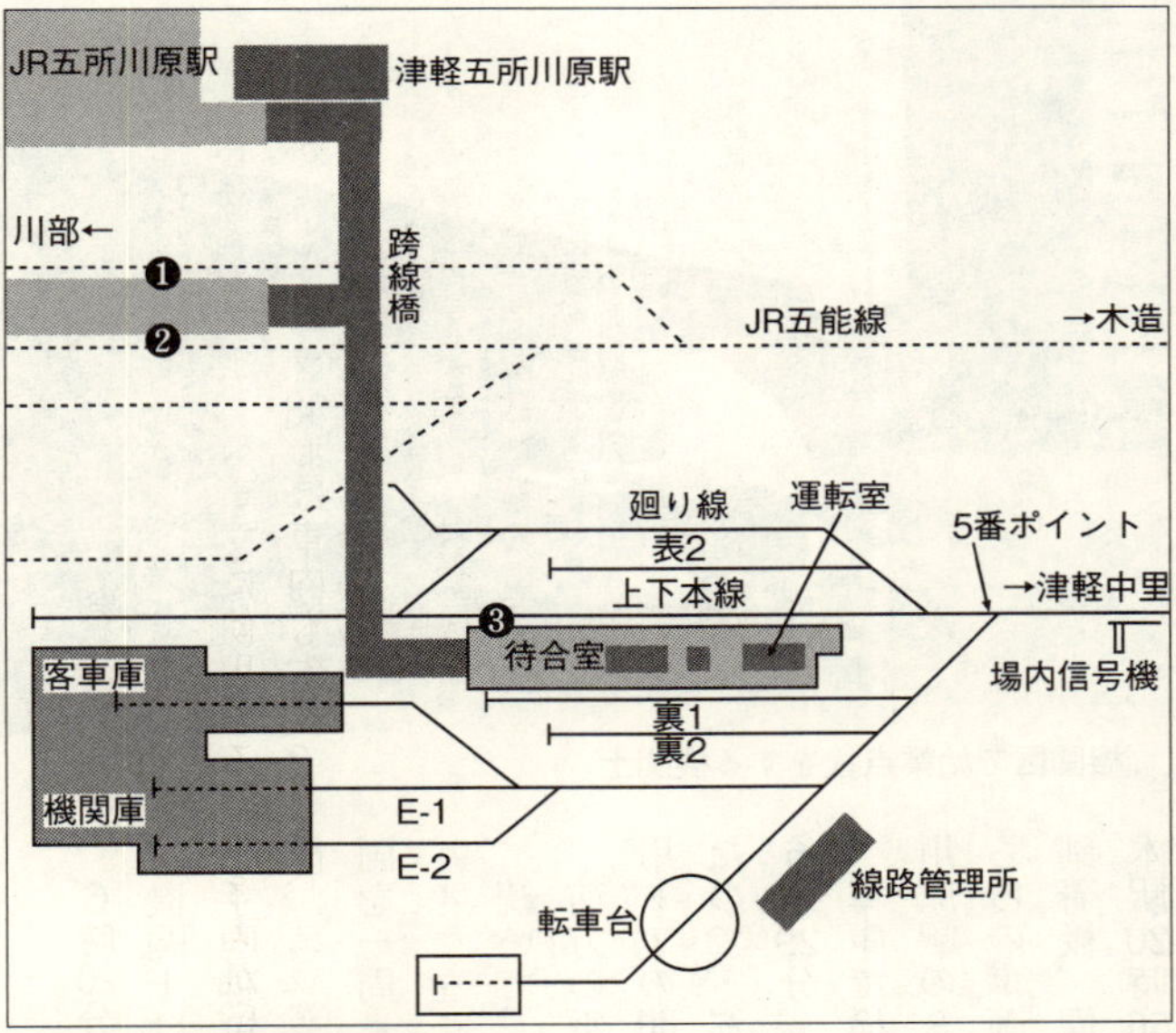

津軽五所川原駅の配線図

車庫に入ると、機関庫の外に津軽21形ディーゼルカーが検査のために台車を抜き取られて枕木《まくらぎ》で組まれた「馬」に乗せられていた。台車は車庫のなかの天井クレーンに吊《つ》されようとしていた。

これと並んで津軽21 1 0 3号が1両で停車している。正面の貫通ドアに「鈴虫／スズムシ号」のヘッドマークが取り付けられている。津軽鉄道の名物列車は、冬の「ストーブ列車」と夏の「風鈴列車」、秋の「スズムシ列車」である。これが本日の第1列車に使われる。

担当機関士（電車ならば運転士ということになる）のあとを追って、始業点検の手順をたどってみた。

機関区で始業点検をする機関士

6時20分―出庫点検

機関士はまず床下の台車の外観を観察し、逆転機に手を伸ばしてオイルの状態をチェックする。その後、エンジン、前方の台車を観察して反対側へと車両を一周して、最後にコンプレッサーと元空気溜《もとくうきだめ》のバルブをチェックして下回りの点検は終わった。

続いて、乗務員室の機器のチェックである。

前方の乗務員ドアを開けて室内に入ると、まず客用ドアの開閉を確認する。第1列車はワンマン運転なので、ドアの開閉も運転台のスイッチで操作する。

6時29分、点検終了。

車庫で検査をしている間に、6時26分、津軽五所川原駅の3番線に第2列車2両編成が到着した。こちらの車両は、前日の上り最終第56列車で金木《かなぎ》駅に到着後、同駅で滞泊《たいはく》していた。機関士も、同じく金木駅20時56分着で仕業を終え、翌日の始発のために駅に泊まる。この列車は同じ乗務員でそのまま6時35分発第53列車津軽中里行きに折り返す。

6時33分、隣のJR五所川原駅に鰺ケ沢《あじがさわ》発弘前《ひろさき》行き821Dキハ48形4両編成が入線してきた。以前は通勤・通学輸送で混雑した列車であったが、乗客はめっきり減ってしまった。津軽鉄道の第2列車からの乗り継ぎ客もわずかな人数であった。

6時30分、機関庫2番線で待機していた車両が、起動試験のためにわずかに移動して停車した。続いて、駅の運転室で点呼を受ける。6時35分の第53列車の発車を待ってからの点呼開始である。

運転室で点呼を行う

運転員「9月3日火曜日。出庫機関士、始業点呼を行います」

「おはようございます。心身の状態、異常はありませんでしょうか」

機関士「ありません」

運転員「酒気帯びチェックを行います」

「これに息を吹きかけてくださ

い」

チェッカーを確認して、

「大丈夫です」

「服装携帯品のチェックを行います」

「帽子よし、名札よし、バッグの中身確認、時計よし」

「今日の運転等の達しは確認したでしょうか」

機関士「はい」

運転員「今日の作業概要と注意事項を行います」

「作業概要としては6列車着後、庫入れ、以後折返し、54列車着後、庫入れ、以上です」

「注意事項としては、制限速度と指差し確認の徹底をお願いします」

「時計の修正を加えます。6時38分45秒」

「綱領の唱和。1番をお願いします」

機関士と運転員が声を合わせて、「安全の確保は 輸送の生命である」と唱和する。

その後、運転ハンドルの確認、仕業表の確認を行い、点呼票に機関士が確認のサインをして、点呼は終了した。

運転員「今日も1日安全運転でお願いいたします」

ポイントを切り替えて津軽五所川原駅3番線に入線する第1列車

点呼が終わると、運転員は、車両を本線に誘導するために駅の外れにあるテコ扱い小屋に小走りで向かい、ポイントを切り替える。5番ポイントを車庫から本線に切り替え、6時40分、車両は車庫を発車していったん本線へ移動。

ここで運転員はテコを本線側に戻して、緑色の信号旗を振りながら津軽五所川原駅の3番線に誘導する。

6時44分、車両がホームに据え付けられ、客用ドアを開けた。ホームで待っていた数人が乗り込んだ。

7時00分、タブレット（通行票）を受け取り、7時8分、第1列車は定刻通り発車した。

早朝のいっとき、ホームにはまだ乗客がい

ない静かな空間で、厳《おごそ》かに点呼が進行する。職員の安全に対する真摯《しんし》な態度に、安心感を感ずるとともに、近くにいて気の引き締まる思いがした。

朝の通学ラッシュ

第1列車に乗った乗客は、私を除き5人。2つ目の五農校前《ごのうこうまえ》駅で4人が下車した。それからは乗客は女子高生が1人だけとなった。途中、田園や防雪林のなかを抜けて坦々《たんたん》と走る。嘉瀬《かせ》駅で高校生3人と一般客2人が乗車、合わせて6人となったが、そのほとんどが次の金木で下車した。

この列車と金木駅で行き違う上り第4列車は、金木発車の時点で乗客は107人、次の嘉瀬で19人、津軽飯詰《つがるいいづめ》で1人乗車して、全部で127人になった。これが乗客数のピークで、五農校前で18人が下車して、7時53分着の津軽五所川原まで乗ったのは110人ほどであった。そのうち高校生以外の一般客は9人だけであった。

この折り返しが8時10分発の第3列車であるが、県立五所川原農林高校の通学時間に都合の良いダイヤで、津軽五所川原で66人乗車して、そのうちの57人が五農校前で下車した。この列車は、毘沙門《びしゃもん》、金木、大沢内《おおざわない》、深郷田《ふこうだ》で1人ずつ一般客の乗車があった。最終的に津軽中里で5人が下車した。

平成25年（2013）6月1日から12日までの乗車数記録（団体を除く）を見ると、1日のな

金木駅のラッシュ風景

通勤・通学に利用される第４列車の車内

かで一番混《こ》む列車が上り第4列車で、平日は224～272人である。2両編成で最大混雑率121％ということになる。次に混むのはその折り返しとなる下り第3列車で、104人から114人である。

9月3日に確認した乗客数は、6月の数字の半分にとどまっており、全体的に乗客数が減っているのではないかと心配する。高校生のなかに回数券の利用者が見られ、普段は親の送迎があるのだろうと推測する。

6月の数字に戻ると、夕方以降の下り列車（第13列車以降）はそれぞれ100人近い旅客数が続く。日中の列車は上り下りとも数人から50人程度である。ただし、日によって増減が大きいのも特徴である。

日曜日は、五能線下り弘前行きの接続がある上りの第4列車と第8列車の旅客数が50人を超えるほかは、数人から30人程度にとどまる。

利用者の内訳

津軽鉄道の平成24年度（2012）の旅客数と運輸収入は、合計で30万4千人、1億504万円である。1日あたりにすると833人、29万円となる。

そのうち、通勤定期券の販売枚数は1ヵ月定期が71枚、3ヵ月定期が21枚である。1年に直すと、1ヵ月定期はほぼ6人分、3ヵ月定期はほぼ5人という勘定になる。両方を合わせても

11人で、定期券での通勤客はわずかだが、それでも年間の延べ数にすると8千人ということになる。収入額は212万円である。

通学定期運賃は割引率が普通運賃の56%引きで、津軽鉄道ではその半額で行きまたは帰りのみ乗車できる片道定期券も発行している。発行枚数は、1ヵ月定期の往復が1510枚で片道が422枚である。3ヵ月定期の往復は161枚で、片道は37枚である。1日あたりに均《なら》すと372人で、旅客数の半分弱が通学定期券利用者ということになる。年間の延べ数は13万6千人、収入額は2823万円である。近年、どこのローカル鉄道でも収入単価の小さい通学定期券の比率が上昇している。

平成14年度（2002）には、旅客数は52万5千人、旅客運輸収入は1億4446万円あった。このころは、1日18往復を運転していた。その後、赤字が膨らむなかで、平成16年（2004）11月10日に津軽飯詰駅の列車交換を廃止して運行本数を14往復に削減した。

その結果、旅客数の長期低落傾向が加速して、平成17年度（2005）の旅客数は37万2千人、旅客運輸収入は1億671万円まで落ち込んだ。

通学定期の旅客数についても、平成14年度に29万6千人あったのが、平成17年度には20万2千人に落ち込み、さらに平成24年度には13万5千人に減少した。その背景には、沿線人口の減少、少子化があるものの、それにも増して親の自家用車での送迎が増えているという。

通勤・通学客以外の、普通券や回数券を使用する旅客は、まず地域の生活交通として津軽鉄道を利用する買い物客や通院客である。五所川原市の市街地に大きな病院が立地していて、津軽五所川原駅から歩いてゆくこともできる。近年は、弘南バスが鉄道の並行区間でバスの運行を開始したり、五所川原市が市役所と旧市浦《しうら》村や金木町までの無料バスを運行するようになった影響も大きい。

また、普通券で利用する観光客も多い。近年、東北地方を中心に一人旅や夫婦旅といった個人の観光客が増えている。団体旅行が観光バス利用にシフトするなかで、津軽鉄道にとっては重要な収入源となっている。

この傾向を後押ししているのがJR東日本の「大人の休日倶楽部《くらぶ》パス」である。年齢制限付きの格安のフリー乗車券である。特急指定席も利用できる。シニア層にはJR五能線の「リゾートしらかみ」の人気は高く、五所川原で下車して津軽鉄道に寄り道する旅客も多い。

平成24年度の普通券の発行枚数は大人9万人、小児3千人、回数券1301冊(1冊11枚)で、売上高は、普通券4732万円、回数券513万円である。

ストーブ列車の運行

津軽鉄道の一番の名物は、「ストーブ列車」である。冬季に入って運行が始まるころには全国向けのニュースで取り上げられるほどである。

このストーブ列車は、ディーゼルカーだけではダイヤを賄えないため、機関車が客車を牽引《けんいん》

上・雪原を走るストーブ列車
下・ダルマストーブの火を調節する車掌（2点とも写真・津軽鉄道）

したのが今もつづいている。

機関車は貨物列車と兼用であった。機関車に列車の暖房施設を持っていないため、客車にストーブを設置したものである。昭和40年代には北国で普通に見られた車内風景であったが、路線の廃止や車両の近代化などで次第に減り、現在も運行しているのは津軽鉄道だけである。1車両につき2つの石炭ストーブが設置され、スルメや餅《もち》を焼くこともできる。ストーブ列車の維持経費を出すため、平成19年（2007）12月1日からストーブ列車料金を新設した。大人・子どもとも1枚300円である。

ストーブ列車は、年々話題を呼んで遠方からの来客も順調に増えてきた。それに平成22年（2010）12月の東北新幹線新青森開業が加勢した。平成23年（2011）1月、2月にストーブ列車の旅客数はピークとなった。そして、同年3月11日の東日本大震災。東北新幹線が長期間運休したため、入込《いりこみ》客が激減した。ストーブ列車は運行を続けたが、燃料事情により列車の間引き運転を余儀なくされた。

平成23年12月～翌年3月までのストーブ列車券の発売枚数は、2万9550枚である。売り上げが一番多かったのは2月4日土曜日の756枚である。

翌平成24年（2012）の冬シーズンは、12月から断続的に強い寒気が流入して例年にない早い時期からの豪雪となった。青森での記録的豪雪が報道されるなかで青森への観光を控える動きがあり、1万9645枚と、前年度に比べて33％の大幅な減少となった。

ただし、団体客の数自体は、震災の影響を受けた平成23年度の3万6千人に対して、平成24年度は4万9千人まで回復した。

もともと津軽鉄道沿線には、観光地として全国に知れ渡る金木の斜陽館《しゃようかん》と津軽三味線がある。1年を通してコンスタントに観光客が訪れる。また、県立公園の芦野《あしの》公園も5月の桜の季節には近在からの行楽客が多い。それに対して、厳冬期は、ときに地吹雪が荒れ狂う豪雪地域とあって、観光客はなかなか足を向けなかった。その冬場の観光客誘致のために金木の市民団体が「地吹雪ツアー」を仕掛け、冬の津軽の厳しい気候を逆手に取った取り組みを行った。その冬場に走る津軽鉄道のストーブ列車もじわじわと全国に浸透することになっていった。ストーブ列車は冬場限定の運行であるため、かならずしも収益全体に対する貢献度は大きくないが、津軽鉄道イコールストーブ列車という会社のイメージ付けに役立っている。

中心市街の空洞化

津軽鉄道の沿線には津軽飯詰、旧金木町の嘉瀬と金木、終点の津軽中里にまとまった集落がある。しかし、いずれも小規模で、商業施設の集積が見られるのは五所川原だけである。

五所川原市の周辺には巨大なショッピングモールが2つある。大手資本の「イオンモールつがる柏《かしわ》」と地元主体で整備した「エルムの街《まち》」である。狭い地域に2つの大規模商業施設が登場した背景には中央の大手資本と地元経済界の確執があったようである。

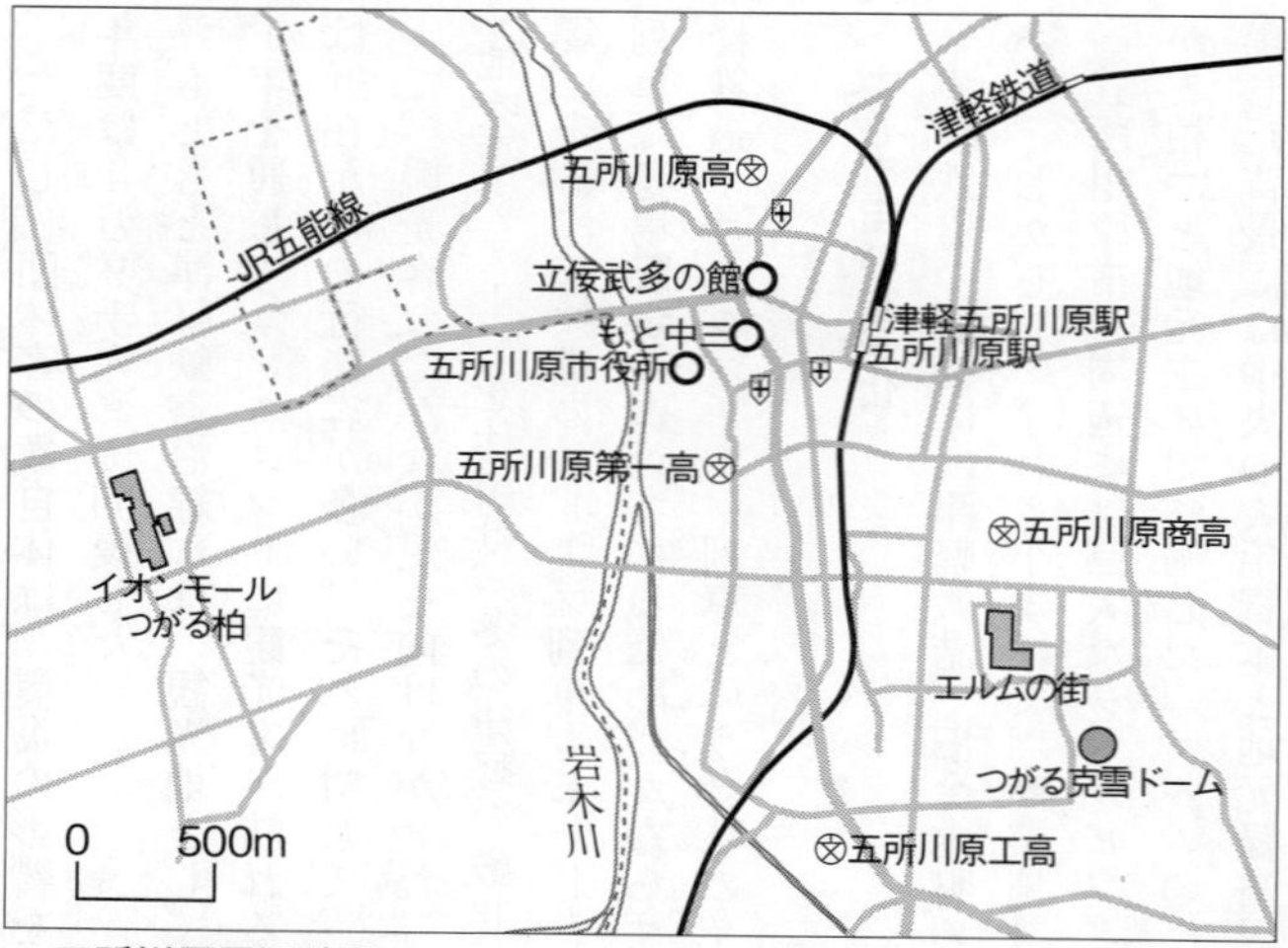

五所川原周辺地図

平成4年（1992）五所川原の既成市街地の西側、岩木川《いわきがわ》を越えた旧柏村の田園地帯に突如として巨大なショッピングモールが出現した。現在全国に事業展開する総合小売業のイオングループの手掛けたショッピングモールである。店名は「WADONA《ワドナ》」と名付けられた。「私とあなた」を津軽弁で表現すると「わどな」ということになる。敷地面積13万㎡、売場面積3万3千㎡、駐車台数2700台の巨大ショッピングセンターである（「WADONA」は平成19年〔2007〕に「イオンモールつがる柏」に名称を変更）。

この出現により大きな影響を受けたのが五所川原の既成市街地であった。購買力が新しい商業施設に吸い寄せられて、市街地の店舗の売り上げは大きく減少した。もっとも大きな打撃を受けたのが、市街地で営業していた百貨店であった。市街地には、「中三《なかさん》」「マルキ飛島《とびしま》（イトーヨーカドー）」「丸友」の3店舗が営業していたが、まず、平成7年（1995）に「丸友」が閉店に追い込まれた。

このような動きに対して市街地の商店街の商店主が集まって、五所川原の購買力を地元に受け止めるための勉強会が開かれた。それまでは交流の機会が少なかった市街地の商店街の商店主が、この勉強会を契機に団結していった。この活動が一つのきっかけとなって、イオンのショッピングモールに負けない五所川原市での商業施設開設に向けて動き出した。

平成4年、旧五所川原市と地元商業主たちが第三セクター「五所川原街づくり㈱」を設立して、平成9年、五所川原駅から南東1㎞の位置に9万6千㎡の用地を造成して、売場面積3万9千㎡の一大ショッピングモールを完成させた。これがエルムの街である。そして、当時業界トップの地位にあったイトーヨーカドーをキーテナントとして誘致し、専門店街には既成市街地で営業していた商店が出店した。大手の大規模商業施設に対抗して、地元の力を結集して作り上げたショッピングモールである。いまや、青森市や弘前市など津軽地方全域から客を集めている。

しかし、エルムの街が栄えるいっぽうで、市街地の商業活動は衰退した。消費者が郊外に流れ、市街地に客が集まらなくなった。そして、駅前商店街はシャッター通りとなり、さらに平成9年、百貨店「マルキ飛島（イトーヨーカドー）」がエルムの街の開業にあわせて閉店し、平成18年（2006）には中三デパートも閉鎖された。

「エルムの街」に停車するコミュニティバス

2つのショッピングモールは広い駐車場を完備するだけでなく、公共交通機関も整備されている。イオンモールつがる柏は、公共交通としては、弘南バスの五所川原・十三《じゅうさん》線と五所川原・鰺ヶ沢線が乗り入れている。そのほか、火・土・日・祝とお客様感謝デーの毎月20、30日には五所川原駅までの無料送迎バスを1時間に1～2本運行している。かつては弘前行きのバスを運行していたときもあった。

エルムの街は、平成11年（1999）から五所川原商工会が運営し、実際の運行を弘南バスに委託するコミュニティバスの運行を始めた。現在は、「商店街循環バス」という名称で、白色バス「ELM⇕五所川原駅コース」、緑色バス「立佞武多《たちねぷた》の館《やかた》⇕ELM⇕みどり町コース」、赤色バス「ELM⇕若葉コース」で、系統ごとに車両が専用となっている。各コースとも1時間に1～2本が運転され、利便性は高い。最初は100円均一の料金であったが現在は120円に値上げされている。

五所川原街づくり㈱は、平成9年3月期の決算で、テナント料など18億5千万円を計上して良好な経営状態を続けていた。おりから五所川原市は財政状況の改善を目指して検討中であり、平成9年五所川原市は、五所川原街づくり㈱への市の出資分3億円を同社に売却した。これにより、同社は完全民営会社となった。

平成4年ころ、五所川原には中三五所川原店と丸友、マルキ飛島の3つの百貨店があった。そのトップを行くのが中三で売上高は54億円であった。3店舗での売上高は推定120億円程度ではないかと思われる。このすべてが廃業して、駅前通りの街並みから消えた。それに代わって、エルムの街の総売上高は、平均的な売上高に占めるテナント料の比率8％（スーパーマーケットが約5％、飲食店が約12％）で計算すると約150億円となる。消費不況のなか、全国的に小売業の売上高が低迷しているにもかかわらず、五所川原市の商圏は弘前や青森まで拡大し、五所川原市の経済活性化につながったとして、評価する声も多い。

周辺高校と通学の形態

五所川原の市街地に立地する高校は、県立五所川原高校、県立五所川原工業高校と私立五所川原商業高校、私立五所川原第一高校の4校である。

五所川原高校は、「五高《ごたか》」の略称で知られた当地随一の進学校である。普通科と理数科があり、全学の定員は720名。

五所川原工業高校は、五所川原駅から南に1・5㎞ほどのところに位置し、弘南バスの五所川原営業所の向かい側にある。機械科、情報技術科、電気科、電子機械科が設置され、それぞれ定員35名で全学の定員は525名である。

私立五所川原商業高校は、五所川原駅から南東600mほどの位置にあり、近くにエルムの街ショッピングセンターがある。商業科が設置され、定員は1学年270名である。

また、五所川原駅の南西500mのところに、私立五所川原第一高校がある。生徒数は、全学で426名である。同校は生徒の通学方法を公表しているが、それによると列車通学は101人で、そのうち津軽鉄道は28人であるという。そのほか、バス39人、自転車143人、徒歩35人、そして親の自動車による送迎が108人である。

もう一つ、高校生の親の自動車による送迎の実態を示す数字がある。津軽鉄道の沿線ではないが、沿線から通う生徒もいる県立木造《きづくり》高校である。平成25年度(2013)、生徒数600名のうち、五能線利用が154人、路線バスが67人と、公共交通の利用者が221人である。その他、自転車231人、徒歩13人となるが、近年自家用車の送迎が増えており、平成25年度には135人であった。

これに加えて、津軽鉄道沿線には、県立金木高校と県立中里高校、県立五所川原農林高校がある。金木高校は、金木駅から北東に500mの距離にある。定員は1学年70名ほどである。

中里高校は、津軽中里駅から北方に４㎞ほど離れた位置にあり、公共交通を使う場合、津軽中里駅から小泊行きのバスに乗り換えて15分かかる。普通科だけ設置し、定員は１学年90名ほどである。

五所川原農林高校は、津軽五所川原駅から２つ目の五農校前が最寄り駅である。駅から学校までは５００ｍと近い。同校は、明治35年（１９０２）に設立された伝統のある農学校である。生物生産科、生活科学科、食品科学科、森林科学科、環境土木科の５学科５００名を超える生徒が、広大な土地で農産物を生産するとともに、加工・流通・販売・経営について学んでいる。その実践の場として仮想「五農農業会社」を立ち上げ、津軽五所川原駅売店および列車内等での販売・接客を体験することで、多様化する社会情勢に対応できる生徒の育成を目指している。これには津軽鉄道も協力している。また農業を中心に据えた人材育成と街づくりを目的に、農業のＩＴ化、農産物のブランド化、異年齢交流等の事業により、生産者が加工・販売まで手がける「６次」産業化を推進、「食」創出、「健康」増進、「仕事」づくりを理想とし、周辺生産者・企業・大学・五農高が一体となって協議会を設立、その中心となって事業を進めている。

通学に津軽鉄道を利用する場合、津軽鉄道の沿線から五所川原の市街地の高校、五農高、金木高へは、第４列車（金木７時28分着、五農校前７時47分着、津軽五所川原７時53分着）を使うことになる。津軽五所川原駅では、ＪＲ五能線の弘前方面と鰺ヶ沢方面にそれぞれ接続し、県立木造高校、県立鶴田《つるた》高校、県立板柳《いたやなぎ》高校への通学にも使われている。この第４列車の乗客数は先ほど紹介したが、津軽鉄道の朝のラッシュは実質的にこの1本だけで、乗客200人程度というのが実情である。

五能線の弘前側から五農高へ列車通学する場合には、五能線の弘前発鰺ヶ沢行き五所川原駅7時18分着を使い、津軽五所川原駅8時10分発津軽鉄道第3列車に乗り換えて五農校前に8時16分に着く。五所川原駅で1時間近く待ち時間があるので、JRの駅舎やホームで暇をつぶす高校生が見られる。

中里高校については、津軽五所川原駅7時08分発津軽中里駅7時44分着の第1列車を利用して、中里駅前で小泊《こどまり》行きの8時00分発のバスに乗り換える。このバスは津軽鉄道にほぼ並行して走っており、第1列車が津軽五所川原駅7時08分発であるのに対して、バスの五所川原駅前発時刻は7時20分で、鉄道より12分遅く乗ることができる。それでも鉄道を利用するメリットは割引率の大きい通学定期券が使えるからといってよいであろう。もとは、このバス路線は津軽鉄道が運行していたが、昭和30年代に経営が悪化したさいに弘南バスに売却した。譲渡のさいの約束で鉄道並行区間の運行を行わないことになっており、すべて津軽中里駅で鉄道に接続していた。しかし、近年の規制緩和により津軽中里から五所川原まで路線を延伸して、鉄道と競合することになった。このバス路線は、生活路線として国と県の補助金を受けている（平成24年度で1753万円）。

津軽鉄道の決算（平成24年）

貸借対照表（単位：千円）

資産の部	
流動資産	33,349
固定資産	
鉄道事業固定資産	158,228
投資その他の資産	465
固定資産合計	158,693
資産合計	192,042

負債の部	
流動負債	26,995
固定負債	96,401
負債合計	123,396
純資産の部	
株主資本	68,646
負債純資産合計	192,042

損益計算書（単位：千円）

鉄道事業営業利益	
営業収益	124,558
営業費	156,875
営業利益	△32,317
営業外収益	21,153
営業外費用	2,982
経常利益	△14,146
特別利益	14,527
特別損失	0
税引前当期純利益	381
法人税等	336
当期純利益	45

津軽鉄道の決算

津軽鉄道は、平成24年度（２０１２）、旅客運輸収入が１億５０５万円で、これに運輸雑収１９５１万円を加えて、営業収益は１億２４５６万円である。それに対して、減価償却費を除く営業費用が１億３９２４万円、減価償却費が１７６５万円。営業費用は全部で１億５６８８万円で、差し引き営業利益は３２３２万円の赤字である。営業外収益として、津軽半島観光アテンダント推進協議会からのアテンダント事業の委託料、五所川原商工会議所からの緊急雇用創出事業の委託料など２１１５万円を受け取り、営業外費用として支払利息が２９８万円出たことなどで、最終的に、経常利益は1415万円の赤字であった。その他、レール・オーナー（5000円で営業キロ1mのオーナーとなるもの。ただし実際に所有権が移るわけではない）の収益、補助金などを特別利益に計上して、税引き前当期純利益は38万円、当期純利益は4万円という結果となった。

かつては、欠損補助を受けた時期があるが、現在は、経費に対する補助金は受けていない。輸送密度（1日1キロあたり平均通過人員）が小さいものの、黒字決算を続けている。しかし、利益の幅が小さいので、なにか特別の支出があるとこの黒字経営も簡単にひっくり返る。累積損失も徐々に減っているものの、まだ3209万円が残る。

五所川原の中心市街地の活気が残っていれば、生活交通の利用拡大施策を展開することもありうるのであるが、駅から距離の離れたエルムの街の買い物客を取り込むのは至難の業である。現状では、高校生の通学利用をいかに回復させるか、地域として観光客を誘致したうえで、津軽鉄道の利用にいかに誘導するかが対策の柱となるであろう。

実は、津軽半島というのは、観光資源の宝庫なのである。津軽海峡を望む最果ての地「竜飛《たっぴ》崎《ざき》」、中世まで大陸との交易で栄えた「十三《とさ》湊《みなと》」（近世以降は「じゅうさんみなと」という）など枚挙にいとまがない。観光開発では、いったん途絶えた五所川原の「立佞武多」が復活して、全国からたくさんの観光客を集めているという実績もある。

JR東日本の経営モデル

次に巨大な鉄道会社であるJR東日本の経営をみてみよう。

JR東日本は、正式名称を東日本旅客鉄道㈱という。平成24年度（2012）現在、グループ連結の年間の売上高は2兆6千億円を超える巨大企業である。国内45位、鉄道会社としては日本最大の売上高を出している。ちなみに連結経常利益額は3174億円である。

日本で最大の売上高を上げている企業はトヨタ自動車で22兆円である。生活者にとって身近な存在であるスーパーやコンビニ、ショッピングセンターを経営するイオンは5兆6千億円で17位、セブン&アイ・ホールディングスは4兆9千億円で19位である。話題の企業としては、福島第一原子力発電所の事故処理で膨大な費用を要する東京電力が5兆9千億円で国内の売上順位15位、経営危機に陥ったシャープが2兆4千億円で50位である。

JR東日本以外のJRでは、JR東海が1兆5千億円で81位、JR西日本が1兆2千億円で101位である。

また、私鉄では、東京急行電鉄がトップの1兆円で国内127位、続いて近畿日本鉄道が9千億円で141位となる。

これを総括すると、日本経済を牽引してきた製造業が世界市場を得て巨額な売上高を実現している。続いて、かつては世界展開が遅れて国際的には規模が小さかった日本の小売業が、近年、急速に海外出店を増やしているとともに国内でも巨大ショッピングモールを建設して事業

JR東日本の決算（単独。平成24年）

貸借対照表（単位：百万円）

資産の部	
流動資産	558,943
固定資産	
鉄道事業固定資産	4,495,134
関連事業固定資産	479,439
各事業関連固定資産	280,685
建設仮勘定	269,310
投資その他の資産	658,652
固定資産合計	6,183,223
資産合計	6,742,166

負債の部	
流動負債	1,269,892
固定負債	3,749,311
負債合計	5,019,224
純資産の部	
株主資本	1,703,160
評価・換算差額等	19,781
純資産合計	1,722,942
負債純資産合計	6,742,166

損益計算書（単位：百万円）

鉄道事業営業利益	
鉄道事業営業収益	1,844,243
鉄道事業営業費	1,558,531
鉄道事業営業利益	285,711
関連事業営業利益	
関連事業営業収益	66,561
関連事業営業費	29,393
関連事業営業利益	37,168
全事業営業利益	322,879
営業外収益	19,507
営業外費用	99,383
経常利益	243,004
特別利益	68,139
特別損失	71,523
税引前当期純利益	239,619
法人税、住民税及び事業税	103,350
法人税等調整額	△2,571
法人税等合計	100,779
当期純利益	138,840

規模を拡大している。

鉄道会社では、日本全体でも全業種トップクラスの売上高を上げていた国鉄という会社が昭和62年（1987）に解体されたことで、中堅の売上高規模を持ったJR各社に分割された。いずれも鉄道専業企業として設立されたため、25年経《た》っても依然として売上高に占める鉄道事業の比率は比較的高い。

JR東日本の単体での個別売上高は、1兆9千億円で、鉄道事業の売上高は1兆8千億円である。連結売上高2兆6718億円の7割を鉄道事業が占めているのである。長年副業の開発に努力してきた私鉄に比べるとこの値は高い。たとえば、東京急行電鉄の場合は、連結売上高全体に占める鉄道事業の売上高の比率は13%にすぎない。

JR東日本の連結売上高の内訳は、運輸業が3分の2で1兆7951億円、続いて駅スペース活用事業が全売上高の15%で4042億円、ショッピング・オフィス事業が9%で2389億円の順となる。

駅スペース活用事業の中核となるのは、キオスク（もとキヨスク）を経営するJR東日本リテールネットと日本レストランエンタプライズ（旧日本食堂）、ショッピング・オフィス事業は、各地の駅ビル会社である。そのほか、ホテル事業の日本ホテルやクレジットカード事業のビューカード、鉄道車両製造の総合車両製作所といった子会社が活躍している。

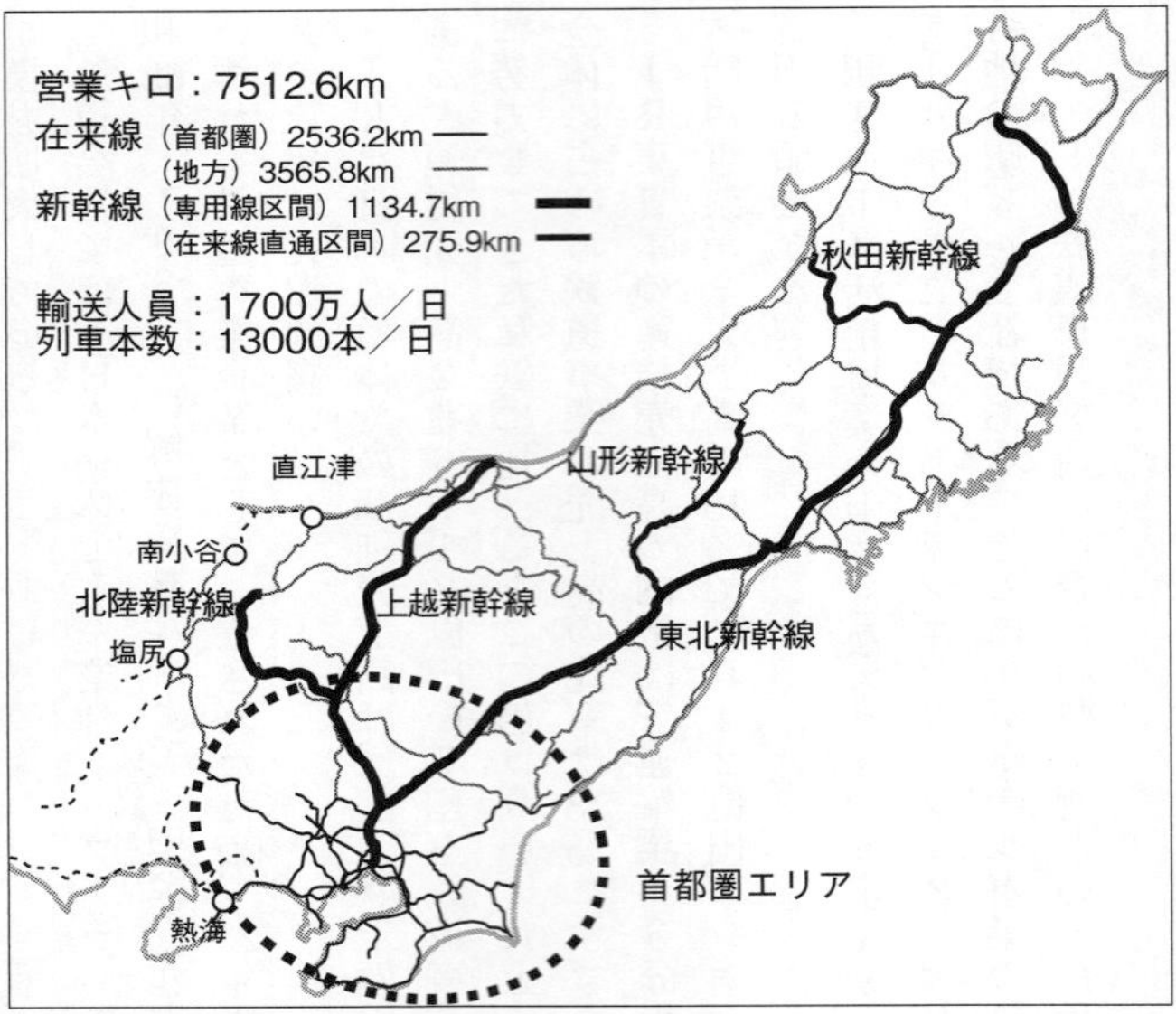

JR東日本の営業エリア

JR東日本の路線網

JR東日本は、昭和62年（1987）4月国鉄の分割民営化にともない、6つに分割された旅客鉄道会社の一つである。当初は、国鉄の法人格を引き継いだ国鉄清算事業団が株式の100%を保有していたが、その後、株式を上場し、全株の売却が済んで、現在は完全民営化している。

JR東日本の営業エリアは、本州中央の新潟県直江津《なおえつ》、長野県南小谷《みなみおたり》、塩尻《しおじり》、静岡県熱海《あたみ》を境にして、東側の本州全域である。新幹線と在来線の合わせて7512・6㎞の鉄道網を経営している。1日あたりの運行本数は1万3千本にのぼり、1日あたり1700万人の旅客を輸送する巨大鉄道会社である。ただし、東海道新幹線は東京駅から新大阪までをJR東海が一元的に運営している。

新幹線と首都圏が利益のほとんど

JR東日本の管内では、国鉄時代に営業していた新幹線は、東北新幹線上野《うえの》～盛岡《もりおか》間、上《じょう》越《えつ》新幹線上野～新潟間の2路線だけであった。上野～大宮《おおみや》間については、現在も両線で共用している。JR化してからは、東北新幹線を東京駅に延伸し、在来線を改軌して新幹線との直通運転を行うミニ新幹線として、山形新幹線、秋田新幹線を開業した。また、整備新幹線として最初の開業となった北陸《ほくりく》新幹線（長野新幹線）高崎《たかさき》～長野間、続いて、東北新幹線の八戸《はちのへ》、新青森延伸開業があった。

このように、JR東海が東海道新幹線のみ、JR西日本は山陽新幹線、JR九州は九州新幹線のみを営業しているのとは事情が違い、放射状に延びた新幹線路線を持っている。

JR東日本が運行する新幹線は、在来線の改良である秋田新幹線と山形新幹線を除くと、3路線1134・7kmである。これは在来線を含めた全路線キロの15・1%にあたる。この15・1%の路線で稼ぎ出している金額は4920億円で、全収入の29・3%にあたる。

いっぽう、首都圏の在来線の総営業キロは2536・2kmで全社の33・8%にあたる。この首都圏の在来線で稼ぎ出す運輸収入は1兆1170億円で全路線の運輸収入の66・4%である。

首都圏とは、東京支社、横浜支社、八王子《はちおうじ》支社、大宮支社、高崎支社、水戸支社、千葉支社管内の在来線の鉄道網である。

営業キロ1kmあたりの収入は新幹線が4億3千万円、首都圏の在来線は4億4千万円でほぼ互角である。

在来線の残りの営業キロは3841・7kmで、全社営業キロの51・1%にあたる。その51・1%の路線網で稼ぎ出す運輸収入は723億円にすぎず、全社の4・3%にとどまる。つまり、JR東日本が運行する路線網の半分は、会社全体の営業収益にほとんど貢献していないというのが現実である。

旅客1人1kmあたりの支払額(実収単価)は、新幹線が24円で、首都圏の在来線が10円である。運賃自体はほぼ同等なので、新幹線は、特急料金やグリーン料金分だけ割高である。新幹線は、旅客1人あたりの乗車距離が長いので、1人あたりの支払額は首都圏の通勤電車と比べて格段に大きい。

新幹線の収益構造

東北新幹線の1日平均通過人員は、東京から新青森までを通した平均値で5万6千人である。区間別では、東京~大宮間が15万9千人、仙台までが6万人を超える。その先は次第に旅客数がしぼみ、盛岡までが3万1千人、八戸までが1万4千人、新青森までが9千人ということになる。

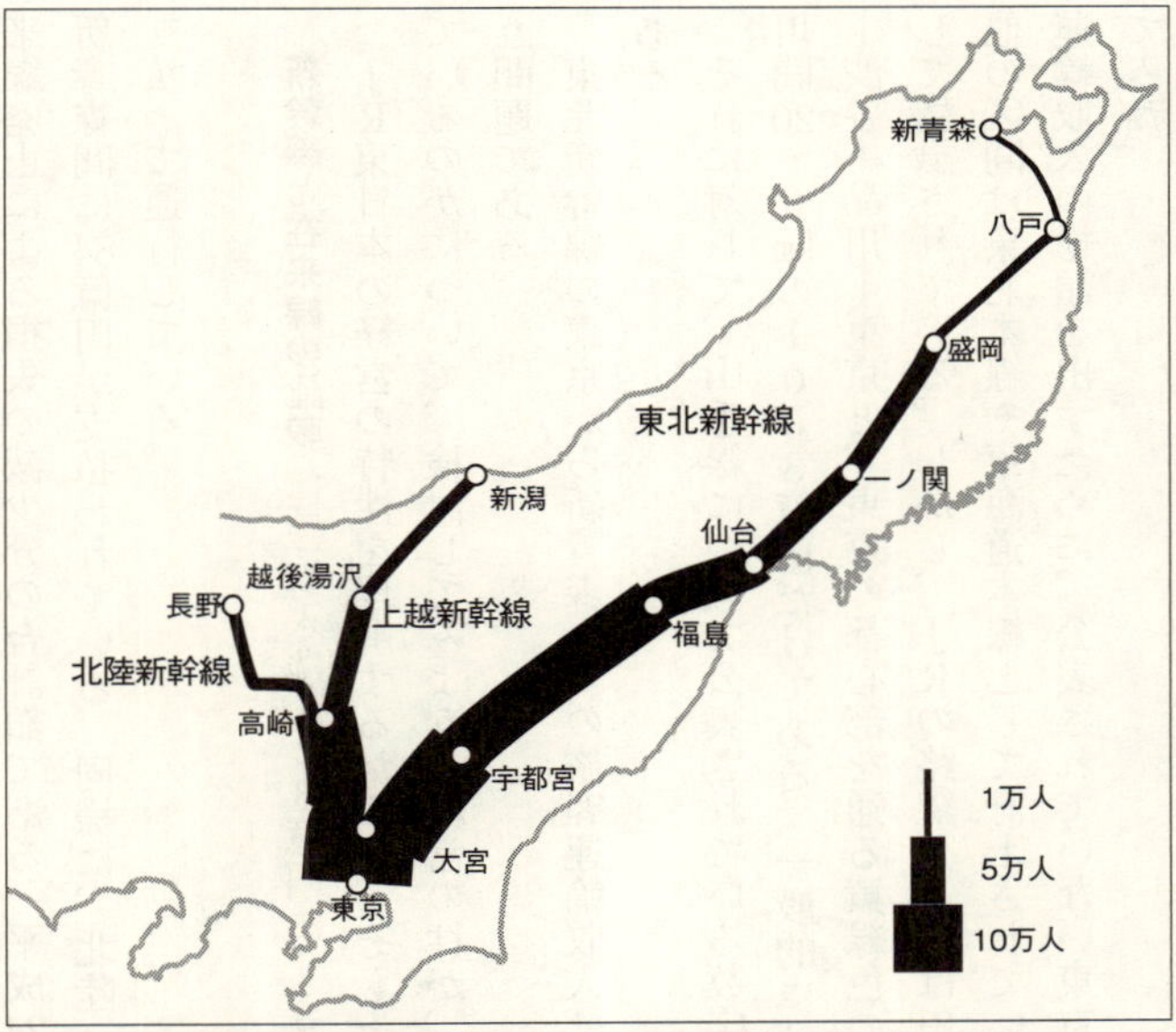

JR東日本管内新幹線の1日あたり平均通過人員（2012年）
(http://www.jreast.co.jp/rosen_avr/pdf/2008_2012.pdf)

全線の平均通過人員は、盛岡が終点だった平成9年（1997）時点で6万2千人であったが、八戸まで延伸した平成14年（2002）に6万1千人、新青森延伸後の平成24年（2012）には5万6千人まで低下している。路線が延伸されることによりコストも上昇するわけであるが、利用効率はだんだんに低下して収益性は低下することになった。

なお、盛岡〜新青森間は整備新幹線として建設され、鉄道建設・運輸施設整備支援機構が保有してJR東日本がリース料を支払って使用している。そのリース料は、新幹線開業による増収分と並行在来線廃止による損失の減少分の合計額である。平成24年度は、盛岡〜八戸間に90億円、八戸〜新青森間に84億円が支払われている。同様に、北陸（長野）新幹線も２１１億円のリース料を支払って運行している。

新幹線と在来線の比較

ＪＲ東日本の経営の特性を理解するために、そもそも東北新幹線と山手線とどちらが儲《もう》かっているのかについて、検討してみよう。経営の柱が、はたして新幹線なのか首都圏なのかという問題である。

東北新幹線の東京から新青森までの旅客運輸収入は、公表されている金額が３５０４億円である。

それに対して、山手線について公表されている数字は、山手線の新宿側を経由する田端《たばた》〜品《しな》川《がわ》間20・６㎞の１０６３億円だけである。一般的には、山手線は、東京－上野－池袋《いけぶくろ》－新宿－渋谷《しぶや》－品川－東京と、東京の都心部を通る黄緑色の帯をまかれた34・５㎞の環状線の電車として認識されている。しかし、ＪＲの路線としては田端〜新宿〜品川間だけが山手線であり、他の区間は東北本線や東海道本線として計上されている。この東京の都心環状線としての旅客運輸収入の総額を出すために、公表されていない東京経由の品川〜田端間の運賃収入を試算してみた。

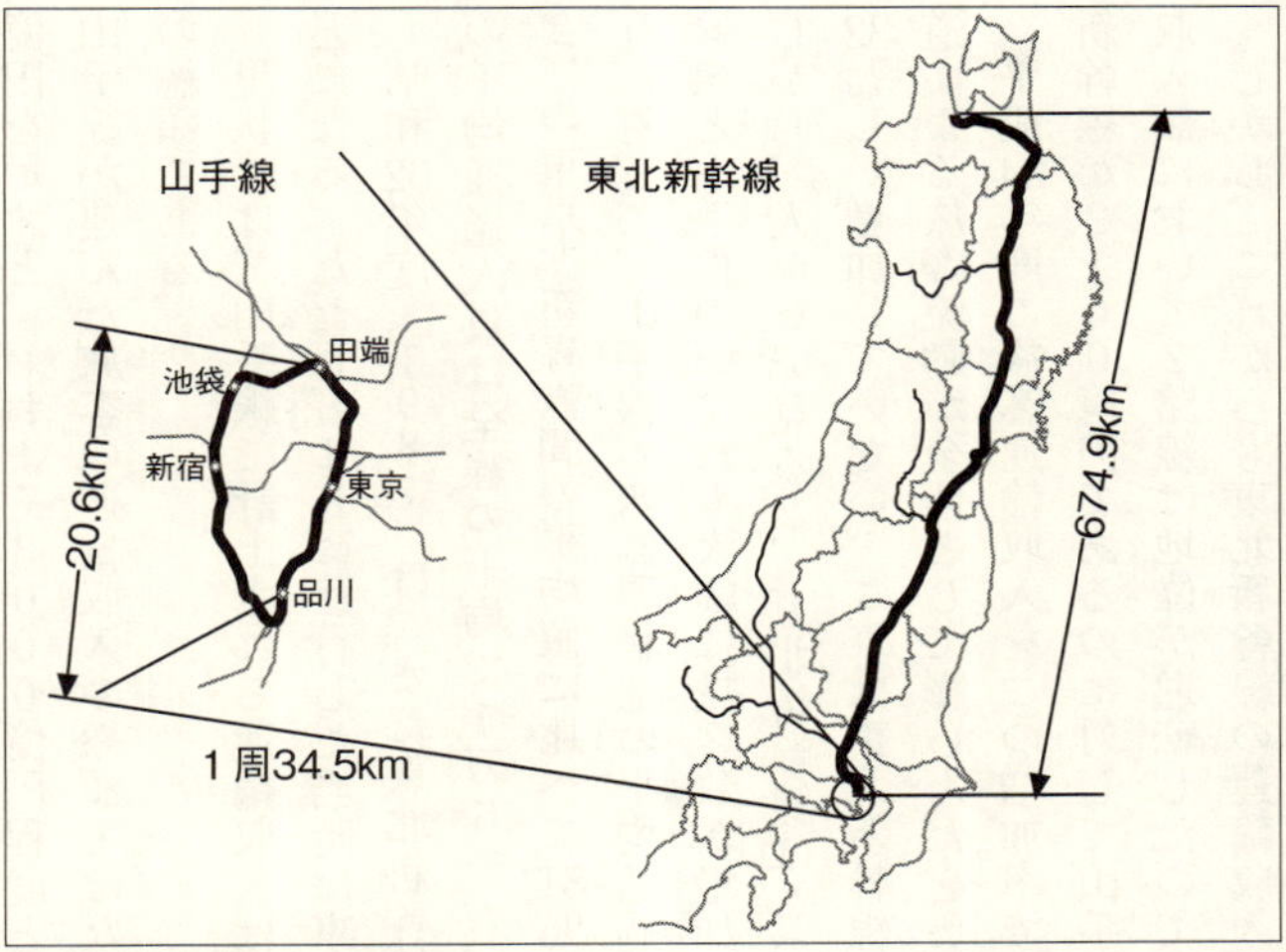

東北新幹線と山手線

材料として使ったのは、平成22年（2010）の『都市交通年報』である。この資料には、駅間ごとの年間通過人員が記載されている。この数字を頼りに、年間輸送人キロ（平均乗車キロと乗車人員を乗じて算出したもので、たとえば10人キロは1人が10キロ乗車する場合と10人がそれぞれ1キロ乗車する場合で同じ値となる）を計算し、山手線新宿経由田端〜品川間の1人キロ平均の運賃支払額9・8円を乗じて計算すると、ごく大雑把《おおざっぱ》に2008億円となる。

区間別の内訳は、田端〜上野間が1日あたり平均通過旅客が135万人で463億円、上野〜東京間が平均通過旅客125万人で443億円、東京〜品川間が平均通過旅客165万人で1102億円ということになる。

新宿側1063億円と東京側の約2000

億円を足すと、おおよそ3000億円程度ということになる。なお、この数字は、あくまでも山手線が運んだ旅客の運賃収入の総額ではなく、環状部の山手線に並行して走っている各路線の総額である。

現状では、山手線で計上される運輸収入は、東北新幹線全線での運輸収入を下回るということになる。ただし、JRに移行した当時は事情が違った。

昭和62年度（1987）は、まだ東北新幹線は上野～盛岡間の運行であったが、1日あたりの平均通過人員は全線の平均で4万5千人、上野～大宮間が10万人で、平成24年度（2012）の東京～新青森間の平均値に比べて81％、東京～大宮間に比べて62％にすぎなかった。それに対して、山手線の西側環状部の平均通過人員は81万3千人で、同じく75％である。東北新幹線と山手線のいずれも大幅に旅客数が増加しているが、その伸び率がほぼ同等といってよい。しかし、人キロで見ると、東北新幹線はこの間に65％増加したのに対して、山手線の西側は32％しか増加していない。これは東北新幹線の営業区間が伸びたのに加えて、東北地方への鉄道による旅客流動が全体として膨らんだということを意味する。

平成24年度の旅客運輸収入をこの増加率で割り引いて昭和62年度の数値を試算すると、東北新幹線が2100億円であるのに対して山手線は環状線全体で2250億円ということになる。収入額において2路線は地位が逆転したのである。

しかし、これからも東北新幹線の運輸収入が上回るという関係が続くかというとかならずしもそうとは断言できない。というのは、東北新幹線の沿線で発生する旅客流動のほとんどをすでに新幹線が吸収しつくしてしまっているということ、北海道新幹線の開業により既開業部分の乗客増（培養効果）が見込まれるものの、函館《はこだて》市の人口規模が小さいのと、新幹線の所要時間が長くなるために航空からの需要のシフトが期待できないためである。また、東北地方の人口の減少と経済活動の低下による旅客需要の自然減が見込まれる。

それに対して、首都圏への人口集中がまだ続くであろうということと、とくに鉄道網の便利な地域で人口が増加する傾向が見られるため、既存の鉄道網を活用した新しいネットワークの構築により他路線からの需要のシフトも期待できる。私鉄各線は他社と組まなければネットワークを拡充できないが、JR東日本の場合には、自社だけで取り組むことができる。

逆に、鉄道の利便性向上を怠ると大きく旅客を他社に取られるということにもなりかねない。また、旧国電区間の周辺部では、次第に自動車利用の比重が高まっている。総武《そうぶ》線でいうと、津田沼《つだぬま》から東側では、鉄道ネットワークが粗いのに加えて道路整備が進んでいて、日常生活で自動車が欠かせない社会環境が出来上がっている。京浜東北《けいひんとうほく》線でも浦和《うらわ》以北、中央線では立川《たちかわ》以西で同じ傾向が見られる。

2　日本の鉄道事業の特徴

本章では、日本の鉄道事業の特徴について述べる。まず、経営状態や経営主体について、他国とどう違うかを見てみよう。

インドネシア政府の鉄道投資担当者の疑問

以前、インドネシア政府の鉄道投資担当者から、普段あまり考えたことのない質問をされたことがあった。その質問は、「前の日に阪急《はんきゅう》電鉄を視察したが、なぜ黒字経営なのかどうしても理解できなかった。なぜ日本の鉄道会社は黒字なのか？」というものであった。たしかに阪急電鉄を含め、大都市の鉄道会社の多くは黒字経営を維持している。

だが、日本の大都市の鉄道がすべて黒字かというと、これは正しくない。埼玉高速鉄道（赤羽岩淵《あかばねいわぶち》〜浦和美園《うらわみその》間を運行する地下鉄）の平成24年度（2012）の決算内容は、営業収益が約83億円に対して営業費用は約100億円で、差し引き約16億円の営業損失を計上している。損益計算書で赤字であるばかりでなく、1年間に返済した負債は長期借入金55億円と長期未払金30億円で、その原資となるフリーキャッシュフロー（減価償却費－営業損失－利払費）では4億円不足する。いわば大赤字を出しているということができる。埼玉高速鉄道は平成13年（2001）に開業した新しい鉄道で、建設費の償還に苦しんでいるということができる。

また、いまや大幅黒字を計上している東京地下鉄（東京メトロ）も、帝都高速度交通営団時代の昭和56年度（1981）には23億円の経常損失を出していた。営業収益に164億円の補助金受入額を含んだうえでの数字である。減価償却費は82億円であるのに対して償却前経常利益は29億円の黒字にすぎなかったので、建設費の償還に苦しんでいたといえる。また、新線建設費に関連する長期負債は前年度に比べて226億円増加して6105億円に達していた。1年間に返済した負債の償還額は274億円、支払利息457億円で、資金収支でも大幅な赤字である。この年には新規に政府出資68億円、財政投融資資金36億円、民間資金の借入121億円によって補填《ほてん》した。そのほかに、過去の経常的な損失額の累計額が164億円あった。

当時の営団地下鉄は、有楽町《ゆうらくちょう》線や半蔵門《はんぞうもん》線など、地下鉄建設を急いでいた時期であり、建設資金を主に借入金によって調達したために、毎年度の建設費の償還と金利の支払いが経営の負担となっていた。負債の返済に使える内部留保資金は不足し、その分をさらに借入によって埋め合わせなければならなかった。

結局のところ、日本の都市鉄道も、建設時期が新しい場合には、建設費用の返済に追われるため、資本費が経営を圧迫しているということである。都市鉄道は多くの路線が建設費用を回収し終わり、いまや果実を収穫する時期に入っているために、良い経営成績を出しているということができる。

インドネシアは首都ジャカルタを中心とした都市圏（JABODETABEK）の人口が2000万と東京都を上回っているが、都市圏内の移動に占める鉄道利用の比率が小さい。そのため旅客数は日本よりも少なく、複線の線路を長距離列車と共用していることもあって、運行本数は多くない。

また、通勤列車には低所得者向けの割安な「エコノミー」と主に中流層向けの「コミューター」の2つの種別がある。「コミューター」は、2013年7月に、それまでのエアコン付き「エコノミーAC」と日本からの中古車両による「エクスプレス」を統合して新設された。もともと「エクスプレス」と「エコノミー」の運賃格差は6対1と大きかったが、現在の「コミューター」の運賃は統合前の「エコノミーAC」のレベルに抑えられ、「エコノミー」との運賃格差は大きく縮小している。

エクスプレスは、もともと自動車を主に使っていた中流層を鉄道に誘導するために運行を始めた。運賃負担力のある中流層を対象としているため、運賃が高く設定され、通勤輸送の全輸送量の5％程度にすぎないのに収入ベースでは34％を占めている。それに対して、運賃が大幅に低い「エコノミー」は旅客が集中するものの収入への貢献度が低いために運行本数が少なく、

インドネシア・ジャカルタのラッシュ風景（写真・Bayu Tri Sulistyo）

熾烈《しれつ》な混雑の状況を呈している。電車の屋根の上に無賃乗車の人々が鈴なりになるというジャカルタの光景をテレビなどでご覧になった方も多いだろう。

インドネシアの鉄道網は国鉄のPJ.KAが経営していたが、モータリゼーションの進行によって深刻な経営状況が続いていた。1991年には鉄道事業の経営改革と同時に設備投資を促進するため、鉄道公社のPerum KAに移行した。政府が土地と鉄道施設を保有して、運営会社のPerum KAにリースするというものである。さらに、1999年、このPerum KAは国が全額出資するPT. Kereta Api（PT. KAI）に移管され、ジャカルタ都市圏の通勤輸送部門を分離して、民間企業のPT. KAI Commuter Jabodetabek（PT. KCJ）を設立した。中・長距離列車はPT. KAIが運行するため、国が保有する線路を2社

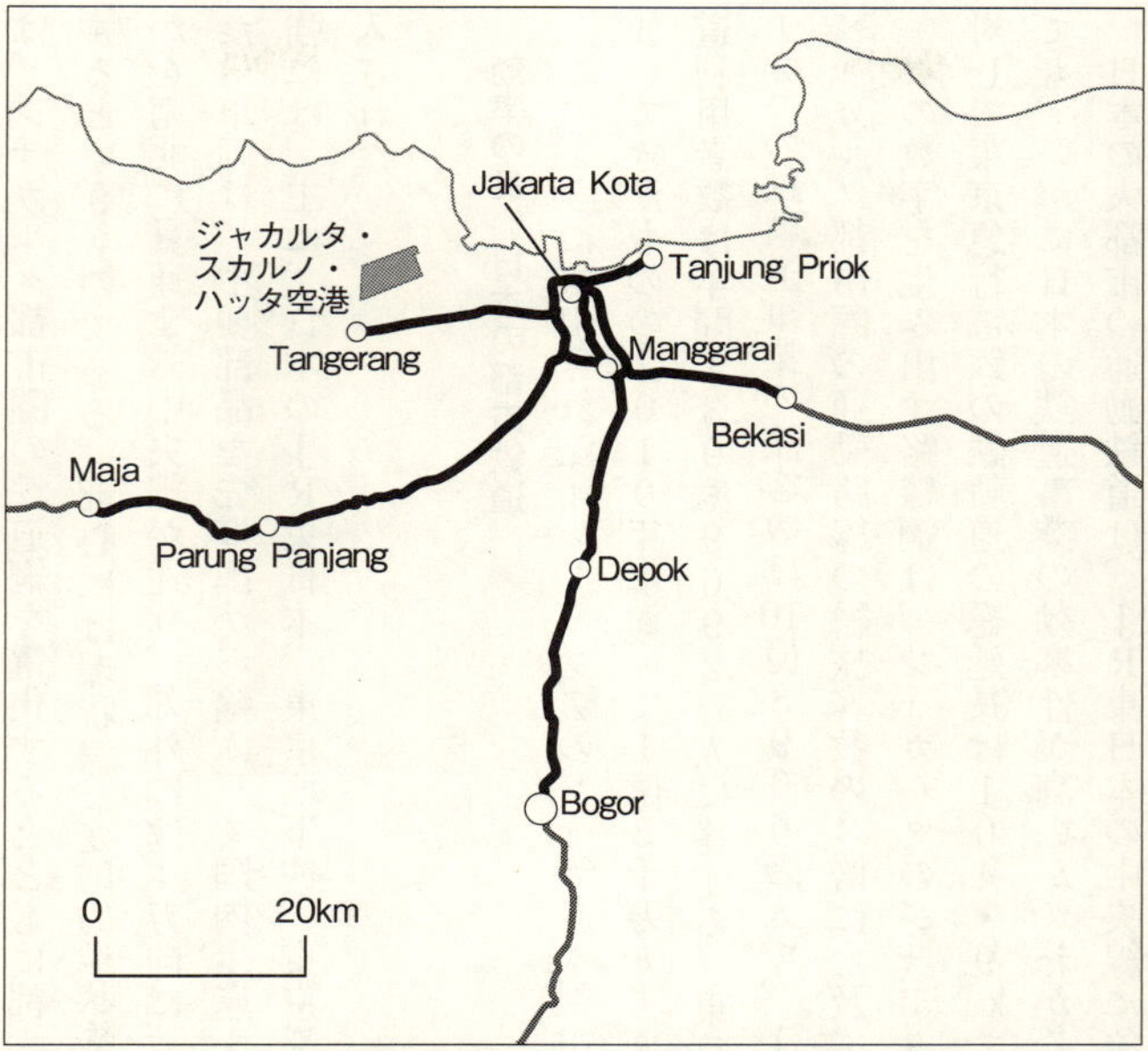

ジャカルタの都市圏鉄道　太線をPT. KAI Commuter Jabodetabekが運行

が共用する形となっている。

当初、インドネシアではPFI（Private Finance Initiative）の手法の導入を検討した。民間企業に一定期間の営業権を与え、その間に民間企業は設備投資を行い、事業収入で回収し、利益も得るというものである。営業権が切れた後は、施設を国に移管する。しかし、当時計画されていたジャカルタ都市圏鉄道（ジャボタベック Jabotabek）の投資額が巨額にのぼったため、国が日本からの借款により建設して、これを民間企業にリースする方法に落ち着いた。

ジャボタベックの鉄道近代化

は、ジャカルタ都市圏の鉄道網を電化するとともに都心部では高架化、郊外部では一部複線化するというものである。都心には環状線（変則的環状線でラケット型と表現される）と、そのなかを南北に貫通する中央線が通り、郊外には4方向に放射状路線が都市鉄道として再整備された。車両は、主要部品を先進国から輸入して国内生産を開始しているが、これまでの輸送力増強には、主に、日本のJR東日本、東京地下鉄、東京都交通局、東京急行電鉄の中古電車が投入された。

効率の良い日本の都市鉄道

このように整備されたインドネシアのジャカルタ都市圏の鉄道の年間利用者数は、大きく増加してきたものの2010年において1億3千万人であった。それに対して日本の首都圏の鉄道利用者数は年間139億9692万人に達する。東京急行電鉄1社でも、平成24年度（2012）の鉄軌道事業の旅客数は10億8900万人で、1日あたりにすると298万人である。ジャカルタ都市圏の通勤路線の総旅客数の8倍にも及ぶ大きさである。

この数字を生み出す路線網は、ジャカルタのジャボタベック圏鉄道網が150kmであるのに対して東京急行電鉄の鉄軌道の総延長は104・9kmである。日本の東急1社だけを抜き出しても、いかに日本の鉄道事業の効率性が高いかがわかるであろう。

日本の大都市の通勤鉄道は、JR東日本の中央線に象徴されるように、最混雑時間帯には2

分間隔で10両編成の電車を運行し、それでも定員の2倍の混雑率である。これが、東京、大阪では日常的に見られる風景なのである。ジャカルタに比べて1路線あたりの輸送量がけた違いに大きいのである。

なお、ジャカルタ都市圏は、人口規模は大きいものの、もともと鉄道輸送は長距離列車と社会政策的に格安運賃で運行した通勤列車しかなかった。その分、自家用車やバスなどの道路輸送への依存度が大きかった。そこで、日本からの借款を利用してジャカルタ都市圏の高架化や休止路線の復活など大手術を行って、通勤鉄道への転換を進めているところである。また、もともと鉄道旅客は低所得者が中心であったのを、従来は自家用車やバスを利用していた中流層を取り込んで、旅客数を増やしていく途次にあるということができる。ただし、中流層の誘導が進まないなかで、低所得者向けの列車との需給ギャップが拡大したために、運賃の引き下げと輸送力のバランスの是正が図られたところである。

ジャカルタ都市圏の通勤輸送の採算性については、正確な数字を持ち合わせないが、国際協力銀行の『JABOTABEK鉄道プロジェクト事後評価第三者委員会レポート』では、鉄道プロジェクトの財務的内部収益率をボゴール線、ベカシ線の2線を除いてマイナスと算定している。ただ、これは高架化などの大規模な投資が絡む路線での収益率が低いのが主な理由で、運行会社へ賃貸する場合には、採算可能なレベルに賃貸料を軽減しているものと思われる。インフラを保有する国の収支は赤字となるが、外部効果を勘案すると十分にペイしているということができる。

ジャカルタでは、今まで郊外からの鉄道網を日本型の都市近郊鉄道に転換することを目指して大規模な設備投資を行ってきた。今後は、スカルノ・ハッタ空港への連絡鉄道や都心部におけるMRT（Mass Rapid Transit）ないしLRT（Light Rail Transit）の整備により、都市内の鉄道・軌道ネットワークを構築する計画である。ただし、計画自体はかなり以前からあるが、政府内での不祥事もあってなかなか進展していないのも現実である。

緻密な都市鉄道

東京の地下鉄網の路線長は、東京地下鉄と東京都交通局を合わせて、305kmである。路線長の世界ランキング（*The Economist*, 2013 Jan. 5）では、近年建設が急ピッチで進む中華人民共和国の北京《ペキン》、上海《シャンハイ》が1、2位で、その路線長はそれぞれ442km、423km。続いて百年以上の歴史を持つロンドンとニューヨークが402kmと368kmである。さらに、ソウルの327km、モスクワ309kmにも抜かれて、東京の地下鉄網は世界7位ということになる。しかし、東京の特徴は、地下鉄網だけではなく、JR東日本のネットワークや郊外の私鉄の路線網が充実していることが挙げられる。郊外からの電車がそのまま地下鉄に直通するという相互直通運転を世界ではじめて行い、それぞれのネットワークが密接に連関して、首都圏という広大な地域に緻密《ちみつ》な鉄道網を展開している。

ロンドンでも、チューブと呼ばれる小断面の地下鉄網のほかに、旧国鉄の近郊路線やUndergroundと呼ばれる浅い地下を走る地下鉄網がある。そういう点では、日本と似た特徴を持っている。また、パリにもメトロの地下鉄網のほかにＳＮＣＦ（国鉄）の地下高速鉄道が走っているが、これは日本の相互直通運転を参考にして整備された路線である。それぞれ国際的な大都市では近郊路線と都内路線が重層的にネットワークを展開しているが、日本のように、運営主体がＪＲ（旧国鉄）、都、東京地下鉄（旧営団地下鉄）、私鉄各社と多様な都市はまずない。

東京においては、ＪＲ東日本が都心環状線と近郊部にネットワークを広げ、輸送密度が大きく、きわめて輸送効率の高いのが特徴である。これとは別に、近郊部では、私鉄の通勤路線が放射状に広がってＪＲのネットワークを補完し、都心部では、稠密な地下鉄の路線網が形成されている。このそれぞれのサービスが合わさって世界的にも稀《まれ》な高いサービス水準を誇る鉄道網が出来上がっているのである。

各国の鉄道の経営

次に、日本の鉄道がだれによって経営されてきたかを見てみよう。

日本の鉄道は、明治時代に、鉄道敷設法（明治25年〔１８９２〕公布）により全国津々浦々までの鉄道網の整備が国の責任として行われることになり、鉄道国有法（明治39年〔１９０６〕公布）により幹線鉄道がすべて国の経営となった。同時に、地方のローカル鉄道は、軽便《けいべん》鉄道法と軽便鉄道補助法により国が利益保証をすることで民間の投資を誘発したが、大正時代の末ごろには、採算不可能な地方の開発路線の建設も国の役割として推進されることになる。それにより、巨大な国の現業機関として国鉄が出来上がった。

そのいっぽうで、都市内路線は主に民間に任された。都市内の地下鉄や郊外私鉄は計画時点で採算が確実にとれるものが中心であった。多くの郊外私鉄が国鉄のネットワークと重なって存在していたというのは世界的に見て特異な現象である。国鉄が運行していた京浜《けいひん》間に京浜電気鉄道（現京浜急行）が開業し、近畿地方の京阪《けいはん》間には京阪電気鉄道、阪神《はんしん》間には阪神電気鉄道と阪神急行電鉄が開業した。基本的に、国は国鉄路線に並行する鉄道路線を認めなかったが、これらの並行路線は、鉄道事業として「免許」を受けたのではなく、路面電車の延長線上にある軌道として「特許」を受けて建設された。そのほかにも、国鉄路線への対抗意識を持って建設された私鉄路線は多い。

また、地下鉄網は、基本的に明治時代に路面電車の経営を公営化した流れで、地方公共団体が整備に意欲を示した。東京の場合は、東京市が地下鉄の免許は取得したが、関東大震災（大正12年〔1923〕）の復興に財源を割かれて地下鉄の建設まで手が回らず、最初に地下鉄事業を手掛けたのは純粋民営の東京地下鉄道であった。続いて、東京市の建設代行を謳《うた》って、同じく民間の東京高速鉄道が地下鉄建設に参入した。大阪市の場合は、社会資本整備としての目的を明確化し、都市計画事業として街路整備と一体的に市が事業主体となった。

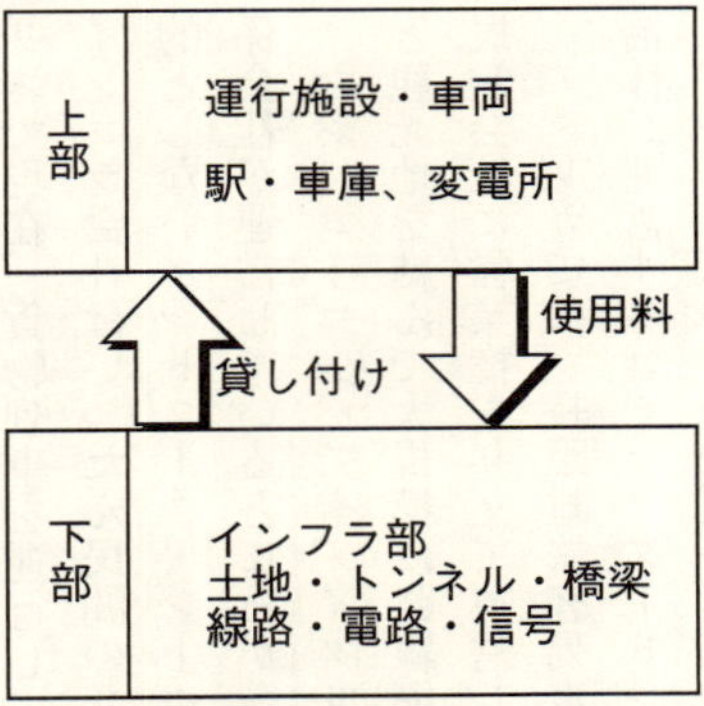

上下分離の模式図

その後、東京の地下鉄は、国の各種事業統制の一環として、国による大統合が意図されたが、東京市の強い抵抗にあって、国鉄の電車線をのぞき、都心の地上交通（市電・バス）を東京市に一元化し、地下鉄については新たに国鉄・東京市と郊外私鉄が共同出資する帝都高速度交通営団を設立して引き継ぐことになった。ここで、多くの運営主体が並立するという東京の都市鉄道の特徴が確立された。戦後、営団は、国の政策資金を投入するために、民間の出資を排して国と東京都（もと東京市）の出資機関として再編された。現在では、行財政改革の一環として特殊法人の見直しが行われ、近い将来の完全民営化を見据えて、中間段階として国と都が出資する東京地下鉄株式会社に移行している。大阪市の地下鉄事業も、橋下徹《はしもととおる》市長のもとで民営化が検討されている。

ヨーロッパの各国では幹線鉄道は国鉄、都市を中心とした地域交通は地方自治体が経営を行った。現在は、EU共通政策により、運行とインフラ部（土地・トンネル・橋梁《きょうりょう》・線路など）の維持・管理を別会社で行っている。この運行とインフラ部を切り離して運営することを「上下分離」という。しかし、完全に上下分離し、なおかつ上下に資本関係がないのはイギリスくらいである。イギリスで現在、貨物列車を運行しているのはドイツ国鉄（DB）の子会社である。イギリスでは、インフラ会社はいったん民間のレールトラックに任されたが、事故が多発したため、利潤を目的としないネットワーク・レールに移管した。大陸では、旧国鉄がインフラを管理し、その関係会社が運営しているところが多い。

なお、ヨーロッパでも、イタリアは都市周辺に私鉄が存在している。ミラノのように市街地と観光地を結んで大規模に路線網を形成している例もある。高速鉄道はそれぞれPFIにより民営会社に営業権を与えて運営している。

アメリカでは、長距離旅客列車はアムトラックという国営会社が運営し、都市周辺部では自治体が運営するコミュータートレインが運行している。アメリカの鉄道は貨物輸送が中心であり、こちらは多くの民間の運営会社がある。鉄道施設も、北東回廊（ボストン―ニューヨーク―ワシントン）のもとペン・セントラル鉄道の路線網は国が設置した公社のコンレールが管理しているが、そのほかは貨物鉄道会社が保有・管理している。都市内の地下鉄・高架鉄道は自治体が設立した公社が運営している。

各国の鉄道営業キロとシェア

日本の鉄道営業キロは、平成19年（2007）において2万4千kmである。この数字は、イギリス・イタリアの1万6千kmより大きいが、ドイツの3万3千km、フランスの2万9千kmより小さい。国土の大きいアメリカ合衆国は22万6千kmに達する。近年躍進著しい中国とインドがいずれも6万3千kmで並んでいる。

日本の鉄道の旅客輸送の分担率は、人員で25・6％、旅客人キロで28・6％である（平成21年度〔2009〕）。イギリスの8％、フランスの11％、ドイツの7％（いずれも人キロベース）を大きく上回る。日本が鉄道大国と呼ばれる一つの理由である。

日本の場合、自家用車を除くと人キロで鉄道の分担率は73・1％にも達する。高速バスが全国くまなく走っているが、1台の定員は限られており、鉄道には大きく及ばない。ヨーロッパ各国は日本より鉄道分担率が小さい分、自家用車の分担率が高い。

路線キロ数で圧倒的に大きいアメリカ合衆国の鉄道の旅客輸送分担率は1％である。アメリカの場合、公共交通では長距離旅客はバスと航空機が市場を二分している。自家用車を含む分担率では、航空が15％、バスが8％であり、自家用車が圧倒的に大きく76％である。

それに対して、日本では、貨物輸送における鉄道の存在感は小さい。鉄道の分担率は輸送トン数で0・8％、輸送トンキロで4・7％である。トラックが54・1％、内航海運が41・0％である（平成23年〔2011〕）。鉄道と内航海運の分担率を加えたものをモーダルシフト率といい、環境対策の目安となるが、おおよそ45％にとどまる。

アメリカ合衆国では、貨物輸送の分担率（トンキロ・ベース）は、鉄道が37％と圧倒的に高く、トラックの31％をも上回る。内陸水路・海運、パイプラインを加えてモーダルシフト率を計算

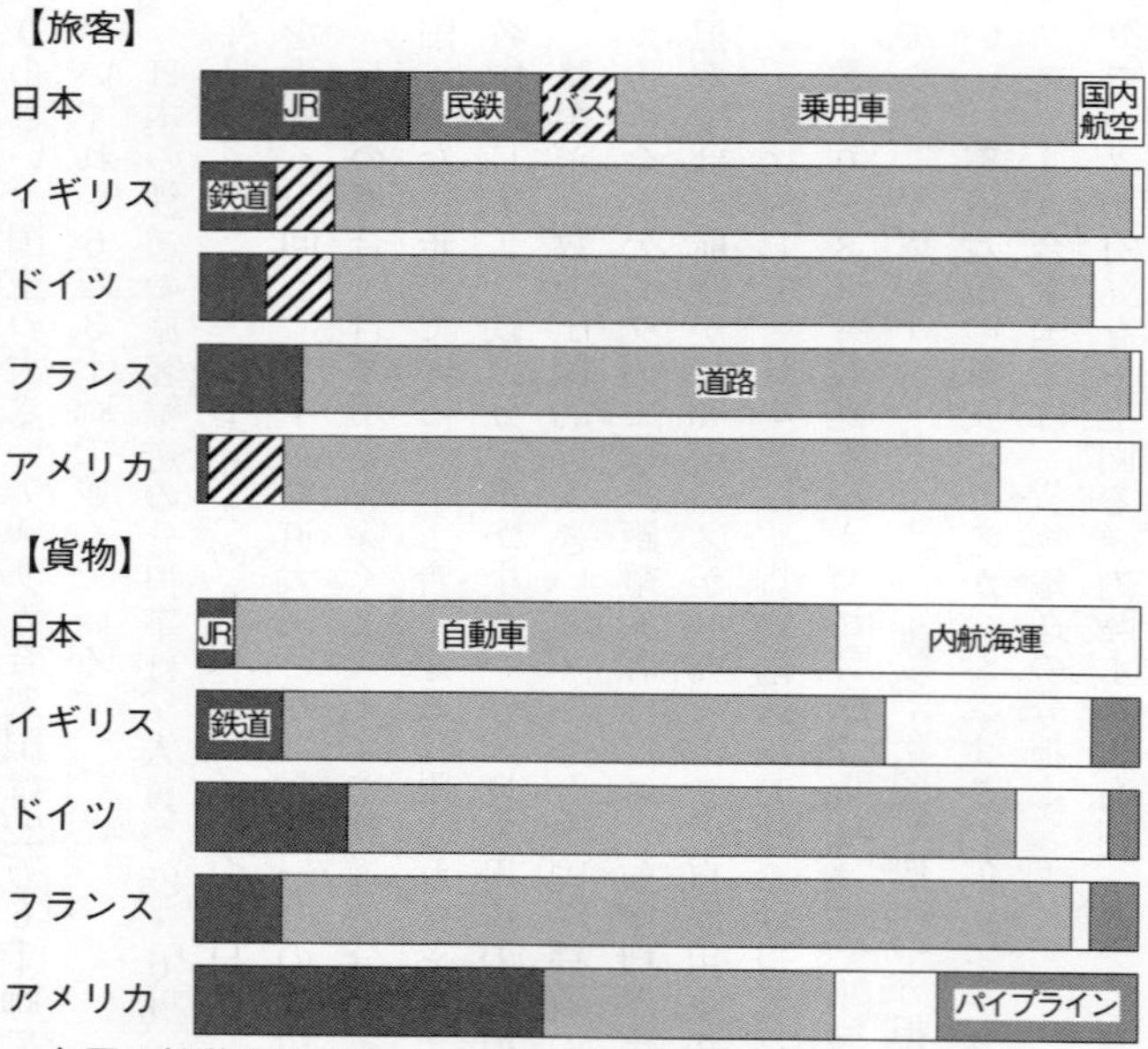

各国の鉄道分担率（上・旅客、下・貨物。2009年）（『数字でみる鉄道2013』）

すると、69%に達する。アメリカというと自動車社会をイメージする人が多いようだが、物流で見る限り、鉄道をはじめとする環境負荷の小さい輸送手段のシェアが高い。

ヨーロッパでは、貨物輸送（トンキロ・ベース）における鉄道分担率は、イギリス9%、フランス9%、ドイツ16%で、日本に比べるとはるかに高い。日本の場合、内航海運が大きなシェアとなっているが、ヨーロッパでは河川の水運がある程度存在しているものの、そのシェアは小さく、トラックのシェアが高くなる傾向があり、イギリス

64%、フランス83%、ドイツ71%となっている。

昭和40年～50年の鉄道事業者数の推移

次に、ここ半世紀の日本の鉄道事業者の推移を見てみよう。日本の鉄道事業者数は、モータリゼーション以前の昭和40年（1965）には、国鉄、営団地下鉄のほか、大手私鉄14社、準大手5社、地下鉄4社、地方交通線80社であった。大手私鉄は、東武《とうぶ》鉄道、西武鉄道、京成《けいせい》電鉄、京王《けいおう》帝都電鉄（現京王電鉄）、小田急《おだきゅう》電鉄、東京急行電鉄、京浜急行電鉄、名古屋鉄道、近畿日本鉄道、阪急電鉄、京阪電気鉄道、阪神電気鉄道、南海《なんかい》電気鉄道、西日本《にしにっぽん》鉄道である。準大手は、相模《さがみ》鉄道、新京成電鉄、神戸電鉄、神戸高速鉄道、山陽電気鉄道である。地下鉄は、帝都高速度交通営団、東京都、大阪市、名古屋市である。

それが、昭和50年（1975）には、大手私鉄の数には変わりがないものの、準大手が7社、地下鉄6社に増え、地方交通線は58社に減少した。

準大手は、相模、新京成、大阪府都市開発、北大阪急行電鉄、神戸電鉄、神戸高速鉄道、山陽電気鉄道である。阪急・大阪府出資の北大阪急行、大阪府出資の大阪府都市開発泉北《せんぼく》高速鉄道線が開業した。そのほか、この時期、大手私鉄の京成の子会社である北総《ほくそう》開発鉄道（現北総鉄道）が開業している。また、地下鉄では、新しく札幌市と横浜市で開通した。

昭和40年から50年までの間に鉄道線を全廃した地方ローカル鉄道は次のとおりである（モノ

レールは除き、一部軌道線を含める。休止後廃止された私鉄は休止時点で掲載)。モータリゼーションの進展や鉱山の廃止にともなって廃止されたローカル鉄道が多い。

〈北海道〉
旭川《あさひかわ》電気軌道†、夕張《ゆうばり》鉄道、尺別《しゃくべつ》鉄道、北海道拓殖鉄道、定山渓《じょうざんけい》鉄道、寿都《すっつ》鉄道、天塩炭礦《てしおたんこう》鉄道、羽幌《はぼろ》炭礦鉄道、雄別《ゆうべつ》炭礦、留萠《るもい》鉄道、三菱《みつびし》鉱業美唄《びばい》鉄道

〈東北地方〉
南部《なんぶ》鉄道、松尾《まつお》鉱業鉄道、秋田中央交通†、羽後《うご》交通、庄内《しょうない》交通、山形交通、宮城《みやぎ》バス、磐梯《ばんだい》急行電鉄、江名《えな》鉄道、岩手《いわて》中央バス、更生会社松尾鉱業

〈関東地方〉
東野《とうや》鉄道

〈中部地方〉
頸城《くびき》鉄道自動車、三井《みつい》金属鉱業

〈関西地方〉
江若《こうじゃく》鉄道、北丹《ほくたん》鉄道、淡路《あわじ》交通

〈中国地方〉
日ノ丸《ひのまる》自動車法勝寺《ほうしょうじ》電鉄線、井笠《いかさ》鉄道、山陽電気軌道†、玉野《たまの》市

〈九州地方〉

大分交通《おおいた》
†軌道

昭和40年代はモータリゼーションが急速に進行した時期である。そのモータリゼーションには2つの性質があり、1つは自家用車の大衆化であり、もう1つは公共交通でのバスの比率の高まりであった。地方のローカル鉄道は、高度経済成長期を通じて旺盛《おうせい》な需要に対応するのに汲々《きゅうきゅう》として十分な設備投資が行われず、そのまま廃止となってバスに置き換えられた。鉄道会社が路線バスを兼営するケースが多かった。

昭和51年～平成2年の鉄道事業者数の推移

昭和62年（1987）には、国鉄が分割民営化で6つの旅客会社と1つの貨物会社となった。路線を延長した相模鉄道が平成2年（1990）に大手私鉄に加わって15社になった。地下鉄は仙台市、神戸市、福岡市、京都市が加わって10社である。

地方路線は、昭和59年（1984）の第三セクター「三陸《さんりく》鉄道」の開業以降、国鉄改革にともなって廃止すべきとされた赤字線（特定地方交通線）の地元への移管があり、会社の数は大幅に増加し、96社（中小都市鉄道を含む）となった。また、地方新線として第三セクター「野《や》岩《がん》鉄道」が開業したほか、神戸市営地下鉄山手《やまて》線の延伸線として北神《ほくしん》急行電鉄が開業した。

また、京都市営地下鉄東西線の一部区間を第三セクター「京都高速鉄道」が建設した。運営

国鉄末期のローカル線（東金線）

は京都市が行っていたが、累積赤字が膨らんで線路使用料収入だけでは償還できないため、平成20年度（２００８）に鉄道施設を京都市に譲渡して会社を解散した。

昭和51年（１９７６）から平成２年（１９９０）の間に鉄道線を全廃した鉄道会社は次のとおりである。

〈北海道〉
三井芦別《あしべつ》鉄道、三菱石炭鉱業大夕張《おおゆうばり》鉄道、十勝《とかち》鉄道
〈関東地方〉
上武《じょうぶ》鉄道、筑波《つくば》鉄道
〈中部地方〉
尾小屋《おごや》鉄道、北恵那《きたえな》鉄道、東濃《とうのう》鉄道
〈近畿地方〉
加悦《かや》鉄道、北沢《きたざわ》産業、別府《べふ》鉄道
〈中国地方〉
岡山臨港鉄道

〈四国地方〉
住友《すみとも》金属鉱山
〈九州地方〉
鹿児島交通

この時期は、国のエネルギー政策の転換により、主に北海道の炭礦鉄道の廃止があった。その他は、ほとんどが、物流のトラックへのシフトが進んだことによって廃止されたというのが特徴である。高速道路などの道路整備が進んで速達性・確実性が高まったこと、鉄道運賃が固定しているのに対して、トラックの場合は不法行為であるものの広く運賃のダンピングが行われていたため、国鉄が不採算化した貨物輸送を大幅に縮小してしまった。ローカル私鉄にとっては、国鉄との連絡輸送が廃止されたことが経営にとどめを刺した形となった。

平成3年～12年の鉄道事業者数の推移

平成3年（1991）から12年（2000）にかけ、国鉄新線として建設されたものの国鉄改革により第三セクターとして開業した鉄道には、北越《ほくえつ》急行、阿佐《あさ》海岸鉄道、智頭《ちづ》急行、井原《いばら》鉄道がある。また、阿佐《あさ》線（ごめん・なはり線）が同じく地方新線として完成し、中村《なかむら》線・宿《すく》毛《も》線を経営する第三セクター「土佐《とさ》くろしお鉄道」が引き受けた。

大手私鉄、準大手私鉄の数は変わりがなかった。中小都市鉄道を含む地方路線は120社に増えている。これは、従来の一般の地方路線が67社に減ったのに対して、特定地方交通線を移管した路線や地方新線の第三セクターが38社（それ以前に設立された三陸鉄道などを含む）になったためである。この間に鉄道事業から撤退した会社は、次のとおりである。

〈北海道〉

釧路《くしろ》開発埠頭《ふとう》、苫小牧《とまこまい》港開発

〈東北地方〉

南部縦貫鉄道

〈中部地方〉

新潟交通、越後交通、蒲原《かんばら》鉄道

〈近畿地方〉

野上《のがみ》電気鉄道

〈中国地方〉

下津井《しもつい》電鉄、同和《どうわ》鉱業片上《かたかみ》鉄道

〈九州地方〉

三井三池《みいけ》港務所

この時期に開業した鉄道会社には特徴的なものが多い。たとえば、大手私鉄の京成が子会社として設立した千葉急行電鉄と芝山《しばやま》鉄道である。千葉急行電鉄は、京成千葉中央駅からベッド

平成６年（1994）に廃止された野上電気鉄道

平成９年（1997）に休止、平成14年（2002）に廃止された南部縦貫鉄道

タウンのちはら台までの路線であったが、その後経営難から親会社が事業を引き継いで会社を清算した。芝山鉄道は、成田《なりた》空港建設にともなう見返りとして建設した一駅間だけの日本で最短の鉄道である。千葉急行電鉄と芝山鉄道はいずれも第一種鉄道事業者として車両も保有（リース）していた。

また、営団地下鉄東西線の延伸線として第三セクター「東葉《とうよう》高速鉄道」が開業した。旧国鉄新線の京葉《けいよう》線の施設を転用して開業した第三セクター「東京臨海高速鉄道」りんかい線や、もともと社会福祉法人こどもの国協会が運営していた鉄道を通勤線化し、その後横浜の都心部の地下鉄としてみなとみらい21線を完成させた第三セクター「横浜高速鉄道」、大阪市営地下鉄中央線の延伸線を建設した第三セクター「大阪港トランスポートシステム」なども ある。大阪港トランスポートシステムは、平成17年（2005）、大阪市交通局に車両と運行施設を譲渡し、現在はインフラ部を保有している。

平成13年〜22年の鉄道事業者数の推移

平成16年（2004）には、帝都高速度交通営団が民営化により東京地下鉄となったため、大手私鉄は1社増えて16社となった。また、準大手は、輸送量が減った神戸電鉄が抜けて5社になった。地下鉄は、広島高速交通のゴムタイヤ方式の新交通システム「アストラム」の本《ほん》通《どおり》〜白島《はくしま》間の地下区間が鉄道事業法に基づいて開業したので、分類上地下鉄としている。都市中小私鉄を含む地方私鉄の数は127社で、そのうち地方交通線を運行する第三セクター鉄道が37、地方交通線のインフラ部を保有する自治体が3社、JR貨物を除く貨物鉄道が11社である。

平成13年（2001）以降に新たに開業した鉄道は、首都圏新都市鉄道（つくばエクスプレス）のほか、貨物線を旅客化した名古屋臨海高速鉄道あおなみ線などである。また、大阪の城東《じょうとう》貨物線の旅客化を行いJR西日本がおおさか東《ひがし》線として一部区間を開業したが、工事をしたのは第三セクター「大阪外環状鉄道」である。同様に、整備だけを担当する会社として、名鉄小牧《こまき》線の一部区間と名古屋市営地下鉄上飯田《かみいいだ》線を整備した上飯田連絡線、名鉄中部国際空港線を建設した中部国際空港連絡鉄道がある。

平成13年以降に鉄道事業から撤退した会社は次のとおりである。

〈北海道〉
北海道ちほく高原鉄道
〈東北地方〉
下北交通、十和田観光電鉄、小坂《こさか》製錬、くりはら田園鉄道
〈関東地方〉
日立《ひたち》電鉄、鹿島《かしま》鉄道
〈中部地方〉

新潟臨海鉄道、神岡《かみおか》鉄道、桃花台《とうかだい》新交通†
〈近畿地方〉
有田《ありだ》鉄道、三木《みき》鉄道、和歌山県
〈九州地方〉
高千穂《たかちほ》鉄道

†軌道

新交通システムの桃花台新交通を例外的に取り上げたが、これは昭和50年代以降各地で道路整備のスキームで整備された新交通・都市モノレールではじめての廃止事例となったという意味で、重要であると考えたからである。

昭和40年代後半以降、都市内や近郊路線について自治体と民間が共同出資する第三セクター鉄道が増えた。これは、都市圏に新規に開発されたニュータウンなどの住宅地への鉄道整備が必要となったものの、建設費が大きいために民間私鉄には負担しきれない場合が多く、公共側が主体になって鉄道を建設するケースが増えていったためである。しかし、公共側の財源も限られているため、いわゆる中曽根《なかそね》民活のなかで、民間資金をあわせて活用することになった。そして、これらの第三セクター鉄道に対して国が補助金で支援した。また、日米間での貿易不均衡の問題が浮上して日米構造協議が開催され、日本に対して「内需」の拡大が求められた。これに応ずるために、鉄道網整備のための第三セクターの設立が加速することになった。

また、地方では、昭和40年代のバスへの旅客のシフトと自家用車の普及で、零細で弱小な地方私鉄が鉄道を廃止した。いずれも、古典的な車両を使い続け、施設も老朽化していた。しかし、その時期に積極的に近代化投資を進めた地方私鉄があった。CTC（列車集中制御装置）を設置して運転要員を削減し、車両を置き換えてワンマン化を進め、合理化を徹底することで鉄道の存続を目指した。

平成以降、このように積極的な設備投資した私鉄のなかには、その後の旅客の減少に耐えきれずに廃止された路線もあったが、そのような困難な時期を乗り切って今も運行を続けている地方のローカル私鉄も多い。旧国鉄の特定地方交通線を移管した第三セクターも各地にある。それらの鉄道のなかには、生活交通の需要が減少するなかで、観光客などの誘引に力を入れる会社が増え、さらに近年の特徴であるが、鉄道自体を観光資源として位置づけて全国に情報発信する鉄道が増えてきている。

今後の鉄道需要

日本では、これからも市民の鉄道への依存傾向が続くだろう。とくに、東京は都市鉄道のネットワークが充実しているゆえに人口が増えてきたという要素が大きい。私鉄のターミナルがJR山手線上に揃《そろ》っているのもわかりやすい。ターミナル駅から都心への地下鉄ルートが充実しており、郊外路線と地下鉄が相互直通を行っているのも便利である。

大阪も、比較的鉄道への依存度の高い都市である。ただし、都心部の地下鉄が南北の碁盤目状の街路に建設されたために、利用すべき路線がなかなかわかりにくいこと、私鉄のターミナル駅が都心周辺に分散していることなど使いにくい要素がある。JR、私鉄、地下鉄と、それぞれ別々にネットワークが出来上がっているので、サービス競争を展開するという点では旅客にメリットがあるが、各主体間の連携が不十分で、ネットワークを十分に使いこなせないという難点がある。昭和45年(1970)の大阪万博を機に、私鉄各社は、都心へのアプローチを自前で建設し、阪急千里《せんり》線・京都線と市営地下鉄堺筋《さかいすじ》線の直通運転が行われた。その後も、近鉄東大阪《ひがしおおさか》線(けいはんな線)と市営地下鉄中央線の相互乗り入れが行われたが、それに続く直通路線が現れない。

名古屋、福岡のような大都市では、国鉄がJRになってから幹線系路線での通勤輸送が充実してきている。しかし、東京とは違ってモータリゼーションにより自動車依存型の都市構造が出来上がってしまっており、公共交通も、地下鉄の建設が進んでいるものの、バスが中心的な役割を担っている。

バスは、単位輸送力が小さいこと、路線を比較的柔軟に改変できることで、需要にマッチした路線形態をとりやすい。そのような地域にアウトサイダーの競争的な会社が現れると、既存の会社との間で旅客を獲得するためにサービス競争を行い、鉄道ではまずかなわないような稠密なサービス網が実現できる。地方都市や大都市の近郊ニュータウンでは、鉄道を整備するよりもむしろバスサービスを充実するほうが好ましいケースも多い。

地方での旅客の減少は続くのであろうが、大都市内の鉄道輸送や新幹線の数字が大きいので、国全体では鉄道の旅客輸送量が大きく減ることはないであろう。鉄道が主役でありつづける分野は盤石であるが、地方のローカル鉄道の経営は脆弱《ぜいじゃく》である。この二極化が進むことになる。国の政策も、同じ鉄道施策であっても、幹線・都市鉄道と地方鉄道ではまったく違った切り口が必要となる。

外国人観光客の取り込み

いっぽうで、田舎と呼ばれる地域では、公共交通離れが著しい。鉄道ばかりでなく路線バスも旅客が減っている。その分、自家用車の利用が増えている。そもそも郊外に大規模な商業施設が開発されて鉄道駅の駅前商店街がシャッター通りになってしまった。鉄道を使って買い物ができないのである。

また、沿線人口が減少するため、今後生活交通が増加することは見込めない。いずれ地方だけでなく、都市鉄道も旅客の減少局面に突入するであろう。そのときに期待されるのが、国内の観光客と海外からの旅行客である。すでに、全国のローカル鉄道で観光客の取り込みを目指してさまざまな施策を講じているところである。

小泉純一郎《こいずみじゅんいちろう》首相のころに「ビジットジャパンキャンペーン」が始まった。平成22年（20

10）までに訪日外国人旅行者を1000万人まで増やそうという目標を設定した。平成23年度（2011）の来日外国人は621万人、その前年は861万人であったのに対し、東日本大震災とその後の原発事故で大きく落ち込んだ。しかし、その前の平成20年（2008）には835万人であったので、震災前からすでに横ばい状態であったといえる。

中国からの来訪者は、平成12年（2000）の124万人から平成22年には319万人まで増加した。ただし、この数字には、香港《ホンコン》や台湾《たいわん》からの来訪者が含まれている。韓国からの来訪者も、平成12年の103万人から平成22年には244万人まで増えた。しかし、両国との間には領土問題や歴史認識の問題があり、今後コンスタントに増加するとは思えない。

これからは、東南アジア、とくに親日的なタイやインドネシアからの来訪客を伸ばしていく必要があるであろう。タイからの来訪者は、平成12年の6万人から平成22年には21万人まで増加している。

アジア・エリアでは、マレーシアのエア・アジアなどLCC（Low Cost Carrier、格安航空会社）が急速に発達しており、もともと割高感のあった対日旅行がしやすくなってきている。現在、地方のローカル鉄道のなかには韓国と台湾での集客を進めるところが出てきたが、さらに東南アジアにまで対象を広げていくことになるだろう。

3　新幹線鉄道網の形成

東海道新幹線の建設

日本の鉄道を決定的に変えたのが、昭和39年（1964）に東京～新大阪間が開業した東海道新幹線である。本章では、新幹線網の建設の歴史と航空との競争について解説する。

東海道新幹線の開業まで首都の東京と大阪の間は、在来線の特急「こだま」、「つばめ」、「はと」などのいわゆるビジネス特急で6時間30分を要していた。当時の東海道本線は、複線の線路だけで、特急・急行列車から通勤電車や貨物列車の運行を捌《さば》き、輸送力も限界に達していた。

このころは、東京が政治の中心であるのに対して大阪は商業の中心という意味で「商都」と呼ばれていた。大阪圏は、昭和40年代後半をピークにして、その後長期的な停滞期が続くことになるが、東海道新幹線ができたころの大阪経済はまだ元気であった。

東海道新幹線は、東西に位置する首都と商都を結びつけ、さらに名古屋、京都を経由する日本経済の中心地を貫く大動脈となる高速鉄道である。在来線は狭軌（軌間1067㎜）で、国鉄の路線網のなかで最重要な東海道本線でも、最高速度（最高許容速度）は時速110キロどまりであった。それに対して、東海道新幹線は標準軌（1435㎜）の全線新線で、コンピューター技術による運行管理システムと新しい信号システムを採用することで最高時速210キロを出す、まったく新しい鉄道システムであった。東京と大阪の間を3時間10分（当初4時間）で結ぶ新幹線が登場したことによる社会的なインパクトは大きかった。

東海道新幹線は昭和34年（1959）に工事に着手したが、当時の計画では工期は約5ヵ年で、総工事費は車両費100億円を含めて1725億円、建設中の利子を含めると1972億円であった。しかし、この金額は、計画をスタートさせるために絞り込んだ数字であった。在来線の東海道本線の工事費を参考に積み上げた金額で、昭和34年度の末には早くも予算不足が問題として浮上した。

そのため、昭和34年12月、世界銀行に対して借款供与の交渉を開始して、昭和36年2月に8000万ドルの融資が決定した。

世界銀行は、第二次世界大戦後の復興資金を供給するために設立された国際機関で、アメリカのワシントン特別区に本部がある。先進国の戦後復興がひとわたり終了すると、代わって発展途上国の開発援助に軸足を移していった。そのなかで、日本は東海道新幹線の融資を受けることになったが、名神高速道路と東名高速道路の建設費についても世界銀行から借り入れを行った。当時、世界銀行の役割は発展途上国向けに重心が移っていたので、先進国向けは日本が突出していた。世銀の借款供与国のトップとなっていた時期もある。

昭和39年（1964）10月1日、東海道新幹線東京〜新大阪間が開業した。最終的な工事費は3304億円である。

新幹線が開業した昭和39年度の東海道本線の在来線と新幹線を合わせた旅客人キロは235億人キロで、これは昭和31年度（1956）の162億人キロに比べて45％の増加であった。その後、昭和45年度（1970）には294億人キロ、昭和50年度（1975）336億人キロと順調に増加していった。その結果、昭和46年度（1971）までに3842億円の利益を稼ぎ出し、同年度までの減価償却費と合わせると4806億円に達した。昭和40年代中には、東海道新幹線の旅客が負担する形で建設費用のすべてを回収していたという計算になる。

山陽新幹線の建設

東海道新幹線の予想を超えた好調ぶりに後押しされて、引き続き山陽本線の輸送力増強工事として山陽新幹線の建設が進むことになる。東海道新幹線に接続する特急・急行列車が増発された山陽本線の大阪〜岡山間では、特急から貨物列車までが多数走行し、複線として限界の運行本数とされた1日片道200回に近づいていた。早晩輸送力が不足することが予測されたため、昭和40年（1965）8月山陽本線大阪〜岡山間の線路増設工事として山陽新幹線の建設認可を国に申請した。続いて国鉄は、昭和44年（1969）6月18日岡山〜博多《はかた》間の線路増設工事（山陽新幹線）の申請書を提出した。

新大阪〜岡山間の工事費は最終的に２２０５億円で、その原資は鉄道債券の発行と長期借入金が充てられた。東海道新幹線の工事キロ程が５１５・４㎞なので１㎞あたりの建設費は６・４億円。それに対して山陽新幹線の新大阪〜岡山間１６０・９㎞の１㎞あたりの建設費は13・7億円まで高騰した。東海道新幹線の設計速度時速２００㎞に対して、山陽新幹線は時速２５０㎞の規格で設計された。そのため曲線の半径が東海道の２５００ｍから山陽では４０００ｍに変更され、勾配《こうばい》も20‰から15‰とゆるくなった（‰〔パーミル〕は千分率。20‰は水平に１０００ｍ進むと20ｍ登る割合の勾配）。その分ルート設定が厳しくなったために、東海道新幹線に比べてトンネル延長が大幅に増加することになった。

さらに、岡山〜博多間は路線延長３９２・８㎞に対して工事費は６９０５億円で１㎞あたりの工事費はさらに上昇して17・5億円となった。その背景には、昭和47年（１９７２）田中角栄《たなかかくえい》の『日本列島改造論』の発表にともなう全国的な工事ラッシュによる建設資材の供給不足、昭和48年（１９７３）のオイルショックによる石油製品をはじめとするインフレの昂進《こうしん》といった経済状況の変動が大きく影響した。

新大阪〜岡山間は昭和47年（１９７２）３月15日、岡山〜博多間は昭和50年（１９７５）３月10日に開業した。

整備新幹線計画

東海道新幹線の開業の効果が、地方による新幹線建設の誘致合戦を展開させることになる。昭和47年（1972）に首相に就任した田中角栄も、東海道新幹線の開業前から全国的な新幹線整備を目指して活動していた。経済力の東京一極集中を緩和するため、各地に工業地帯を造成して、新幹線鉄道網により旅客輸送を、同時に高速道路網を建設して物資の輸送を行うことを考えていた。

もともと鉄道建設は、政治家にとっては票を獲得する重要な手段として認識されていた。新線建設には、有力政治家がコントロールしていた鉄道建設審議会の審議を経なければならなかった。しかし、東海道新幹線、山陽新幹線は在来線の線路増設として工事が実施されたため、鉄道建設審議会では審議されなかった。これでは政治家がかかわる余地がないため、全国にわたる新幹線鉄道網の整備について立法化を図ることと鉄道建設審議会の審議の対象とすることを主張した。

昭和45年（1970）3月の第49回鉄道建設審議会で「全国新幹線鉄道網に関する今後の方針」が審議され、同月第50回鉄道建設審議会の小委員会では、全国新幹線鉄道整備法案とそれに付けられる予定路線が審議された。

この「全国新幹線鉄道整備法」は、昭和45年第63回国会に議員提案の形で提出され、同年5月に成立・公布となった。予定路線は法律に記されず、同法第五条で「建設すべき新幹線鉄道の路線を定める基本計画」を定めなければならないとした。

これが、今日「整備新幹線」と呼ばれる新幹線の整備路線の根拠となる法律である。ただし、今日一般的に「整備新幹線」と呼ばれるのは、国鉄末期に工事が凍結され、JR化後に当時の運輸省が整備スキームを示して工事を再開することになった路線である。それ以前は、次期着手路線として一部に整備新幹線の用語が使われた程度であった。

建設を開始すべき新幹線鉄道の路線を定める基本計画は、昭和46年（1971）1月に東北新幹線東京都・青森市間、上越新幹線東京都・新潟市間、成田新幹線東京都・成田市間が設定された。翌年7月に北海道新幹線青森市・旭川市間、北陸新幹線東京都・大阪市間、九州新幹線福岡市・鹿児島市間を追加。昭和47年12月には九州新幹線福岡市・長崎市間を追加した。昭和48年には、羽越新幹線、四国新幹線、山陰新幹線など10路線が追加され、現行の全体計画が揃った。

東北・上越新幹線の建設

東北新幹線は、昭和46年（1971）11月、東京、大宮、宇都宮、福島、仙台、盛岡で起工式が執り行われ、難工事箇所として蔵王《ざおう》トンネルと一ノ関《いちのせき》トンネルの工事に着手した。

当初計画では総工事費は8800億円で、昭和51年度（1976）に東京～盛岡間の全線を開業する計画であった。その後、埼玉県内での反対運動が硬化して工事に着手できないため、たびたび開業時期の延期を繰り返した。最終的に、都心へのアプローチの工事の目処《めど》が立った段階で大宮までの暫定開業を決定して、昭和57年（1982）6月23日大宮〜盛岡間を開業した。

上越新幹線も、昭和46年（1971）11月、国鉄大宮工場内、高崎駅、新潟県湯沢町《ゆざわまち》で起工式を開催した。そして、12月9日延長22㎞余りの大清水《だいしみず》トンネルの工事に着手した。群馬県内の中山《なかやま》トンネル14㎞の工事が難航し、昭和54年（1979）3月には異常出水で立坑が完全に水没。翌年の3月にも二度目の異常出水があり完成が遅れた。そのため、東北新幹線の大宮開業との同時開業には間に合わず、昭和57年（1982）11月15日大宮〜新潟間を開業した。

東京〜大宮間については、国鉄が地元対策として新幹線に併設する通勤新線の建設を提示した。これが昭和53年（1978）12月に認可となると、沿線自治体は相次いで絶対反対から条件付き賛成に転換した。市民は高架による新幹線の建設に対する認可の取り消しを求めて行政訴訟を起こした。しかし、全体としては反対運動が弱体化したことを受けて、国鉄は新幹線と通勤新線の工事に着手した。昭和57年（1982）、赤羽《あかばね》駅のすぐ北にある星美《せいび》学園との間で補償について合意し、これですべての障害は取り除かれた。

ただし、これとは別に神田《かんだ》地区の反対運動が激化していった。昭和48年（1973）に示された工事の概要は、以前からあった東海道本線と東北本線を結ぶ東北縦貫線を撤去したうえで跡地に新幹線を建設し、その後新幹線の構造物の上部に東北縦貫線を再度整備するという計画であった。しかし、強硬な反対運動に遭遇した国鉄は、昭和58年（1983）、新幹線の建設を優先し、地元の対策委員長に対して「東北縦貫線を廃止するので新幹線を建設させてほしい」との「確認書」を提示した。その後東北縦貫線の工事が始められたが、この工事に対して地元神田の住民は「約束違反だ」として裁判を起こした。現在も審理が続いている。

東京駅までの建設の見通しがついたことから、とりあえず上野駅までの運行を目指して工事が進められ、昭和60年（1985）3月14日に上野〜大宮間を開業した。上野駅に新幹線を止める計画はなかったのだが、新しく上野駅の地平ホームの地下深くにホーム2面4線を備えた新幹線駅が建設された。従来上野界隈《かいわい》の商業主たちには、新幹線が通過することで経済活動が落ち込むとして懸念を示す声が多かった。しかし国鉄側は、東京駅から至近距離の上野に駅を設置することは無駄であること、地下深いために工事費が巨額となるということで否定的であったが、東京駅開業が遅れたため、やむをえず設置を決めたものである。

昭和58年（1983）、秋葉原《あきはばら》から日本橋川《にほんばしがわ》までの東北縦貫線の高架橋が撤去されて東北新幹線の背の高い高架橋への建て替え工事が開始された。昭和62年（1987）4月には国鉄の分割民営化によりJRが生まれるが、東北新幹線上野〜東京間は国鉄がすでに着手した工事路線として、同じく国鉄改革によって設立された営業中新幹線のインフラ部を保有する新幹線鉄道保有機構に引き継がれた。そして、平成3年（1991）6月20日に東北新幹線の東京延伸開業が実現した。

最終的に、東北新幹線上野〜盛岡間の工事費はおおよそ2兆5千億円、上越新幹線の大宮〜新潟間は1兆6千億円と計画を大幅に上回った。東北新幹線の東京〜上野間は距離が短いうえに用地買収が最小限に抑えられたため1300億円であった。

JR発足以後

昭和62年（1987）4月国鉄の分割民営化により、新幹線の施設は新幹線鉄道保有機構に引き継がれ、東海道新幹線はJR東海、山陽新幹線はJR西日本、東北新幹線、上越新幹線はJR東日本が貸付料を支払って運行することになった。

新幹線鉄道保有機構は、新幹線資産を簿価で引き継ぎ、それに見合う8兆5千億円余りの国鉄債務が承継された。いっぽう、JRへの貸付料は、それぞれの新幹線簿価に応じて決まるのではなく、収益力に応じて決められた。つまり一番古く建設費の回収がほぼ終わり収益力の高い東海道新幹線が一番大きな金額を負担しなければならないということである。

国鉄改革では、分割民営化により成立したJR各社の採算性を調整するために何重にも施策が講じられていた。新幹線を上下分離してインフラを新幹線鉄道保有機構に任せたというのも、JR本州三社の収益性のバランスをとるために考え出された利益調整の仕組みであった。

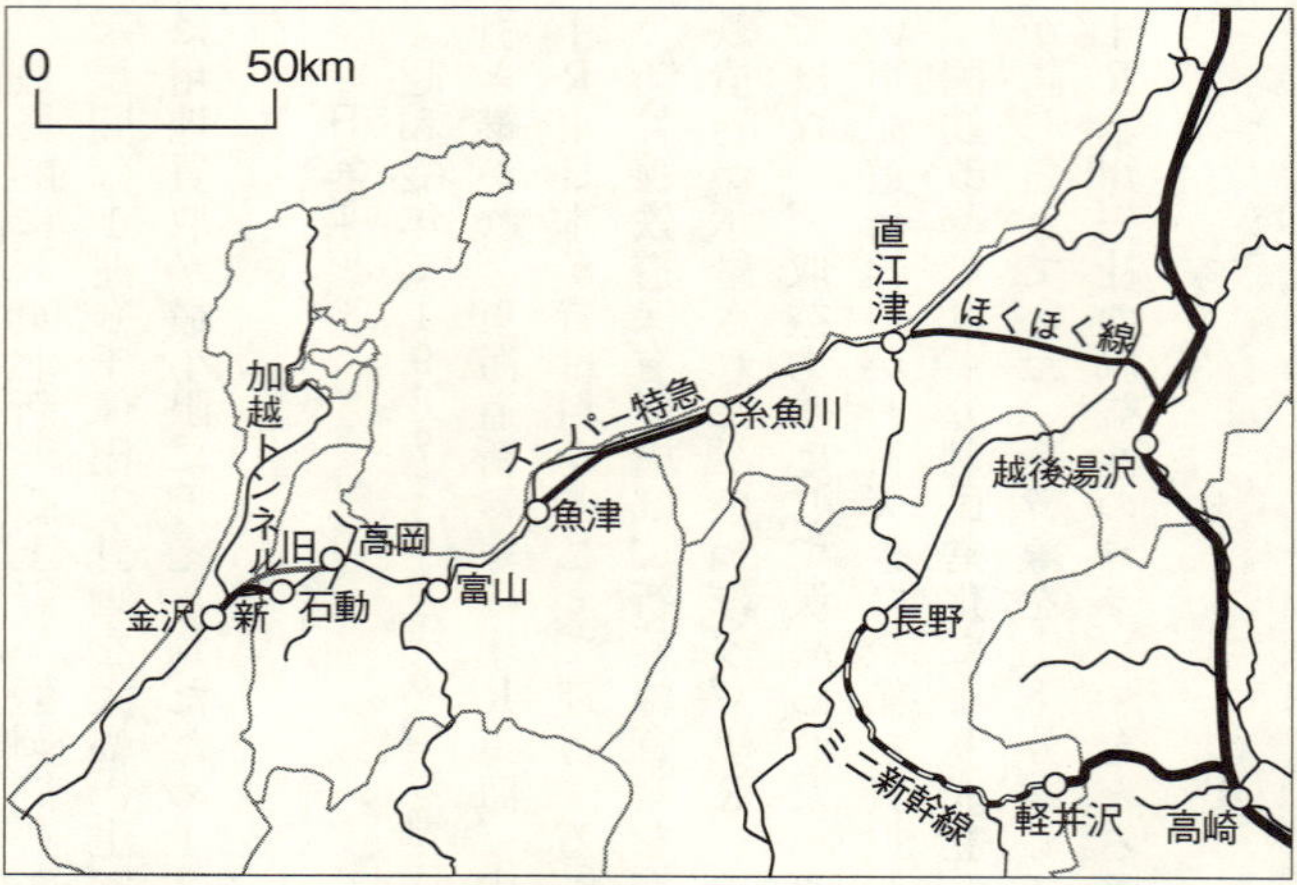

北陸新幹線スーパー特急構想

ミニ新幹線・スーパー特急構想

ＪＲ移行後、本州三社はいずれも想定以上の収益を上げた。国鉄改革によりもはや債務問題はすべて解決したような雰囲気さえあった。そのなかで、政治家を通じて地方から整備新幹線プロジェクトの再開を求める声が高まった。

国は、基本的には慎重な姿勢を見せたが、地方からの熱心な要求を受けて、整備新幹線の工事の再開へ向けて動き出した。

昭和63年（１９８８）８月、運輸省は、本来の新幹線規格の鉄道ではなく、在来線を新幹線と同じレール幅１４３５㎜の標準軌に改造して直通するミニ新幹線と、新幹線規格の鉄道施設を構築するものの列車の走行するレールの幅は在来線と同じ１０６７㎜とし、時速２００キロで走行するというスーパー特急の規格を提案した。

整備計画の決まっている路線のうち、北陸新幹線の高崎～軽井沢《かるいざわ》間と東北新幹線の沼宮内《ぬまくない》～八戸だけを正規の新幹線規格で建設し、そのほかの北陸新幹線糸魚川《いといがわ》～魚津《うおづ》間と高岡《たかおか》～金沢間、九州新幹線の八代《やつしろ》～西鹿児島《にしかごしま》間をスーパー特急、東北新幹線盛岡～沼宮内間、八戸～青森間、北陸新幹線軽井沢～長野間はミニ新幹線で整備するという運輸省案を提示した。

これによると、東北新幹線は盛岡から在来線施設、沼宮内で新幹線新線、八戸で再度在来線施設を使って青森に到達することになっていた。また、北陸新幹線は、高崎～軽井沢間について新幹線新線を建設するが軽井沢～長野間は在来線を改造。これとは別に、糸魚川～魚津間をスーパー特急、魚津～高岡間は在来線、高岡～金沢間はスーパー特急という継《つ》ぎ接《は》ぎの路線となる計画であった。スーパー特急は時速200キロを想定していたが、当時まだ在来線の最高速度は130キロどまりであり、最高速度200キロで運行する技術があったかというとはなはだ疑わしい。現在は、地方新線として建設された北越北線《ほくえつほく》（ほくほく線）で160キロ運転を行っている。計画では、上越新幹線の越後湯沢《えちごゆざわ》からこのほくほく線を経由して金沢まで時速200キロの列車を走らせることを想定していた。

整備主体は日本鉄道建設公団（現鉄道建設・運輸施設整備支援機構）で、完成した施設は公団が保有してJR運行会社に収益力に応じて賃貸するというものであった。

既設新幹線の譲渡

その後、平成２年（１９９０）12月24日の政府・与党申し合わせで、東北新幹線盛岡〜青森間、九州新幹線八代〜西鹿児島間、北陸新幹線軽井沢〜長野間の翌平成３年度の着工が決まった。北陸新幹線は従来ミニ新幹線の計画であったが、このときフル規格に変更された。

これらの新幹線のフル規格での本格着工の財源となったのが、既設新幹線のＪＲへの譲渡代金であった。もともと新幹線施設の譲渡自体は、ＪＲ東海が要望していたことであるが、ＪＲ東日本も新幹線施設の貸付料が５年ごとの見直しで固定していないことが株式上場の障害となることを懸念し、譲渡を希望したものである。

その譲渡価格は、新幹線鉄道保有機構に移管された時点にさかのぼり、資産評価額８兆５千億円余りを30年で償還すると想定して、この金額からリース料として支払い済みの金額を差し引き、経過したリース期間を除いて、８兆１千億円を25年半で支払うというものである。さらにこの譲渡代金に、整備新幹線建設の財源として１兆１千億円を上乗せして、60年間で支払うことになった。この金額は、国鉄改革以後の増価分という名目が付いていた。そして、平成３年（１９９１）10月１日、新幹線鉄道保有機構は鉄道整備基金に再編された。もともと道路整備や空港整備のように特別会計を目指していた組織であるため、国の鉄道整備関係の補助金もこの基金を経由して交付された。整備新幹線については、新幹線譲渡代金から新幹線整備の特定財源を支出するとともに、国からも建設補助金を受け取り、建設主体に交付した。建設主体は、引き続き日本鉄道建設公団が担当した。その後、平成9年（1997）に鉄道整備基金は船舶整備公団と統合して運輸施設整備事業団に、平成15年（2003）に日本鉄道建設公団と統合して、鉄道建設・運輸施設整備支援機構となる。

なお、北陸新幹線高崎〜軽井沢間は、他に先行して平成元年（1989）8月にフル規格で着工していた。続いて、長野冬季オリンピックの開催が決まったことから、平成3年（1991）9月に軽井沢〜長野間についてもフル規格での工事開始となった。

また、東北新幹線は平成3年9月に沼宮内〜八戸間の工事に着手したが、ミニ新幹線で計画されていた盛岡〜沼宮内間は着工が遅れて、平成7年（1995）5月となった。平成15年アジア冬季競技大会の青森開催までの整備が目標となった。

平成3年9月には九州新幹線の八代〜西鹿児島間も本格着工となった。この段階では、在来線の特急を直通運転する「スーパー特急」であった。

整備新幹線の開業

平成9年（1997）10月北陸新幹線高崎〜長野間が、整備新幹線としてははじめて開業した。長野が終点であることからJR東日本は「長野行新幹線」を案内表記に使ったが、その後「長野新幹線」の呼び方が定着した。列車名は「あさま」である。中部電力の60Hzの配電エリアに入るため、軽井沢と佐久平《さくだいら》の間に異周波数の切り替えセクションが設けられている。車

九州新幹線（出水駅）

両は東北新幹線と同じＥ２系であるが、50Hz／60Hz対応の専用車両である。

続いて、平成14年（２００２）12月に東北新幹線盛岡～八戸間、平成16年（２００４）3月に九州新幹線新八代《しんやつしろ》～鹿児島中央（西鹿児島を改称）間が開業した。

東北新幹線には八戸まで直通列車として新しく「はやて」が設定された。全席指定席の最速列車である。八戸では、跨線橋を渡って在来線への乗り換えが必要であった。

九州新幹線は、博多と西鹿児島を結んでいた鹿児島本線の「つばめ」がそのまま新幹線の列車名に引き継がれ、博多～新八代間には新幹線に接続する「リレーつばめ」を運転した。接続駅の新八代駅には新幹線ホームに在来線の線路を引き込み、同じホームの対面で新幹線「つばめ」と在来線の「リレーつばめ」が乗り換えられる構造であった。需要の少ない南端区間から整備すると需要の多い熊本までで建設が終わってしまうという危惧《きぐ》があったのと、熊本県南部から鹿児島県にかけての在来線が海岸部を蛇行して走っているため、八代～西鹿児島間の新線建設がもっとも速達効果が大きいという理由が伝えられている。いずれも、九州新幹線の投資効果が低いと想定されるなかで、いかに早く博多～西鹿児島間の高速化を実現するか、そのためにはどうすればよいのかということを模索した結果であった。

北陸新幹線の日本海区間については、前述のように高岡～金沢間、糸魚川～新黒部《しんくろべ》（新設。黒部宇奈月温泉）間に新幹線規格の新線に狭軌の軌道を敷設して在来線の特急を走らせるスーパー特急として計画していた。このうち高岡地区のルートについて在来線の高岡駅周辺区間が切り離されることとの反発が強く、平成4年（1992）8月高岡区間を除外して石動《いするぎ》～金沢間の工事に着手、翌年10月には新黒部～糸魚川間も着工した。

フル規格での整備へ

平成10年（1998）1月、政府・与党の整備新幹線検討委員会から検討結果が提出された。これを受けて、同年3月に東北新幹線八戸～新青森間と北陸新幹線長野～上越間がそれぞれフル規格で、九州新幹線船小屋《ふなごや》（信号所）～新八代間がスーパー特急としての着工となった。

さらに平成12年（2000）12月の政府・与党整備新幹線検討委員会申し合わせにより、既着工区間を含めて北陸新幹線上越～富山間、九州新幹線博多～新八代間をフル規格で整備することに決定した。東北新幹線八戸～新青森間は平成22年（2010）12月、九州新幹線の博多～新八代間は平成23年（2011）3月に開業した。

九州新幹線は、博多～八代間の在来線特急を八代～西鹿児島間の新線に直通するスーパー特急の計画から始まった。しかし、基本的に在来線の特急であるので高速化には限りがあったため、地元ではフル規格での開業を強く要求した。スーパー特急をそのまま直通運転することを想定して八代～鹿児島中央間から建設されたが、フル規格に変更になったため、新八代での乗り継ぎが必要になった。新幹線と在来線を直通できる軌間可変式の車両（フリーゲージトレイン）の導入も検討されたが、実用化するまでもなく、博多までのフル規格での開業となった。

続いて、平成16年（2004）12月政府・与党の検討委員会で、北海道新幹線新青森～新函館間と北陸新幹線富山～白山《はくさん》総合車両基地間のフル規格新線、九州新幹線西九州ルート武雄《たけお》温《おん》泉《せん》～諫早《いさはや》間のスーパー特急の3線3区間の着工で合意した。現在のところ北海道新幹線は平成27年度（2015）末、北陸新幹線は平成26年度（2014）末に開業を予定している。西九州ルートは、フリーゲージトレインを使用して博多から新鳥栖《しんとす》まで九州新幹線鹿児島ルート、新鳥栖から在来線に直通するという計画であった。

整備新幹線計画は、地方からは「うなぎ（フル規格）を注文したらあなごやどじょう（ミニ新幹線、スーパー特急）が届いた」と皮肉をいわれたものの、終わってみると（西九州ルートを

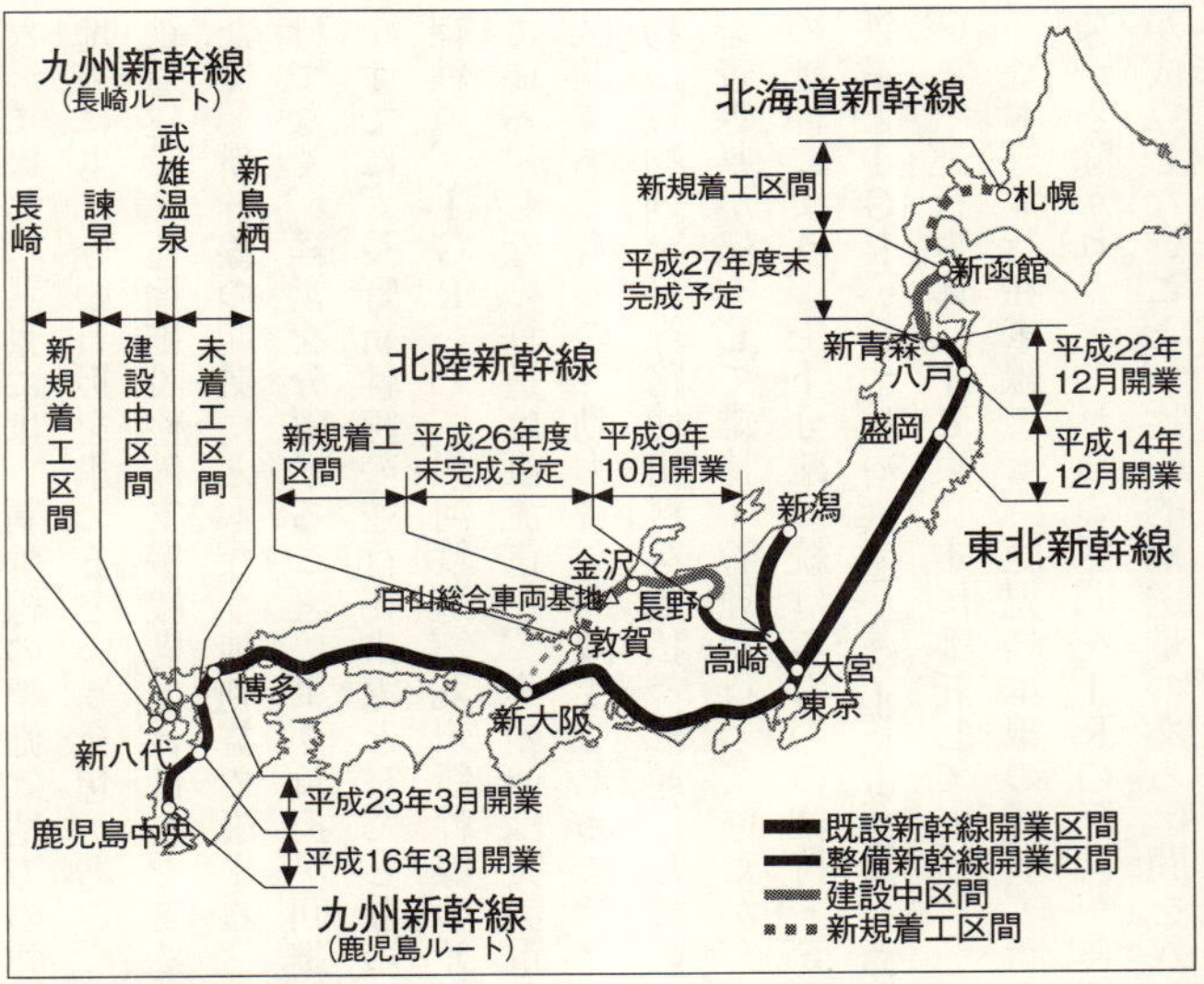

整備新幹線の現状

除いて）すべてうなぎに化けていたということになる。政治の駆け引きのなかで、落ち着くところに落ち着いたということもできる。

現在は、北海道新幹線新函館～札幌間、北陸新幹線金沢～敦賀《つるが》間、九州新幹線西九州ルート諫早～長崎間の工事に着手したところである。西九州ルート（長崎ルート）は、スーパー特急と決定していた武雄温泉～諫早間を含めて、武雄温泉～長崎間がフル規格で一体的に整備される。これだと、途中の新鳥栖～武雄温泉間が狭軌区間となり、新鳥栖と武雄温泉で2度軌間が変わることになり、その分速達効果が減殺されてしまいかねない。

整備新幹線の建設の前提として、並行在来線の経営移管への地元同意が必要となっている。背景には、新幹線の整備は地方の強い要望により実施しているものであるので、地方にも応分の負担を求めるという発想がある。開業後、新幹線を運営するJRは建設主体の鉄道建設・運輸施設整備支援機構に貸付料を支払うが、その金額は実際にかかった建設費ではなく、新幹線の開業にともなう純利益で決まる。そこには、新幹線の運行自体による純利益だけでなく、経営を分離することにより負担が回避される並行在来線の赤字分が上乗せされる。

すでに、長野新幹線の並行在来線としてしなの鉄道が、東北新幹線の並行在来線として青い森鉄道、IGRいわて銀河鉄道、九州新幹線の並行在来線として肥薩《ひさつ》おれんじ鉄道が運行されている。しなの鉄道は直流電化、その他は交流電化路線である。肥薩おれんじ鉄道は交流電化区間であるものの、動力費を節減するためにディーゼルカーを使用している。いずれもJR貨物の貨物列車が線路使用料を支払って運行している。青い森鉄道は完全上下分離でインフラ部を青森県が保有して維持・管理を行っていたが、東北新幹線の新青森延伸にともなう営業区間の延伸により、上下分離は続けるものの維持・管理は青い森鉄道に委託された。また、青い森鉄道とIGRいわて銀河鉄道ではJR東日本の寝台特急「カシオペア」「北斗星《ほくとせい》」を運行している。運行自体はJR東日本に委託している。

なお、並行在来線でも、鹿児島本線の博多〜新八代間と川内《せんだい》〜鹿児島中央間は経営移管の対象から除かれた。これらの区間をJRの経営から切り離すと、九州島内の鉄道のネットワークが成立しないこと、比較的輸送量のある区間を残して新幹線と一体的に経営することによる利益を勘案したものと思われる。

九州新幹線西九州ルートについては、並行在来線の肥前山口《ひぜんやまぐち》～諫早間について、土地・線路施設を自治体に移管したうえでJR九州が引き続き運行する予定である。これは、沿線市町が着工の前提となる並行在来線の引き受けに不同意なためで、工事を急ぐ立場から変則的な措置が取られた。

航空機との競争

JR東日本の新幹線網が充実するにしたがって、流動量全体が増加するとともに、航空輸送との分担率もJRのほうへ大きく動いた。

JR東日本によると、東京～仙台間、東京～新潟間はJRのシェアが100%である（平成23年度〔2011〕）。もともとこの区間には航空便があったが、いずれも新幹線開業後の昭和58年（1983、新潟）、昭和60年（1985、仙台）に撤退した。そのほか東京～盛岡間も100%である。岩手県内の空港は新花巻《しんはなまき》空港（愛称「いわて花巻空港」）だけで、かならずしも盛岡駅の利用圏内とは競合しない。盛岡市の市街地から空港までのアクセスを考えると新幹線のほうが絶対的に有利である。そもそも現在は羽田～新花巻間の航空便は運航していない。

いっぽう、東北新幹線の東京～新青森間では、JRのシェアが76%に下がる。この数字は平成23年度（2011）であるが、その後「はやぶさ」の時速320キロへの引き上げがあり、

東北新幹線「はやぶさ」（写真・読売新聞社）

最速列車で3時間の壁を切った。その影響で、羽田〜青森便の輸送量は減っているが、今後もこの傾向が定着するのかはわからない。新青森駅の青森市街地からの距離を考えると、「やはり青森空港のほうが便利」という人が出てきてもおかしくはない。

ミニ新幹線でも、東京〜山形間はJRのシェアが97％に達している。山形新幹線「つばさ」は2時間50分程度かかる。山形空港は山形市の市街地から20kmほどの距離にあり、所要時間を考えると絶対的に不利とは言い切れないが、山形新幹線の開通により対東京の航空旅客数は減少し、最大5便（片道）あったのが現在では1便に減ってしまった。使用機材はエンブラエル170形機で、1機で新幹線1両分の輸送力しかない。

同じくミニ新幹線の東京〜秋田間では、JRのシェアは59％である。秋田新幹線は最速の「スーパーこまち」でも東京までの所要時間が3時間45分であ

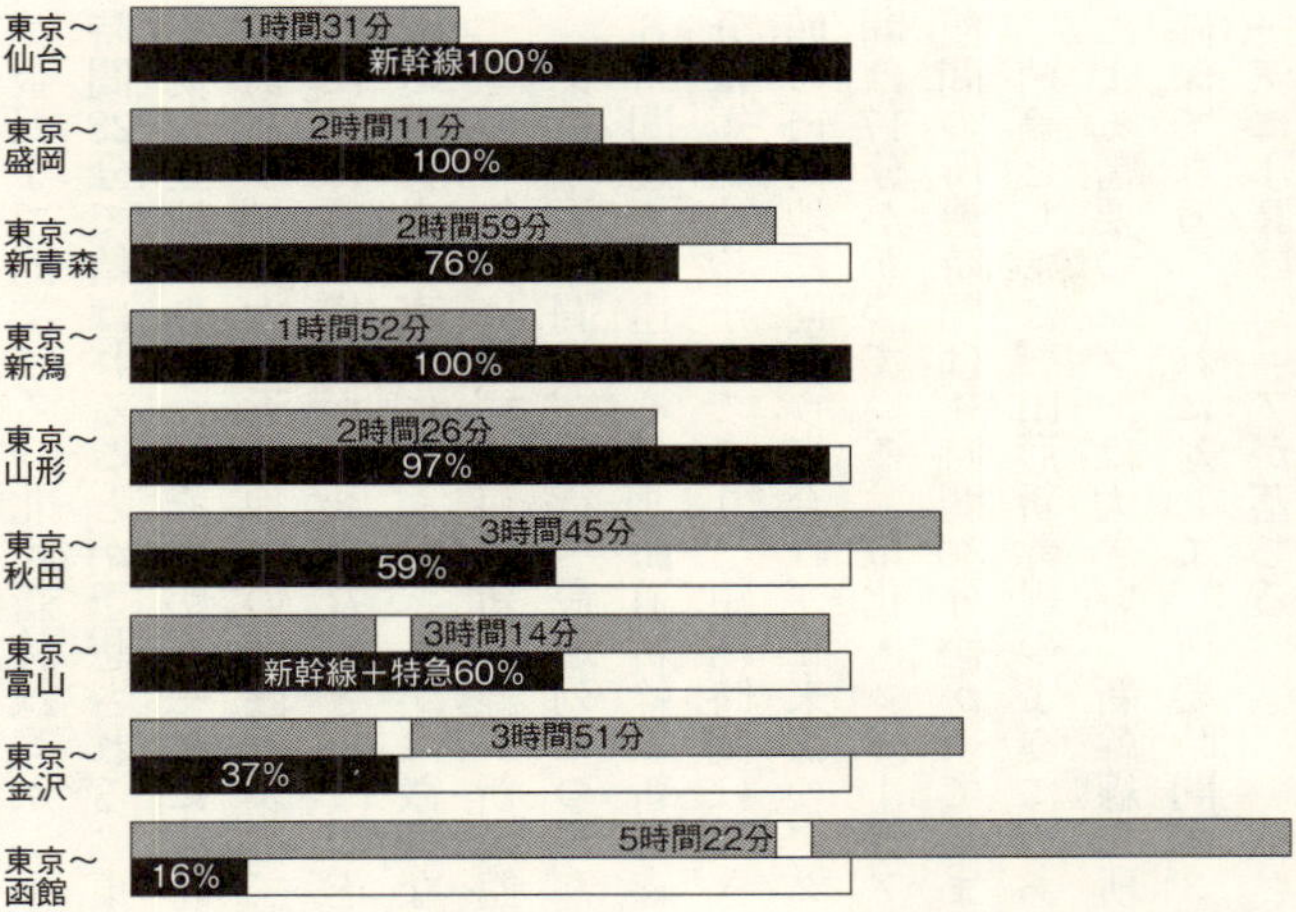

鉄道による最速所要時間と鉄道のシェア（時間は平成25年度、シェアは平成23年度）

り、航空機のほうが分が良い。羽田空港～秋田空港間は、昭和61年（1986）には全日空の4便だけであったが、その後ダブルトラッキング化（複数航空会社の就航）されて、現在は、全日空5便（片道）、日本航空4便（同）を運航している。

まだ新幹線が直通しない東京～富山間はJRのシェア60%、東京～金沢間は同37%で航空の比率が比較的大きい。東京～函館間にいたっては同16%で航空に大きく水をあけられている。東京～富山間は上越新幹線の越後湯沢で在来線特急「はくたか」に乗り換えて3時間14分、東京～金沢間も同じく3時間51分といずれも3時間を超えるうえに、越後湯沢での乗り換えの抵抗感も大きい。

平成27年（2015）春には北陸新幹線

が金沢まで開業する。北陸新幹線「かがやき」で東京〜富山間が2時間7分、東京〜金沢間2時間28分で結ばれることが予想される。東京から見ると北陸は、一般的に物理的な距離以上に不便な土地であった。それが、一挙に2時間あまりで到達することによるインパクトは大きいであろう。富山は近畿地方の商圏に属していたが、近畿からの特急がすべて金沢どまりとなり、富山へは乗り換えが必要になるということで、東京の商圏に吸収されることになるだろう。金沢の消費者が東京に向くかどうかは微妙なところである。

その1年後には、北海道新幹線が新函館まで開業する。

東京〜函館間は、現行、最速列車の乗り継ぎで5時間22分かかるが、最速列車以外の場合は6時間近くに達する。北海道新幹線新青森〜新函館間が開業すると東京〜新函館間が4時間8分に短縮する予定であり、短縮時間は大きいものの依然として4時間を超える。新函館から函館の市街地に向かう場合は、在来線のアクセス列車に乗り換える必要があるが、現行の所要時間は17分かかっている。電化・スピードアップして13分程度に短縮できるとしても、東京〜函館間の所要時間は4時間30分かかってしまう。

結論としては、山形新幹線のように、ある程度所要時間がかかっても新幹線に直通することによる需要のシフトは大きい。新幹線で所要時間が3時間を切るとJRが100％のシェアを確保できる。それに対して、所要時間が3時間を超える場合や途中乗り換えが必要な場合には、一気にJRのシェアが落ちる。

ＬＣＣの登場

国内航空輸送は、羽田空港の沖合展開と再拡張工事が終了し、離着陸回数が大幅に増加した。成田空港も新滑走路の延長工事が終了した。今後は福岡空港の滑走路増設、那覇《なは》空港の拡張工事の計画があり、鉄道輸送のない地点間や、新幹線でも所要時間が長くなる区間では、供給・需要ともに大きく伸びるかもしれない。

また、鉄道よりもはるかに安い価格設定のＬＣＣ（Low Cost Carrier）が国内で本格的に動きはじめた。ＬＣＣの就航を促進するために、成田国際空港、関西国際空港ではＬＣＣ専用のターミナル施設の建設を進めている。しかし、国内航空輸送におけるＬＣＣの比率は小さく、いずれも既存大手航空会社の傘下にある。日本人は、一般的に安かろう悪かろうのサービスに慣れていない。長引く不況で価格破壊が続いたが、商品・サービスの中身をレベルダウンさせずに、価格が下がってきた。そういう点では、既存航空会社のバーゲン運賃に魅力を感じる利用者も多い。ＬＣＣより安くなる場合もある。

既存航空会社、ＬＣＣがサービスを補完しながら、国内航空輸送は拡大していくであろう。

いっぽうで、乗車時間が３時間以内の区間では新幹線が圧倒的優位に立つであろう。たとえば、東京～大阪間、東京～青森間、東京～金沢間などである。しかし、今建設中の北海道新幹線新函館駅は、函館駅と17・９㎞も離れている。それに、青函《せいかん》トンネル区間で在来線の貨物列車と線路を共用するため、最高時速が140キロに抑えられ、東京との所要時間が3時間台に収まらない。加えて、函館の人口は27万人余りで青森市より少ない。東京〜函館間は現在と変わらず航空輸送が大きなシェアを維持し、JR北海道の運営する初の新幹線である北海道新幹線は経営のお荷物となる可能性がある。

リニア新幹線

リニア新幹線については、山梨リニア実験線を42・8㎞に延伸する工事が完了して、平成25年(2013)8月29日から営業車両の試作車となる新型車L0系による試運転が開始されている。延伸前の試験線での累計走行距離が87万㎞を超えており、すでに技術的には実用段階にあることが証明されている。

JR東海は、平成25年9月18日環境アセス準備書を提出し、はじめてリニア新幹線の具体的なルートと駅の位置が発表となった。品川にターミナル駅を設け、名古屋まで中間駅を4ヵ所設ける。

品川駅は東海道新幹線品川駅の直下、名古屋駅は新幹線名古屋駅の北側地下で新幹線とは直角に交差する。

平成26年(2014)に工事に着手して、13年で完成する計画である。最高時速500キロ余りで東京と名古屋の間を最速40分で結ぶ。その後、18年目に大阪まで延伸する計画もある。

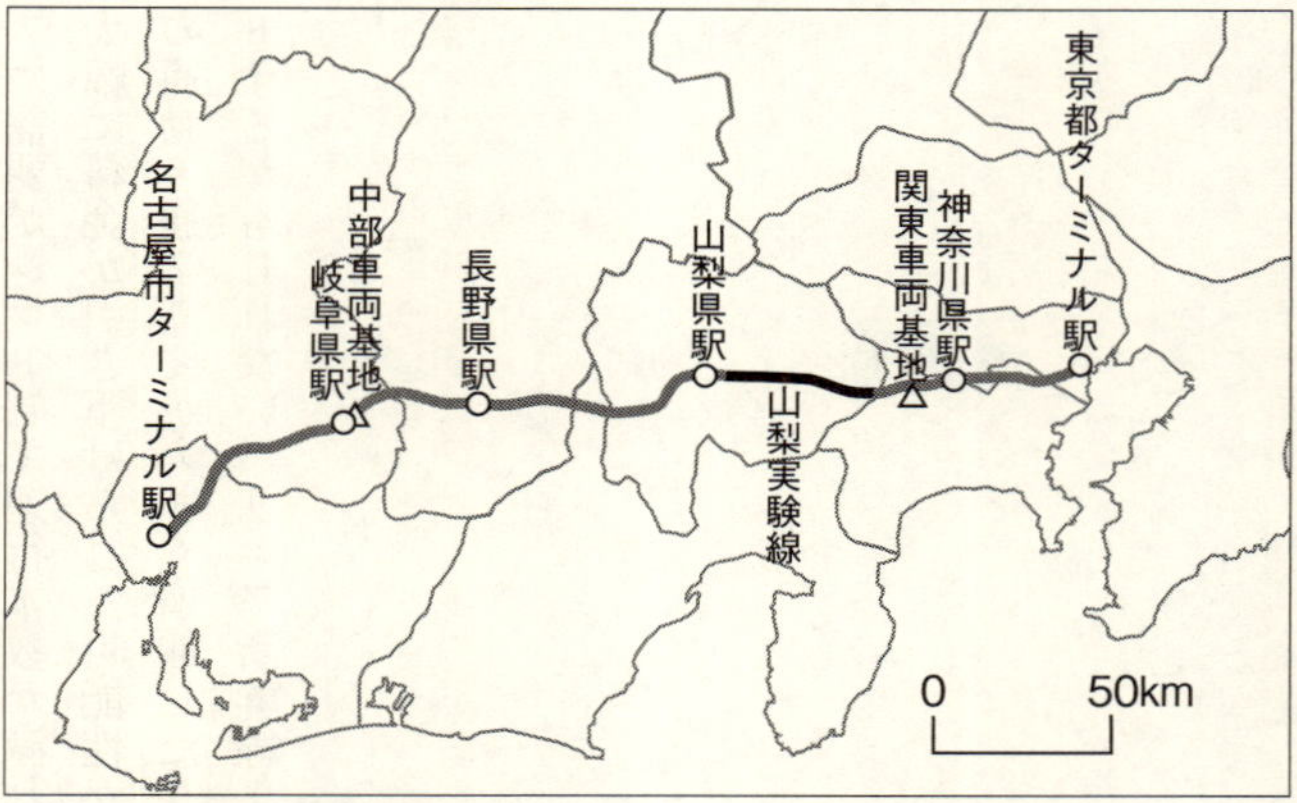

リニア新幹線の計画ルート

東京〜名古屋間が40分で結ばれることで、時間的には名古屋が東京の近郊都市と同じということになる。東京の都心部の再開発が一段落すると、その流れで再開発が名古屋に波及するということになるかもしれない。ただし、現行の東海道新幹線の「のぞみ」より700円割高なリニアの料金・運賃を考えると、単純に通勤・通学に気楽に使えるというものではない。

開業時は、見物需要も見込まれるが、長期的には、本社・営業部門は東京、工場と研究開発部門は名古屋という形であたかも一つの都市内であるかのように部門が配置されることになるのかもしれない。近年、ビジネス活動の東京一極集中の傾向が強まっているが、この傾向の緩和に役立つことになろう。

いっぽう、東海道新幹線は、譲渡代金の支払いが終わり、今後計画されている大規模改修工事を終えれば、資本費の負担が大きく減少する。また、リニアに需要がシフトして運行本数が減れば、それによって運行経費や保守費が減少する。今より大幅に料金が引き下げられる可能性がある。そうすると、静岡から東京へ、豊橋《とよはし》から名古屋への通勤・通学需要が大きく増加したり、熱海〜東京間の旅客がJR東日本からJR東海にシフトするかもしれない。リニア新幹線よりも東海道新幹線の変わり方に興味がもたれる。

4　都市鉄道の整備

都市への人口集中とインフラの未整備

本章では、日本の都市鉄道がどのように整備されてきたか、その歴史を振り返ってみよう。

発展途上国が発展する段階で、例外なく人口爆発と都市への集中が起こる。地方では化学肥料が使われ、農機具も普及すると農業生産が増加する。医療水準の向上もあって人口が増加する。都市近隣での工業化が進むと都市と農村の所得格差が拡大し、工業化で労働力需要が増加するのに呼応して地方から都市に人口が流入する。

昭和30年代はじめ、映画『三丁目の夕日』の時代の日本が、まさにこのような状況であった。

都市部への人口の集中によって、社会資本の不足が目立つようになっていった。まず、住むところがない。戦後復興期に日本住宅公団が設立されて各地に団地を建設した。狭い面積をそれなりに有効に活用し、近代的な設備を持つ団地は人気を博し、入居希望者が殺到した。倍率が何十倍というケースもあった。そこで、昭和40年（1965）近くになって、小規模な住宅団地ではなく、広大な面積を全面買収して新しい住宅都市を建設しようというニュータウン建設が始まった。首都圏の多摩《たま》ニュータウンと千葉ニュータウンであり、また民間が開発した多摩田園都市、横浜市が開発した港北《こうほく》ニュータウンである。近畿圏では千里《せんり》ニュータウン、泉北《せんぼく》ニュータウンが開発された。

道路整備も遅れた。都市の住宅地では舗装も行われず、下水道の整備も遅れていたので雨水がたまってよく水たまりができていた。郊外では国道でも未舗装の道路が残っていた。幅員も狭く、砂利道を多くのダンプトラックが砂煙を立てながら行きかっていた。

東京都心部も道路の地割が古いままで幅が狭かった。幅員20mの狭い道路の中央を都電が走っていたので、自家用車が増加していくと自然に渋滞は深刻化していった。駐車場も少なく、路上駐車が常態化した。自動車の排気ガスが生活環境を悪化させ、環状七号線の上空に低くたなびく雲を「環七雲」と呼んだ。排気ガスが化学反応して光化学スモッグを発生させて人々の健康を損ねた。

学校も不足した。新たに多くの小学校・中学校・高等学校が建設されたが、教員が不足した。1教室の生徒数は50人を超えていた。

混雑する鉄道

鉄道の混雑も深刻であった。鉄道の輸送力は常に需要の増加を追いかけていた。日本の鉄道は昭和20年代に戦後復興を終えた。昭和30年代に入ると高度経済成長期に入るが、国鉄や大手私鉄には新線建設、複々線化といった大規模投資を行う余裕がなかった。国鉄は幹線系の輸送力増強に精力を傾注せざるを得なかった。私鉄は、戦前はまだ閑散としていた郊外地域が、戦後は、短期間に急激に都市化が進んだため、運行本数の増加や編成両数の長大化で対応するしかなかった。新線建設や複々線化・地下化のための補助制度がなく、資金調達は私鉄が自ら行わなければならなかった。鉄道は建設期間が長く、建設費が巨額にのぼるために、開業までの社会状況の変化など、リスクが大きい。民間金融機関は高度経済成長による産業投資で資金供給がいっぱいで、鉄道建設には十分な資金が供給されなかった。

新線建設のための子会社

少しでも新線の建設や既存の路線の改良を進めようと、昭和40年代後半になって、民間と公共が共同出資する第三セクター鉄道が登場し、ニュータウン鉄道など都市鉄道に対する補助制度も立ち上がった。財政投融資資金を鉄道建設に投入するために、日本鉄道建設公団による民鉄線（P線）工事も制度化された。

しかし、財政投融資資金を使って新線を建設しても、建設費は借金であることに変わりはなく、開業後返済しなければならない。しかも、この時期の新線はたいてい沿線開発とリンクしていた。沿線開発が遅れると、旅客数が予測を下回ることになり、建設時の借入金の返済のための資金が不足することになった。東葉高速鉄道、埼玉高速鉄道など建設資金の返済で苦労している第三セクター鉄道はたくさんある。

関西では、京阪電気鉄道は三条《さんじょう》から出町柳《でまちやなぎ》までの延伸路線建設にあたって、昭和47年（1972）に別会社の鴨川《かもがわ》電気鉄道を設立し、平成元年（1989）の開業時に本体に吸収した。大阪市営地下鉄中央線と直通する近鉄東大阪線（現けいはんな線）も昭和52年（1977）に別会社の東大阪生駒《いこま》電鉄を作り、開業年の昭和61年（1986）に合併したものである。別会社を設立することでプロジェクトの収益性を担保に融資を受けやすくするという考えがあったものと思われる。

また、阪急電鉄は、千里ニュータウンに別会社の北大阪急行電鉄を、神戸にも北神急行電鉄を設立した。前者は、阪急が過半の株式を持つが大阪府も出資する第三セクターである。後者は、もともと神戸電鉄が計画していた新線を阪急が引き取って完成させたという経緯がある。公共の出資は入っていない。ただし、今は阪急電鉄による経営支援策として線路施設は第三セクターの神戸高速鉄道が保有して北神急行電鉄に賃貸している。神戸高速鉄道は、もともと神戸の市街地の周辺部にばらばらにターミナルを置いていた阪急電鉄、阪神電気鉄道、神戸電鉄、山陽電気鉄道の都心乗り入れのために、神戸市とともに各社が共同出資して昭和33年（1958）に設立されたもので、昭和43年（1968）に路線を完成させた。日本ではじめての第三セクター鉄道とされる。

東京地下鉄道（浅草〜新橋）の銀座駅（絵はがき）

戦前の都市鉄道ネットワーク

東京の都市鉄道ネットワークは、戦前期にほぼ完成していた。明治39年（1906）の鉄道国有法の施行時には、官設の東海道本線とこのとき国有化された東北本線、中央本線、総武本線、山手線、常磐《じょうばん》線からなる路線網が完成していた。また、私鉄では東武伊勢《いせ》崎《ざき》線と玉川《たまがわ》電気軌道（東急田園都市《でんえんとし》線の一部他）、京浜電気鉄道（京浜急行）も営業をしていた。明治末には王子《おうじ》電気軌道（都電荒川《あらかわ》線）の大塚《おおつか》〜飛鳥山《あすかやま》間、京成電気軌道（京成電鉄）金町《かなまち》〜柴又《しばまた》間が開業した。そして、昭和2年（1927）までには、武蔵野《むさしの》鉄道（西武鉄道）、東上《とうじょう》鉄道（東武東上線）、西武鉄道、小田原《おだわら》急行鉄道（小田急電鉄）、目黒蒲田《めぐろかまた》電鉄（東急目黒線他）、東京横浜電鉄（東急東横《とうよこ》線）、京王電気軌道（京王電鉄）、城東《じょうとう》電気軌道（廃止）が営業を開始して、現在の都区内の鉄道網がほぼ完成した。さらに、この年、東京地下鉄道が上野～浅草《あさくさ》間に「東洋初」を謳った地下鉄を開業した。昭和9年(1934)には新橋《しんばし》まで延伸している。現在の東京メトロ銀座《ぎんざ》線である。

国鉄の都心区間の鉄道整備も進み、昭和2年の時点では、総武線御茶ノ水《おちゃのみず》～両国《りょうごく》間を除いてすでに現在の電車区間が完成していた。ちなみに東京の電車区間で最初に電車が走ることになったのは、明治37年(1904)まだ私鉄の甲武《こうぶ》鉄道であった中央線の飯田町《いいだまち》(現在の飯田橋《いいだばし》駅近く)～中野《なかの》間である。明治41年(1908)昌平橋《しょうへいばし》、明治45年(1912)万世橋《まんせいばし》、大正8年(1919)に東京駅まで延伸して山手線との直通運転を開始した。その後、昭和3年(1928)に中野～新宿間の複々線化、翌年には飯田町～新宿間が複々線化した。

このとき新設した現在の急行線は既設線とは別の支線の扱いであった。当時中央線のターミナルだった飯田町を出発して八王子以遠に向かう客車列車は、新宿まで通過した。東京駅から中野までの電車線とは機能を別にする別線として扱ったのである。昭和7年(1932)に総武線両国～御茶ノ水間が開業。翌年には、この飯田町発着の客車列車を新宿発着に変更して支線を本線に統合、御茶ノ水～飯田町間に複線を増設して朝夕ラッシュ時に総武線の飯田橋直通運転、中央緩行線の両国までの乗り入れを開始した。この直通運転する時間帯には中央線東京～中野間で途中御茶ノ水、四ッ谷《よつや》、新宿のみ停車する急行電車(現在快速・特別快速が運行している)を運行した。いっぽう、各駅停車の電車が走る線路は緩行線と呼ばれる。

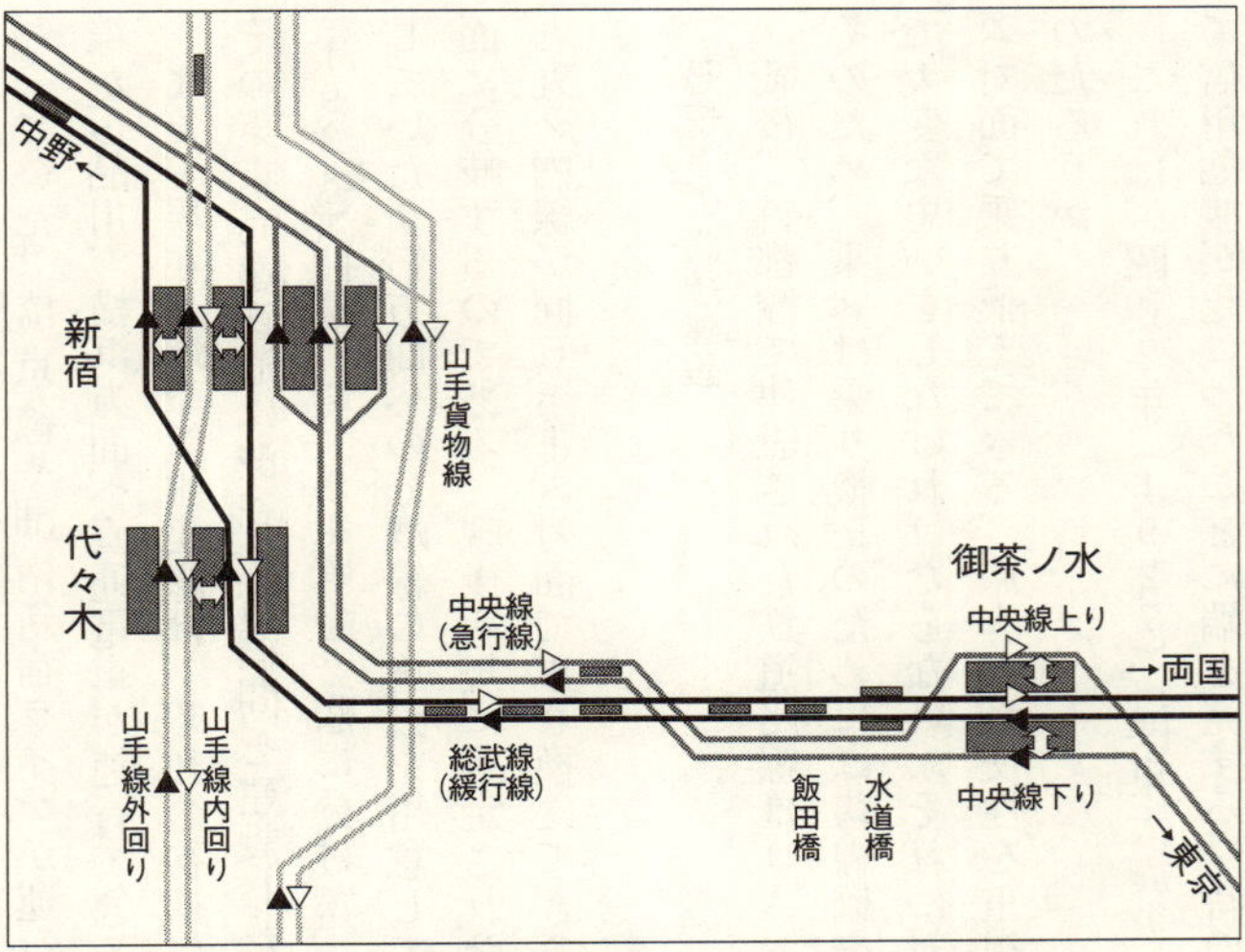

ホーム対面で乗り換えられる御茶ノ水・代々木・新宿

乗り換えに便利な駅

　御茶ノ水駅では、2面4線のホームの外側に中央線、内側には総武線が乗り入れて、同じホームの対面での乗り換えができる構造である。中央線上り線は水道橋《すいどうばし》近くで緩行線をアンダーパスして急行線と緩行線の線路別となる。この緩行線の下り線は代《よ》々《よ》木《ぎ》駅では山手線内回り電車と同じホーム対面で乗り換えることができる。さらに、緩行線下り線は山手線をオーバーパスして、新宿では中央緩行線が山手線を挟む形となり、同一方向の緩行線と山手線の電車はそれぞれ同じホーム対面で乗り換えることができる。

　新宿駅では、急行線は山手貨物線の線路につながり、東北本線、東海道本線からの貨物列車が中央線方面に直通できる構造になっていた。埼京《さいきょう》線や湘南《しょうなん》新宿ラインが運行する今でも、成田エクスプレスをはじめ、中央線から品川、横浜方面へ直通電車が運行できるのはこの構造のおかげである。

また、現在の地下鉄銀座線は、昭和の初期に東京地下鉄道と東京高速鉄道の2社が建設した。その東京高速鉄道は渋谷～新橋間を建設したが、途中赤坂見附《あかさかみつけ》駅を建設するさい（昭和13年〔1938〕開業）に、ホームを2層に分けて、それぞれの階に1面2線を設けて、建設を予定していた新宿方面への分岐線の施設を用意していた。新橋方面からこの駅で渋谷方面と新宿方面に分岐するのである。戦後新規に設定された丸ノ内線がこの分岐線を流用したため、銀座線と丸ノ内線が同じホーム対面で乗り換えできる便利な構造になっている。

恐慌下の路線建設

戦後、首都圏で建設された鉄道路線はコストと工期重視の単純な線路別線路増設を行った。そのため、乗客は乗り換えのためには跨線橋や地下通路を通ることになり、垂直・水平の移動で大変な思いをしなければならない。それに対して、戦前の線路増設は、多くのルートをホーム対面で乗り換えできる、旅客の利便性を重視する構造であった。なぜこのような構造にしたのだろうか。

これは、昭和2年（1927）、関東大震災のときに支払い猶予された手形が不良債権化して信用危機が起こったことに端を発する。時の蔵相の国会での失言が火に油を注ぐ形となり、失言のなかで名指しされた東京渡辺《わたなべ》銀行は休業し、取引相手の専門商社の鈴木《すずき》商店が倒産した。さらに中小銀行の取り付け騒ぎが拡大して、いわゆる「金融恐慌」の様相を呈した。金融恐慌に加えて、昭和4年（1929）にはニューヨーク・ウォール街で株式が大暴落して世界恐慌に突入する。

世界中の経済が混乱し、深刻な経済不況が襲った。鉄道やバスの旅客は減少し、とくに行楽客や買い物客の落ち込みは大きかった。鉄道会社やバス会社は運賃の割引やおまけをつけて乗客の増加に努めた。東京地下鉄道は路線を日本橋、銀座へ延伸したものの地上を走るバスのほうが便利なため、閑古鳥が鳴いていた。そこで、デパートとタイアップしてデパートに直結する通路を設置。ついでに建設費をデパートに出してもらって、代わりに駅名にデパートの名前を付けた。これが現在の銀座線三越前《みつこしまえ》駅である。

なお、乗合バスも、東京市内を民営の「青バス」（今の富士急を創業した堀内良平《ほりうちりょうへい》が始めた）が営業していたところに、関東大震災で市電が被災したことによる代行交通手段として市がバスの運行を開始して、両者の間で熾烈な競争が起こった。たとえば、昭和5年（1930）に「青バス」は女性の車掌を乗務させた。乗合バスの女性の車掌は日本ではじめてである。

このように、市内交通は、稠密な市電網があり、そこに乗合バスの路線網が拡大していった。鉄道院・鉄道省が経営する院電・省線のネットワークも昭和の初期までに完成した。地下鉄も現在の銀座線一路線ながら次第に路線を伸ばしていった。

戦前の銀座通りを行く市電とバス（絵はがき）

また、関東大震災で焼け出された下町の人たちが東京市の外周部に移り住んだ。比較的裕福な人は、東京市の西側の台地上に造成された田園調布《でんえんちょうふ》などの高級住宅地に移った。それにあわせて、郊外の私鉄が路線網を飛躍的に拡大した。その時期に、金融恐慌から世界不況と深刻な経済状況に陥ったのである。

こうして、この昭和初期の鉄道プロジェクトは、完成してもなかなか需要が付かないため、旅客を誘引するために利便性を重視していたのである。赤坂見附やお茶ノ水駅の構造は、その結果といえる。

山手線と京浜東北線の路線分離

戦後、国鉄は、昭和31年（1956）に、田端～田《た》町《まち》間で山手線と京浜東北線の分離運転を実施した。この区間の線路を2線増設して、それまで複線を共用していた両線の運転を分離して運行本数を増やすというもの。このときも、4線ある線路の内側2線を山手線、外側線を京浜東北線として各駅でホームの対面で乗り換えられる構造とした。これは、線路別に作ったならば乗換客で通路が大混雑することが予想されたため、当然の措置であった。

この時代までに整備された利便性の高い東京の都心部の鉄道網が、その後のモータリゼーションの進行のなかで、国際的にも稀な「公共交通に依存する大都市」となる素地を用意していたと考えられる。

利便性の落ちた戦後の路線改良

戦後、国鉄は首都圏の各路線で輸送力増強を目的として電車と列車の分離工事を進めたが、残念ながら乗換利便性は配慮されなかった。例外は、昭和55年（1980）に開業し、東海道本線と同じホーム対面での乗り換えができる構造とした横須賀《よこすか》線の戸塚《とつか》駅くらいである。このときに整備された総武快速線や常磐快速線、中央線の中野〜三鷹《みたか》間等では、快速と普通を乗り換えるためには、階段を上り下りして別のホームに移動する必要がある。

この時代に新設された鉄道は、乗換利便性だけでなく他の路線とのネットワークが配慮されていないものが多い。昭和48年（1973）に開業した武蔵野《むさしの》線の府中本町《ふちゅうほんまち》は南武《なんぶ》線の駅が併設されているが、武蔵野線の島式ホーム1面の両側に貨物線があり、そのさらに外側に南武線が走っている。武蔵野線から南武線の川崎《かわさき》方面に乗り換えるには跨線橋を渡り長い通路を歩かなければならない。そもそも、総武線との乗換駅である西船橋《にしふなばし》、常磐線との乗換駅である新松《しんまつ》戸《ど》、京浜東北線との乗換駅である南浦和《みなみうらわ》には、快速、中距離電車は停車しない。その結果、郊外路線をショートカットする環状鉄道の機能を十分に果たせないでいる。

世界初の相互直通運転

国鉄が昭和40年（1965）から実施した第三次長期計画では、首都圏の通勤輸送の改善が重要なテーマとしてクローズアップされた。

戦後は、日本経済の復興のための貨物輸送力の復旧・増強、高度経済成長期における東海道新幹線の建設と全国の特急列車網の拡充などが続いた。いずれも幹線鉄道の輸送改善を目指したもので、通勤輸送の増強については、重要性は認識されていたものの財源問題から後回しにならざるを得なかった。その結果、通勤時の混雑は熾烈を極め、また重大事故が頻発した。東海道新幹線が開業したことで、通勤輸送に大規模に手をかけることができるようになったということもできる。

また、昭和30年代、東京の都心部の鉄道混雑を緩和するために、地下鉄の建設が急がれた。この地下鉄網を近郊私鉄の都心乗り入れ計画、国鉄の輸送改善プロジェクトと組み合わせて、郊外路線と地下鉄の相互直通運転が進むことになる。郊外私鉄が都心部へ路線を延伸するケースは海外でも一般的に行われていたが、地下鉄と郊外路線の機能的な格差のために相互直通運転を実施した都市はなかった。相互直通運転では東京が先鞭《せんべん》をつけることになった。

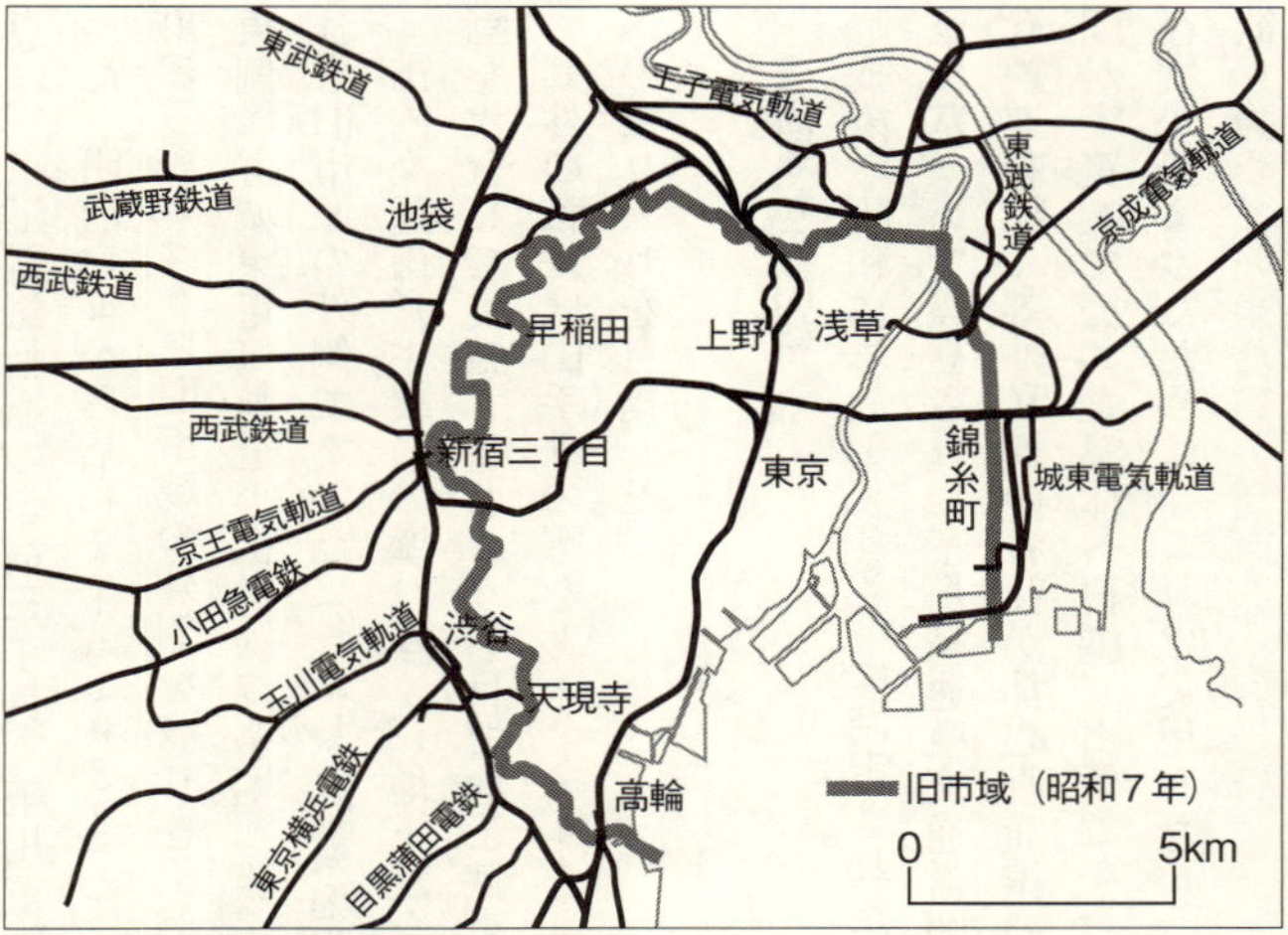

戦前の東京の鉄道ネットワーク

世界的な大都市では、地下鉄は低速度の中量輸送機関であるのに対して、近郊路線は高速の大量輸送機関であった。ロンドンだけが、チューブと呼ばれる小断面の地下鉄とは別に近郊路線と同じ大きさの車両が運行され、郊外区間では地上を走る地下鉄もある。

「万里の長城」山手線

東京の場合は、山手線の内側が聖域となっていて地下鉄か東京市の路面電車しか作れなかった。明治時代の市区改正により旧市内の軌道系交通が国によって統制されていたためである。それに加えて、明治期に民間が建設した路面電車の路線網を、明治44年（1911）に全面的に市営化した。当時の東京市の市域は西側では山手線より一回り内側であったため、郊外の私鉄が都心を目指しても、終点は、京王電気軌道の新宿三丁目、玉川電気軌道の天現寺《てんげんじ》（天現寺橋交差点）がせいぜいであった。明治44年から昭和7年（1932）にかけて路線を建設した王子電気軌道（現在の都電荒川線）がちょうど旧市域の外側を取り巻く形で走っている。また、今は廃止されてしまったが、東側にも城東電気軌道小松川《こまつがわ》線錦糸堀《きんしぼり》〜西荒川《にしあらかわ》間と砂町《すなまち》線錦糸堀〜洲崎《すざき》間が走っていたが、これも旧市域の外側であった（ただし、錦糸堀駅だけは旧市域内）。

「市内交通市営主義」の壁は厚く、地下鉄を建設し経営した東京高速鉄道は東京市の地下鉄計画を代行して実施するという名目で地下鉄事業に参入した。

郊外の私鉄は山手線の駅をターミナルとせざるを得なかったのであるが、事あるごとに都心への乗り入れを目指した。

直通運転の開始

戦後、昭和13年（1938）に制定された陸上交通事業調整法が戦時立法であったため、それに基づいて設立された帝都高速度交通営団が存続の危機を迎えたことがある。そのときも西武鉄道を除く郊外私鉄の各社が都心直通線の免許を申請した。しかし、当の帝都高速度交通営団が実質的に公共企業体へ再編（出資者から民間を排除。それ以降国鉄と東京都交通局が出資）し存続が決まったために、これは実現しなかった。この時期、東京都が地下鉄整備に参加する意欲を強めていった。

これらの郊外私鉄の動きと東京都の活動が活発化した昭和20年代は、結局丸ノ内線だけしか建設が進まなかった。

最終的に、運輸省は、地下鉄整備を急ぐために東京都の地下鉄建設を認めると同時に、地下鉄との相互直通運転を実施するという形で郊外私鉄の都心乗り入れ計画を引っ込めてもらう。

運輸省は都市交通審議会を設置して審議し、昭和31年（1956）3月に第1次答申が提出された。関係者ばかりでなく識者を集めて、都市鉄道などの政策を審議するはじめての民主的な組織である。この議論の結果は答申として運輸大臣に提出され、政策をほぼ決定づけるだけの権威が付与されていた。

これを受けて、運輸省は1号線と2号線を相互直通運転の対象とし、そのうち1号線を東京都の整備路線とすることを決定した。1号線は現在の都営浅草線で、京成電鉄、京浜急行電鉄と直通する。昭和35年（1960）に部分開業した浅草線（押上《おしあげ》～浅草橋《あさくさばし》間）と京成押上線との間で相互直通運転を開始したが、これが初の地下鉄・郊外路線間の直通運転である。2号線は旧営団日比谷《ひびや》線で東武鉄道伊勢崎線、東京急行電鉄東横線と直通することになる。その後整備された東京の地下鉄は都営大江戸《おおえど》線以外すべて郊外路線と直通している。

この2線に続いて着手されたのが5号線東西線と9号線千代田《ちよだ》線である。いずれも当時の国鉄と相互直通し、東西線は中央線・総武線の都心バイパス路線、千代田線は常磐線の都心直通路線である。

中央線の複々線化

国鉄の中央線は御茶ノ水～中野間が複々線で、朝夕のラッシュ時は急行線を快速電車（昭和36年〔1951〕までは「急行」）が運行していた。その時間帯は総武線の電車が中央緩行線に直通していた（正確には中央緩行線が総武線に直通）。

急行電車は、昭和25年（1950）には8両編成ながら2分間隔となり、昭和31年（1956）には旧型車による10両編成の運行を開始した。このころは中央線の最混雑区間は新宿～四ツ谷間であった。山手線の西側と都心を結ぶ高速鉄道は中央線と銀座線、そして池袋側から建設された丸ノ内線くらいであった。都電も、このころはまだ渋滞が深刻ではなく、郊外と都心を結ぶ重要な交通機関であった。ときには乗客が鈴なりで走っていた。

中央線の新宿から西側の郊外区間も都市化が近郊地域に広がるにしたがって混雑が悪化していった。戦前に都市化していたのは杉並《すぎなみ》あたりまでであったが、吉祥寺《きちじょうじ》・三鷹と都市が拡大し、かつての軍事都市の立川あたりまで一気に住宅地がつながった。

昭和36年（1961）に丸ノ内線の延伸線である荻窪《おぎくぼ》線が荻窪まで開業したが、中央線の混雑率が大きく改善するということはなかった。そこで、当時営団が計画していた地下鉄東西線（5号線）を国鉄中央線のバイパス路線として開発することにして、郊外部分の複々線化工事に取り掛かった。

東側についても、総武線の混雑緩和のために西船橋までの計画路線の延伸を要望した。

中央線の複々線化は、高円寺《こうえんじ》～中野間で東京オリンピックに間に合うように環状七号線の工事が始まったため、その前に中央線を高架化する必要があった。まず高円寺～阿佐ヶ谷《あさがや》間の既存の複線の高架化を行い、引き続き複線の増設工事を進めた。そして、昭和41年（1966）4月28日に中野～荻窪間の複々線化を完成して緩行線と急行線の分離を行った。同日営団東西線との直通運転を開始して、直通電車は竹橋《たけばし》～荻窪間を運行した。

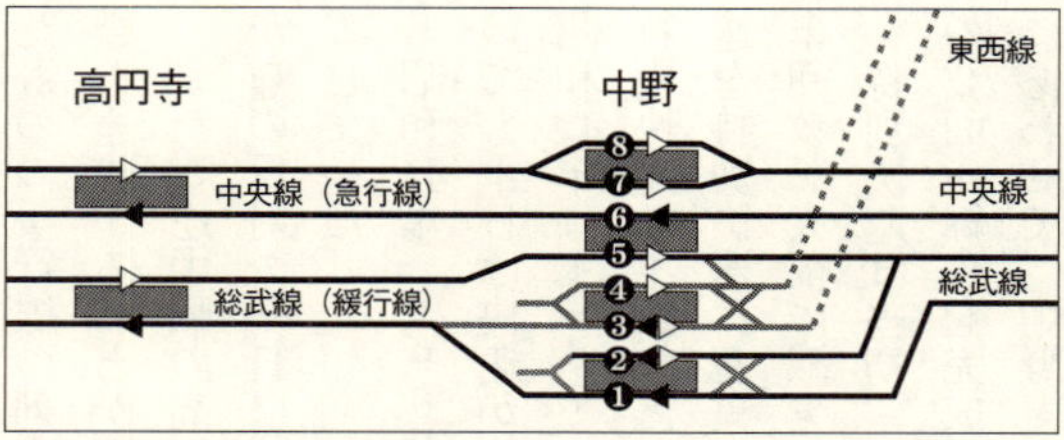

線路別にホームが設置された中野駅・高円寺駅

中野駅は、古い1、2番線が引き続き緩行線用に使われ、それ以外のホームと貨物施設が取り払われて東西線用3、4番線、緩行線・東西線上り用5番線、中央急行線用6～8番線のホームが新設された。そのため、緩行線の上りは2、5番線、東西線の都心方向は4、5番線と別々のホームから発車する。いちいち発車番線を確認しなければならないという厄介さがある。

また、中野だけでなく荻窪まで各駅のホームが線路別となっており、同じ方向の列車が別々のホームから発車する。都心方向には速達性の高い快速を、下り方向には荻窪の先まで直通するということで、やはり快速を使う傾向がある。そのため、せっかく複々線化したものの緩行線の列車の乗車効率が低い。投資効率も悪いが、当時の国鉄は、混雑率の数値目標を達成することが至上命令で、旅客の利便性よりも作りやすさや建設費の圧縮を重視した。

また、途中駅の高円寺と阿佐ヶ谷は、快速は通過することを計画していたというが、利用者からの反対で平日は終日各駅に停車することになった。このことも複々線化の効果を低下させてしまった。

昭和44年（1969）4月8日には複々線化区間は三鷹まで伸びたが、途中の西荻窪《にしおぎくぼ》駅についても平日は快速が停車する。こうして複々線化区間では平日の快速運転ができないことから、昭和42年（1967）7月3日から中野と三鷹の間を通過する特別快速の運転を始めた。当初特別快速を1時間に3本設定した。その後、昭和45年（1970）に1時間あたり1本ずつ快速を特別快速に変更して合わせて4本に増強したが、そのため特別快速が停車しない駅での停車回数が大幅に減少してしまった。

特別快速は当初、三鷹と立川の間も通過した。昭和63年（1988）12月国分寺《こくぶんじ》駅のホームの2面4線化を完成して特別快速の国分寺停車と昼間の特別快速と快速の増発を行った。これにあわせて、中野〜三鷹間の緩行線の運行本数を中央緩行、東西線直通ともに10分間隔を15分間隔に変更した。また、従来は三鷹で快速が特別快速の待避を行いホーム対面で乗り換えできる緩急接続を行っていたが、この緩急接続が国分寺でも実現した。昼間については、急行線の複線だけで十分便利なダイヤとなっている。

常磐緩行線の延伸

複々線化の投資効率の低い顕著な例が、常磐線の我孫子《あびこ》～取手《とりで》間である。昭和57年（1982）11月15日に我孫子～取手間を複々線化し、各駅停車の運転区間が延伸された。しかし、巨額の投資をして複々線化したものの、この区間の各駅停車は朝夕だけしか運転しない。

途中の天王台《てんのうだい》駅は、昭和46年（1971）の綾瀬《あやせ》～我孫子間の複々線化のさいに新設された新しい駅で、旅客数も少ない。もともと上野～取手間の快速しか停車していなかったため、複々線化により各駅停車のみ停車する計画であった。しかし、地元からの強い要望を受けて引き続き快速を停車させることになった代わりに、各駅停車は朝夕だけの運行となってしまった。現在、朝7時台の上り停車本数は快速と中距離電車が15本、各駅停車が8本と少ない。ほかに特急「フレッシュひたち」が2本通過するだけで、はたして複々線化する必要があったのかと疑問に思われる。

中央線、常磐線のいずれのケースでも、方向別線増ならば快速と各駅停車で線路を柔軟に使い分けることができたのに、線路別線増であるがためにいっぽうの利用効率が著しく低下してしまった。

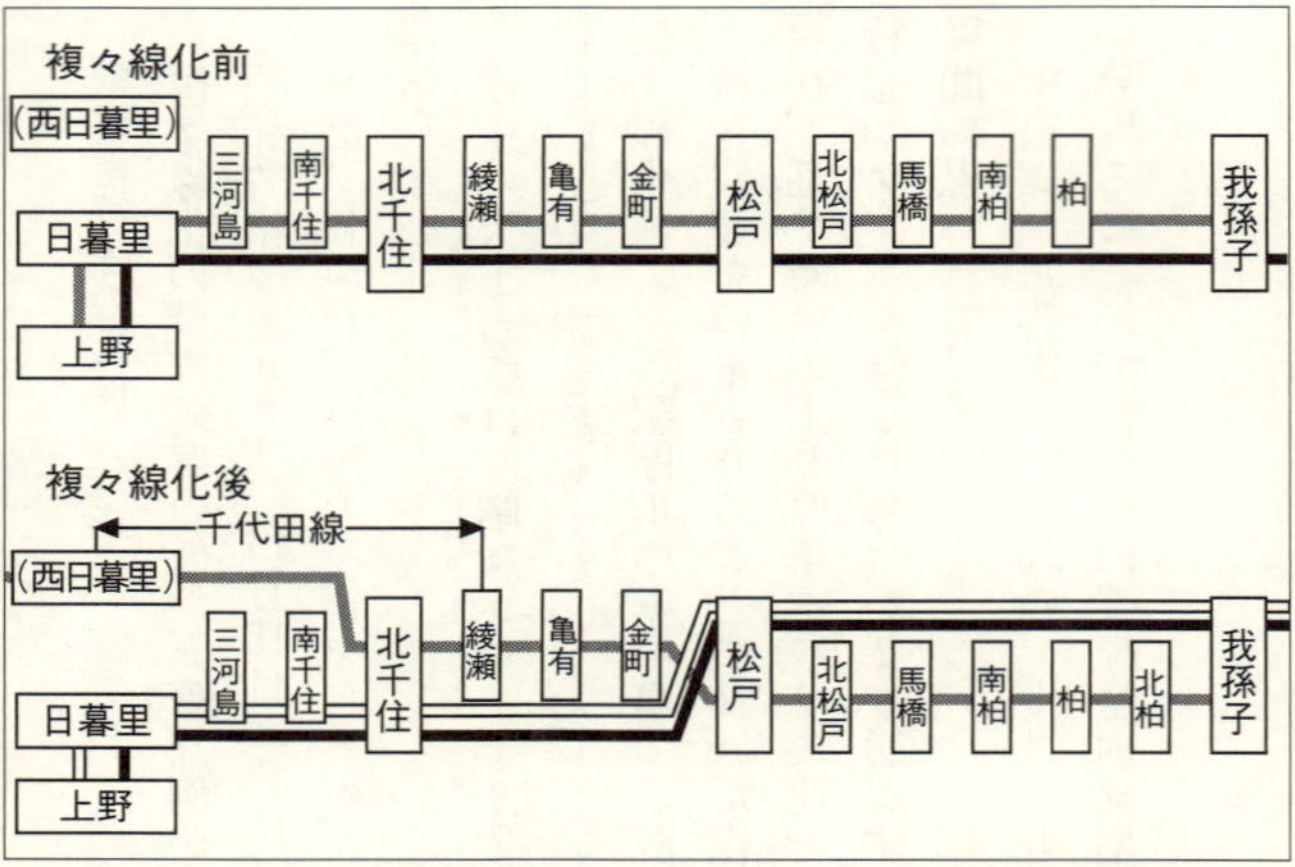

複々線完成・千代田線乗り入れと常磐線快速・各停の停車駅

常磐線と千代田線の相互直通運転

常磐線は、昭和46年（1971）4月20日に我孫子まで複々線化し、同時に営団千代田線との直通運転を開始した。このとき、もともと国鉄の常磐線であった緩行線の北千住《きたせんじゅ》〜綾瀬間が営団に移管された。

従来常磐線では、上野から取手までの各駅停車と土浦《つちうら》方面に直通する普通列車が走っていたが、複々線化後は各駅停車が快速に変わった。上野から北千住間は各駅に停車するが、その先は、松戸《まつど》、我孫子のみに停車し、他の途中駅を通過することになった。さらに北千住駅は地下化して営団に移管したので松戸方面から各駅停車に乗って北千住で快速に乗り換える場合、一駅分だけ営団線を経由することになった。運賃については特例措置が講じられたので旅客に不利益はないのであるが、乗り換えのために長い距離を歩かなければならなくなった。また、ストライキで営団が止まると各駅停車は北千住に乗り入れることができないため、綾瀬～金町《かなまち》間の乗車客はいったん松戸を経由しなければならなかった。また、都心へ向から旅客の多くが千代田線方向に流れると予測して快速の本数を絞ったため、深刻な混雑が発生、急遽《きゅうきょ》臨時電車を設定してしのいだということがある。

これは、北千住や松戸などの接続駅で快速から各駅停車に乗り換えるには跨線橋を渡らなければならないこと、千代田線の西日暮里《にしにっぽり》での山手線の乗り換えが、当初不案内で、通勤客が乗りなれた上野経由を利用しつづけたということが予測違いを生んだといえる。

大阪の新線建設

東京で昭和39年（1964）の東京オリンピックを目指して社会資本整備が進められたように、大阪の場合は、昭和45年（1970）の大阪万博が契機となった。地下鉄御堂筋《みどうすじ》線に接続する形で北大阪急行電鉄が万博会場までの新線を建設した。これにあわせて、近郊私鉄の都心のターミナルを御堂筋線に接続するプロジェクトが推進された。すなわち、京阪の天満橋《てんまばし》～淀屋橋《よどやばし》間（昭和38年〔1963〕）、近鉄上本町《うえほんまち》～難波《なんば》間（昭和45年〔1970〕）である。そのほかに、阪神西大阪《にしおおさか》線の難波延伸も計画された（のちに阪神なんば線として平成21年〔2009〕にようやく実現）。また、万博会場の西口近くに阪急千里線が走っていたため、これを観客輸送に活用することを考え、大阪市交通局が地下鉄堺《さかいすじ》筋線を建設して、千里線・京都線と相互直通運転を開始し、それまで天神橋筋六丁《てんじんばしすじろくちょう》目《め》で終わっていた千里線から「ミナミ」の新世界の近くの動物園前《どうぶつえんまえ》までを1本でつないだ。

昭和40年代以降は、大阪は首都圏に比べて人口の増加のピッチが落ちると同時に、経済活動の低迷が続いた。

もともと人口規模が首都圏に比べて小さく、それも京都、大阪、神戸の3つの都市圏に拡散している。交通需要は3つの都市間に集中し、同じ区間を複数の鉄道会社が結んでいるのが現実である。

昭和62年（1987）国鉄が解体されてJRとなった。JR西日本は、山陽新幹線は1000億円程度の黒字が見込まれたが、山陽本線、北陸本線などの幹線系路線はいずれも採算がとれていなかった。そのような経営環境のなかで、近畿圏の都市鉄道をアーバンネットワークと名付けて、輸送改善による需要の獲得に躍起となった。アーバンネットワークでは、京都〜大阪〜神戸をつなぐ新快速に相次いで新型車を投入し、その他の通勤線区でも快速の運行を充実させた。そのいっぽうで、近畿圏の普通列車や地方都市圏の車両は古いままで、順繰りに近畿圏のお古が回されるだけである。JR西日本のなかでも、投資の重点化が徹底してきた。

もともと市場規模が限られ、新たにJR西日本との競争にさらされることになった私鉄各社も、収益率が低下するなかで、サービス改善のための設備投資を強いられている。平成20年（2008）に中之島《なかのしま》線（中之島〜天満橋）を開業させた京阪や、平成21年（2009）に阪神なんば線（尼崎《あまがさき》～大阪難波）を開業させた阪神のように、都心部に新線を建設して新たな需要の創造を図ろうとする会社もあるいっぽうで、南海高野《こうや》線や近鉄奈良線・けいはんな線などのようにJRと競合しない部分に投資を重点化して、需要を喚起しようとする会社もある。

都心回帰と若者の自動車離れ

昭和60年代のバブル経済の時期には東京の都心部から郊外に人口が流出して、都心の空洞化が進んだ。しかし、バブルが崩壊してしばらくしたころから東京の都心部の地価は沈静化した。都心の旧国鉄の貨物用地の再開発が進み、湾岸部周辺での高層マンションの開発が相次ぐことになる。

東京都内で平成17年（2005）から平成22年（2010）の間の人口の増加が大きいのは、足立《あだち》区5万8619人、江東《こうとう》区3万9974人、世田谷《せたがや》区3万5973人、豊島《としま》区3万4093人、大田区2万7699人、江戸川区2万5023人、中央《ちゅうおう》区2万4363人の順であり、都心の中央区や都心に近い江東区での人口増が目立つ。大阪でも、北《きた》区の中之島周辺から淀川《よどがわ》沿いに高層マンションが建てられ、人口の都心回帰が進んでいる。大阪市内で平成17年から平成22年までの人口の増加が大きいのは、中央区1万1869人、西《にし》区1万4667人、北区1万7人などである。

また、都市部での若者の自動車離れが進行している。若年層の就職難や非正規雇用の増加により自動車を買う余裕がないとも推測できるが、人口の都心回帰により職場まで自転車や徒歩で行くことができるようになったこと、鉄道網が拡充されてあえて自動車を持つ必要がなくなったことが大きいものと思われる。また、大都市を中心にカーシェアリングが広まっている。もともとグループで1台の自動車を共用するという草の根的な活動であったが、現在は、会員を募ってカーシェアリングの事業を展開しているレンタカー会社やコインパーキング業者が増えてきた。これらは、本来の自発的カーシェアリングとは違って、レンタカーの一つの派生商品として位置づけられている。

新たな大都市鉄道整備計画

東京や大阪のような大都市では、近郊路線の都心部で依然として定員の2倍近い混雑となっている。また、都心の外側を環状に走る鉄道路線がないために、近郊都市間の移動に、わざわざ混雑する都心部を経由しなければならないことが多い。そういう点では、整備が望まれる路線はいくつも思い当たる。

東京では、昭和40年代に外環状線として武蔵野線が建設されたが、その内側の環状方向の鉄道は建設されなかった。平成3年（1991）に都庁が有楽町から新宿に移転したのにあわせて都営大江戸線が整備され、光《ひかり》が丘《おか》への放射路線に加えて新宿から御徒町《おかちまち》・浅草方面と六本《ろっぽん》木《ぎ》・勝《かち》どき方面を結ぶ環状線が平成12年（2000）に完成したが、実質的に新宿を中心とした放射状の路線形態である。その東側の浅草・両国・勝どき・汐留《しおどめ》間が山手線東側の南北区間として部分的に環状線の役割を担っている。また、北千住駅の混雑緩和のために半蔵門線が押上まで延伸されて、東武伊勢崎線との相互直通運転を行った。これも北千住・錦糸町《きんしちょう》といった環状線の機能を果たしているが、さらに路線を南下させて有楽町線豊洲《とよす》を結ぶ区間の整備計画は棚上げされた。

基本的に、環状方向の交通需要はあり、鉄道のような高速交通が環状ルートに整備されることで、沿線で発生する需要よりもむしろ近郊路線沿線の広範囲の利用者に便益を生み出す。既成市街地内なので整備費が巨額となり、建設費の半分を超える補助金を交付されても、運賃収入だけではペイしないと思われがちだが、広範囲に及ぶ社会的便益で見ると、十分にプロジェクトを正当化するだけの投資効率が見込まれる。

現在、東京都の都区部外郭環状鉄道の構想がある。葛西《かさい》臨海公園から赤羽までの環状七号線沿いの「メトロセブン」と、赤羽から羽田空港までの、環状八号線沿いの「エイトライナー」である。沿線の特別区が協議会を組織して検討を続けている。平成25年（2013）7月に提出された「エイトライナー」の最新の報告書では、多摩川《たまがわ》から東急多摩川線に乗り入れ、別に計画されている東急蒲田と京急蒲田～大鳥居《おおとりい》間の新線（いわゆる蒲蒲《かまかま》線）とあわせて、羽田空港へのアクセスルートとするという。既存の多摩川線に直通するため軌間は1067㎜で架空電車線方式となるが、トンネルの掘削断面を小さくすることで工事の圧縮を図るという。さら

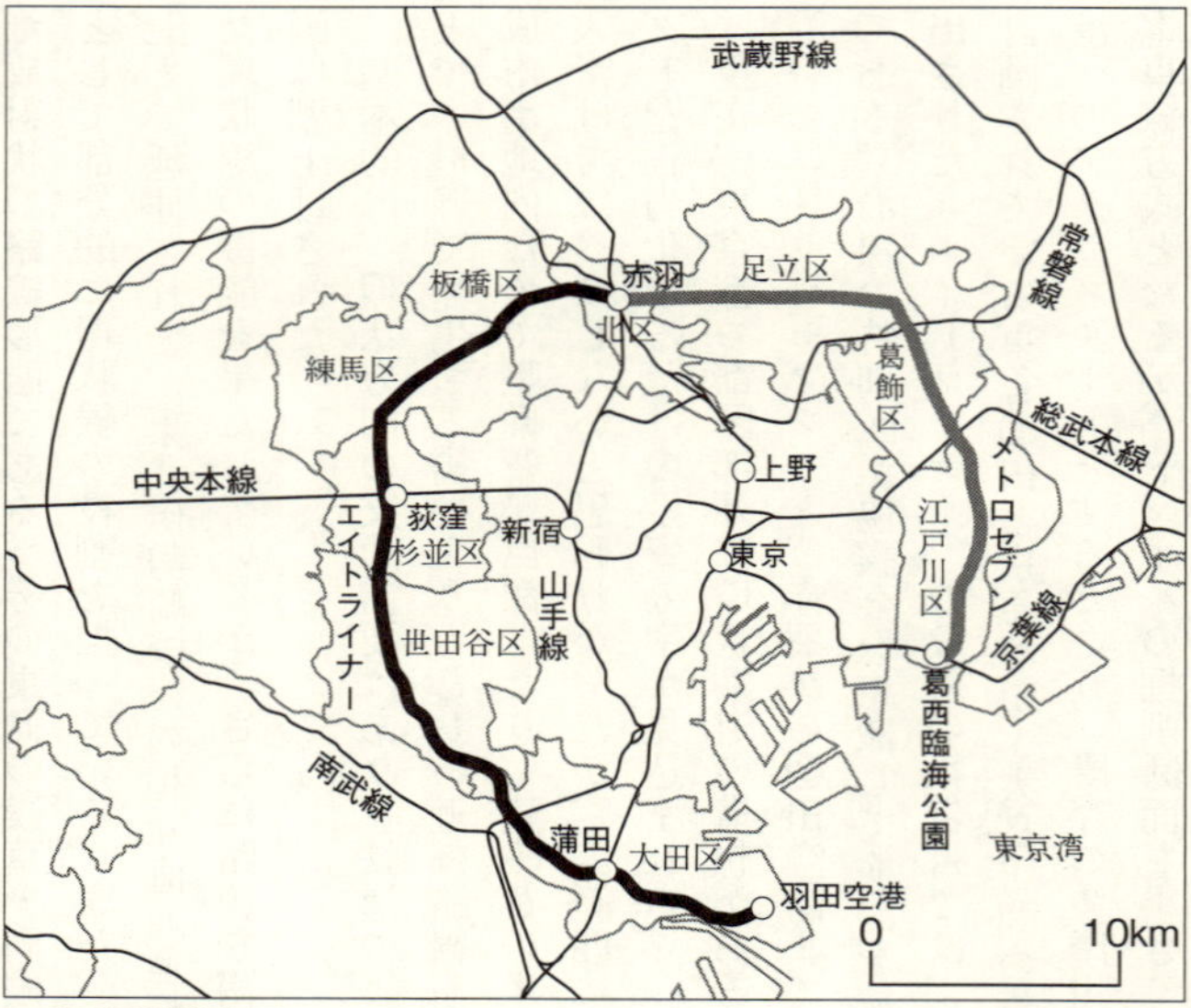

環状鉄道構想

に、大江戸線より小さなスマートリニア・メトロという超小型の地下鉄を採用することで建設費の低減が可能だとするが、それでも1兆円を超える。現行制度のもとでは、採算をとることは難しく、事業化の見通しは立たない。

鉄道新線は、地上に建設すれば構造物の建設費は小さいが、既成市街地では地価が高く、用地買収費が巨額となる。また、反対運動が起こって事業が遅滞することも想定される。そこで、多くの場合、地上権の及ばない大深度にシールドマシンでトンネルを建設することになったが、用地買収が必要なくてもトンネルの建設費が巨額になる。いずれにしても、整備費用は巨額になる。

平成17年（2005）に廃止となった日立電鉄の線路跡を利用し、平成25年（2013）に開業したひたち BRT（撮影・入江聡）

巨額な費用をかけてもそれだけの需要誘発効果があり、見込まれる需要量が十分あればプロジェクトとして成立するのであるが、人口停滞から減少期に入る現代にあって、ネットワーク全体として需要が増加することは見込みにくい。つまり、新線に需要が付いたとしても、それは他路線からのシフトであり、その路線の採算性を悪化させることになる。社会全体では、投資効率が低下することになる。それならば、コストのあまりかからない、バスの進化形であるＢＲＴ（Bus Rapid Transit）のほうが採算性において有利であるということになる。ＢＲＴはRapid＝高速を謳うものの表定《ひょうてい》速度は路面電車なみであるので、高速鉄道を整備した場合の旅客数ほどには需要量は見込めない。基本的には、沿線で発生する需要を鉄道駅に運ぶ機能しか期待できない。

平成12年（2000）運輸政策審議会第18号答申で多くの新線計画が盛り込まれたが、新線で実現したものはつくばエクスプレスなどわずかである。この答申の時期にすでに新線建設から既存路線の活用にプロジェクトの重心は移っており、答申に盛り込まれた京急蒲田駅の改良や東急東横線の代官山《だいかんやま》〜渋谷間の地下化による地下鉄副都心線との直通などは、すでに実現している。

現在、JR東日本は横須賀線から大崎《おおさき》駅に向かう連絡線や相模鉄道とJR羽沢《はざわ》貨物駅までの連絡線の建設を進めている。東京地下鉄も、副都心線・有楽町線の小竹向原《こたけむかいはら》〜千川《せんかわ》間で連絡線を建設し、すでに都心方向の線路は使用を開始している。それ以外では、駅の改良が中心である。

大阪でも、JR西日本の梅田《うめだ》貨物線の地下化計画が進み、それにつながる形で城東貨物線を旅客線化して「おおさか東線」の新大阪延伸工事が進められている。そのいっぽうで、市営地下鉄四つ橋《よつばし》線の新大阪延伸、北大阪急行電鉄の箕面《みのお》延伸、大阪の都心を南北に結ぶ「なにわ筋線」といった新線計画があるものの、いずれも事業化には至っていない。

5 鉄道会社のレジャー開発

通勤客以外の乗客増

前章で見たように、大手私鉄は、戦後、通勤輸送の増強に邁進《まいしん》したが、そのいっぽうで、ピーク時の逆方向の輸送や日中・休日の輸送力の余力の活用方法が課題となった。その施策の一つが、近郊の行楽地の開発である。本章ではこれらのレジャー開発について述べよう。

東京・大阪の近郊私鉄のほとんどが近郊部の鉄道沿線に遊園地を建設した。家族づれでにぎわったほか、近隣の都市の小中学生には格好の遠足先であった。

明治40年（1907）に現在の阪急夙川《しゅくがわ》駅近くに阪神電気鉄道も出資して香櫨園《こうろえん》遊園地が開園したのが、鉄道会社がかかわった最初の行楽施設ではないかと思われる。しかし6年間の短命で大正2年（1913）に閉園となった。明治43年（1910）には、この香櫨園に倣って京阪電気鉄道が香里園《こうりえん》遊園地を開業した。関東地方では、京成電気軌道が大正14年（1925）に谷津《やつ》遊園、小田急電鉄が昭和2年（1927）に向《むこう》ヶ丘《がおか》遊園を開業した。目黒《めぐろ》蒲田電鉄の母体である田園都市会社も、大正14年東横線と目蒲《めかま》線の合流点に多摩川園《たまがわえん》を開業した。

そもそも戦前に開発された新線の多くは神社・仏閣の参拝客の輸送を目的としていた。まだ娯楽が少なく、また交通機関が発達していなかった時代には、とりあえず旅行というと近在の行楽地であった。京浜急行電鉄の起源である大師《だいし》電気鉄道は川崎大師《かわさきだいし》への参拝客の輸送のために建設され、また京成電気軌道は千葉県の成田山新勝寺《なりたさんしんしょうじ》が目的地であった。そのほか東急池上《いけがみ》線も池上本門寺《いけがみほんもんじ》までの参拝客の輸送を目的に設立された。現在の南海電気鉄道の法人格の起源となる高野山《こうやさん》電気鉄道は都市路線の終端から高野山までの鉄道を建設した。

しかし、都市化が近郊部から郊外に広がると、かつての行楽地は都市化されて市街地のなかに埋没してしまった。戦後、これらに代わる行楽地として、小田急電鉄が箱根《はこね》・江ノ島《えのしま》、京王電鉄が高尾山《たかおさん》・陣馬《じんば》高原、京浜急行電鉄が三浦《みうら》半島、名古屋鉄道が犬山《いぬやま》・知多《ちた》半島の観光開発を進めた。

宝塚の開発

阪急のルーツである箕面有馬《みのおありま》電気鉄道（箕有《きゆう》電車）は、最初、箕面で遊園地を併設した動物園を開設した。その後、宝塚《たからづか》新温泉を開発して、現在の宝塚歌劇場などの素地を作った。

箕有電車は、武庫川《むこがわ》の旧河川敷を買収して、明治44年（1911）5月1日、終点の宝塚駅近くで宝塚新温泉の営業を開始した。最初は洋館風の建物が数棟あるだけであったが、その後箕面にあった建物を移設して拡張。翌年の7月1日には本格的な石造の洋館を建設して日本初となる室内プールを開設した。ただ、当時は風紀に厳しく、男女共泳は禁止で、女子がこれを見物するのもダメということで、結局これは失敗に終わった。

そこで、この閉鎖されたプールの活用方法として思いついたのが宝塚唱歌隊である。当時大阪では三越の少年音楽隊が人気を得ていたことから、それを参考にして、少女だけによる音楽隊を考えついたのである。そして、大正2年（1913）7月に第1期生として、高峰妙子《たかみねたえこ》、雲井浪子《くもいなみこ》、小倉《おぐら》みゆき、大江文子《おおえふみこ》、関守須磨子《せきもりすまこ》、若菜君子《わかなきみこ》ら16人を採用した。同年12月には修業年数3年の音楽教育機関として宝塚少女歌劇養成会が組織されて、現在の宝塚音楽学院につながることになる。

のちに宝塚少女歌劇の舞台になった宝塚新温泉パラダイスの室内プール（『京阪神急行電鉄五十年史』）

第1期、第2期合わせて20人の団員が揃ったことで、翌年4月1日から宝塚で開催された婚礼博覧会の余興として第1回の公演を行った。この公演のために、パラダイス水泳場のプールの部分が観客席に改装され、観客500人収容の劇場に仕立てられた。演題「ドンブラコ」「浮れ達磨《だるま》」「胡蝶《こちょう》の舞」の3本立てである。基本的には、素人の演芸会の範疇《はんちゅう》を超えるものではなく、小学生の団体客が御贔屓筋《ごひいきすじ》であったという。平日には、観客数は数えるほどで閑散としていた。

その年の暮れ、大阪毎日新聞社主催の慈善歌劇会が北浜《きたはま》帝国座でひらかれ、「ドンブラコ」と「浦島太郎」の題目が公演にかけられた。これが契機となって、宝塚少女歌劇が世間に認知されるようになり、その後、大正10年（1921）まで、この慈善歌劇会は年1回の恒例となった。次第に観客数が増加していったため、会場も、道頓堀《どうとんぼり》の浪花《なにわ》座から中之島の中央公会堂と変化していった。

その後、観客数が順調に伸びたため施設の拡充が図られたが、あわせて大正8年（1919）1月には宝塚少女歌劇養成会を私立学校令による宝塚音楽歌劇学校に改編して、劇団員の養成についても体制が整えられた。さらに、大正13年（1924）には3000人収容の大劇場が完成して、多くの人に格安で楽しんでもらうという、小林一三《こばやしいちぞう》（阪急の創始者）の大劇場主義が貫かれることになる。

大正15年（1926）、宝塚音楽歌劇学校の教師岸田辰弥《きしだたつや》が海外に派遣され、パリに滞在して彼の地の演劇を見聞してからロンドンに渡った。そして、アメリカを経由して、昭和2年（1927）5月に帰国すると、早速レビュー「モン・パリ」を上演する。従来の宝塚の歌劇が演芸会の延長であり、洋楽教育が浸透していない時代には、大衆にはこの程度のもののほうが受け入れやすかった。しかし、まったく新しい形である演劇のレビューは、理屈を抜きにして観客を圧倒するものであり、その迫力はセンセーションを巻き起こした。そして、歌曲「モン・パリ」は一世を風靡《ふうび》する流行歌となった。このレビューという公演形態は宝塚の定番の一つに加わり、その後、白井鉄造《しらいてつぞう》の「パリゼット」などの新作が発表された。宝塚は全盛期を迎えた。

西武園の開発

関東地方では、現在の西武鉄道の基礎を作った堤康次郎《つつみやすじろう》の観光地の開発が特徴的である。旧西武鉄道と武蔵野鉄道が戦時中の陸上交通事業調整法に基づいて合併し、西武農業鉄道となった。ただし、合併の実施は、戦後の昭和20年(1945)9月まで遅れた。

この2社は所沢《ところざわ》で路線が交差していてさまざまな場面で競争した。たとえば、都心へのルートでも旧西武鉄道は現在の新宿線で高田馬場《たかだのばば》、武蔵野鉄道は現在の池袋線で池袋までの鉄道路線を経営していた。このいっぽうの武蔵野鉄道が経営難に陥ると、現在の西武の基礎を作った堤康次郎が支援し、その傘下におさめた。

堤は、もともと鉄道屋ではなく、未開発地の開拓に執念を燃やしたディベロッパーであった。大正のはじめに目白《めじろ》文化村の建設に着手し、続いて軽井沢の土地を買収して、開発会社として千ヶ滝《せんがたき》遊園地㈱を設立した。

堤が次に目をつけたのが箱根であった。箱根の開発のために大正9年(1920)に設立したのが箱根土地㈱である。同社は戦時中に国土計画興業に名称を変更。戦後、国土計画、「コクド」と変遷する。この国土計画が長い間西武鉄道の筆頭株主であった。平成17年（2005）にNWコーポレーションが設立され、コクド保有の西武鉄道株はNWコーポレーションに移され、同社や投資ファンドが西武ホールディングスの大株主となっている。

この箱根土地は、関東大震災をきっかけに東京近郊部での住宅開発に取り掛かった。まず、大正13年（1924）に大泉《おおいずみ》学園、翌年の大正14年に国立《くにたち》学園都市を開発した。続いて、小平《こだいら》の住宅地を開発するにあたって、中央線の国分寺までの鉄道を建設した。これは、昭和3年（1928）に多摩湖《たまこ》鉄道として国分寺〜本小平《もとこだいら》間を開業した。堤がはじめてかかわった鉄道である。

このころ、東京市は市民の水がめとして村山《むらやま》貯水池（多摩湖）を建設した。湖畔に桜が植えられ、湖面でボート遊びする市民の行楽地として発展することが見込まれた。そこで、多摩湖鉄道は萩山《はぎやま》で分岐して村山貯水池（仮駅）までの支線を建設した。

この村山貯水池に目をつけたのは堤だけではなかった。武蔵水電系の旧西武鉄道も東村山《ひがしむらやま》から昭和5年（1930）4月村山貯水池前（仮駅）までを開業した。両社はここでも熾烈な競争を繰り返し、実力行使をともなう険悪な状況に陥ることになる。

陸上交通事業法により東北本線と中央本線にはさまれた東京の西北部が武蔵野鉄道に統合されることになり、昭和18年（1943）には旧西武鉄道は堤の経営となり、永年の競争関係は解消された。

頸城鉄道から西武鉄道山口線に来た蒸気機関車（写真・毎日新聞社）

旧西武鉄道と武蔵野鉄道が合併して、現在の西武鉄道となったころ、堤康次郎はこの村山貯水池周辺を箱根のように一大行楽地にすることを思い立った。そして、戦時中修養団の錬成道場であった土地を取得し、昭和25年（1950）10月に東村山文化園を開園させた。昭和26年（1951）10月に、「西武園」と改称した。同年、日本のユネスコ正式加盟を記念して、狭山湖《さやまこ》（山口貯水池）周辺の3万坪の土地にユネスコ村を建設した。

この遊覧施設の移動手段として、昭和47年（1972）から昭和59年（1984）までの間、西武山口《やまぐち》線で蒸気機関車が旧型客車を牽引して営業運転を行っていたことがある。戦後「おとぎ列車」として遊戯施設の扱いで始まったが、その後地方鉄道法に基づく免許を取得して公共用鉄道となった。最初は蓄電池機関車がトロッコ様の客車を牽引していた。

西武山口線では、昭和47年、鉄道百年を記念して、頸城《くびき》鉄道と井笠《いかさ》鉄道の小型の蒸気機関車を借用して営業運行を開始した。その後、昭和51年に本格的に営業運転を行うために自前の車両を保有することにして台湾の台糖《たいとう》公司から2両の蒸気機関車を購入した。従来の車両よりや大型なため大幅な施設の改良工事を行った。また、昭和47年に井笠鉄道から古い客車を8両購入した。現在は、ゴムタイヤ式新交通システムの「レオライナー」に置き換わっている。

昭和のはじめ、武蔵野鉄道の沿線に豊島園《としまえん》が開園した。当時は鉄道会社とは無関係であったが、昭和16年（1941）に豊島園の運営会社を合併して武蔵野鉄道が経営することになった。戦後、東京都から譲渡の申し入れがあったが、堤はかたくなに断った。

電鉄系の遊園地が相次いで閉鎖となるなかで、現在も、西武鉄道が土地・施設を保有し、完全子会社の㈱豊島園が運営している。

戦後の行楽地開発

戦後しばらくは、人々の娯楽は映画の鑑賞や野球などのスポーツ観戦といった、身近なものにとどまっていた。

昭和30年代になると、高度経済成長にともなって人々の所得は増え、娯楽が大衆化して裾野《すその》が広がると同時に、質も変わっていった。たとえば冬のスキー、夏の海水浴、東京・大阪・京都などの都市内観光である。東京では「はとバス」が市内観光に重宝された。地方都市でもたいてい定期観光バスが走っていた。また、企業の慰安旅行や学校の修学旅行も一般化した。

この時代の流れに呼応して、大手私鉄も、郊外の未開発の地に行楽地の建設を進めた。また、戦前の郊外の行楽地は一部の富裕層が対象であったのが、戦後は一気に大衆化が進んだことで、観光施設の規模も拡大した。

たとえば、戦前から観光開発に取り掛かっていたのを拡大したのが東武鉄道の日光《にっこう》・鬼怒《きぬ》川《がわ》・赤城山《あかぎさん》、小田急の箱根・江ノ島である。戦後、行楽の大衆化により新たに開発されたのが京浜急行の三浦半島、名鉄の犬山・知多半島、近鉄の伊勢志摩《いせしま》、南海の南紀《なんき》・四国である。京王帝都の高尾山・陣馬高原、西武の秩父《ちちぶ》もこれらに続いた。

各社とも、新線を建設して観光地へのアプローチを固め、都心からの直通特急を運転した。これにより、休日の輸送力の余裕が有効活用された。

小田急の箱根乗り入れ

小田急電鉄（当時は小田原急行鉄道）は、昭和2年（1927）に小田原線が開業した時点で箱根延伸を目指していた。地元もこれを歓迎して鉄道省に陳情した。しかし、この区間の鉄道敷設出願は小田原電気鉄道が先行していた。すでに同社は、明治21年（1888）に国府津《こうづ》～

小田原〜湯本《ゆもと》間を馬車鉄道で開業し、明治33年（1900）に電化していた。箱根登山鉄道に改称後、昭和10年（1935）10月に小田原〜箱根湯本間の鉄道を開業し、軌道線の箱根板橋《いたばし》〜箱根湯本間を廃止した。箱根湯本〜強羅《ごうら》間は大正8年（1919）に開業している。

小田原では小田原急行鉄道（小田急）のホームの先に小田原電気鉄道（箱根登山鉄道）のホームが付け足される形で乗り換えの便が図られていた。

戦時中、都会からの疎開を進めるために小田急の電車の湯本直通化を検討したが、戦局が悪化するなかで工事の実施が難しく、実現は戦後、昭和25年（1950）になってしまった。工事は箱根登山鉄道の2本のレールに小田急の線路を1本付け足すというもの。これが完成して、小田急の電車は箱根湯本まで直通運転し、行楽客は新宿から乗り換えなしで箱根湯本まで行けるようになった。

箱根登山鉄道は戦後小田急電鉄の出資を受けて小田急傘下に入り、平成15年（2003）に完全子会社化されている。

箱根山戦争

戦後、箱根をめぐって大東急下の小田急と西武鉄道により、いわゆる「箱根山戦争」が勃発《ぼっぱつ》した。きっかけは、昭和22年（1947）西武系の駿豆《すんず》鉄道が小田原〜小涌谷《こわきだに》間のバス路線免許を申請したことである。これが条件付きながら認められると、箱根登山鉄道は、早雲山《そううんざん》から

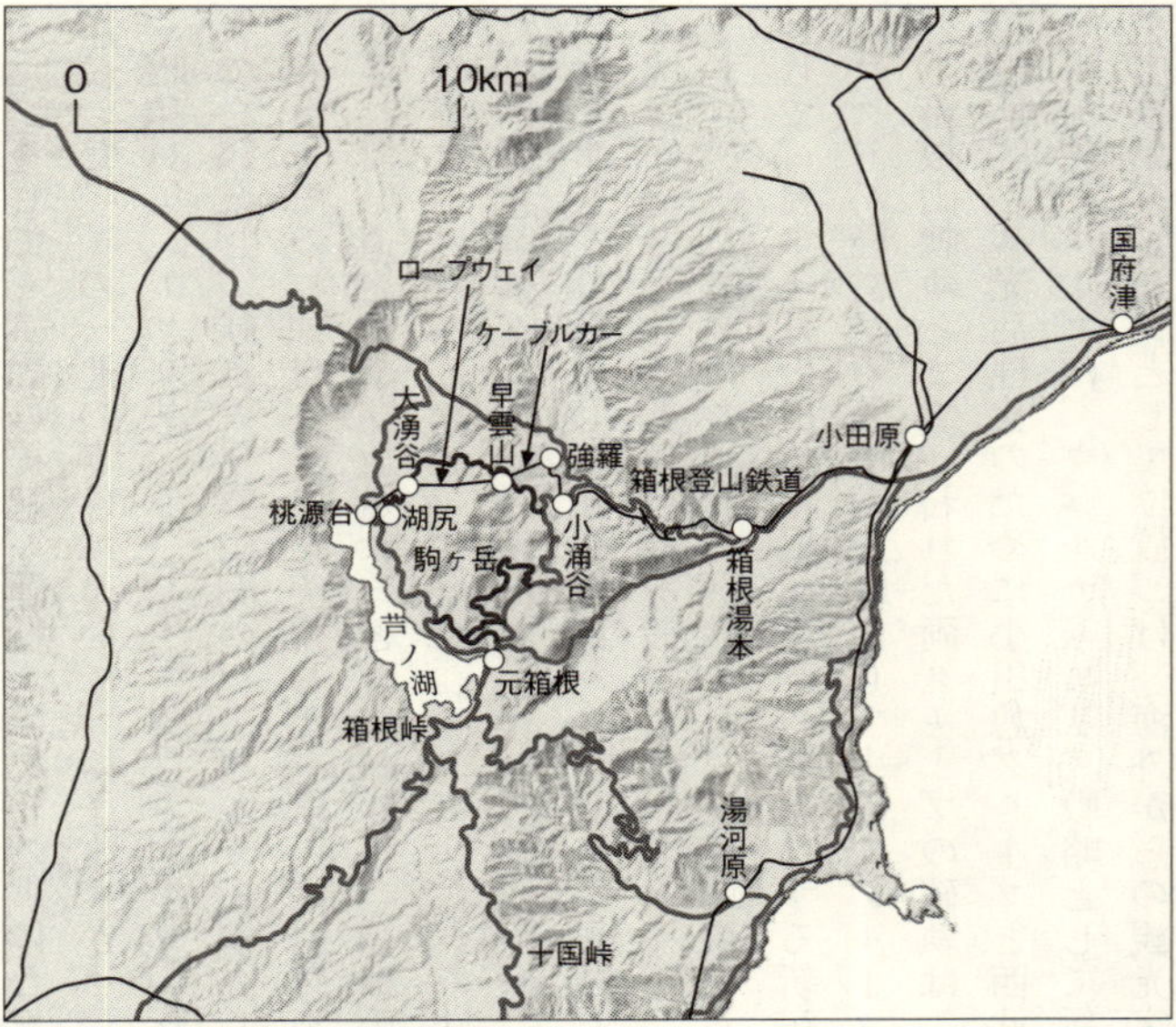

昭和32年当時の箱根関係地図

大涌谷《おおわくだに》を抜けて湖尻《こじり》までの路線バスの免許を申請した。この路線は途中駿豆鉄道が経営する有料道路を経由していたので、今度は、駿豆鉄道が反対した。昭和25年（1950）には駿豆鉄道の小田原乗り入れとバーターで箱根登山鉄道の早雲山～湖尻間の運行が開始された。同年、箱根登山鉄道は、地元の有力者と芦ノ湖《あしのこ》の遊覧船を運営する箱根観光船を設立し、昭和31年（1956）には大型船を就航させた。ここでも駿豆鉄道側の箱根遊船と対立し、桟橋建設に横やりを入れてきた。これに対抗して、駿豆鉄道側は自社が経営する有料道路への箱根登山鉄道バスの通行を実力阻止するという事件も起こった。そして、訴訟の提起、運輸大臣による調停など、さまざまな法的手続きを駆使して戦いが続いた。この一連の事件について、獅子文六《ししぶんろく》が小説『箱根山《はこねやま》』に詳しく書いている。

昭和34年（1959）から35年にかけて箱根登山鉄道が箱根ロープウェイの早雲山〜桃源台《とうげんだい》までを開業し、強羅〜早雲山間のケーブルカーを介して、芦ノ湖岸の箱根観光船の桟橋がある桃源台までの、独自ルートを実現した。続いて、駿豆鉄道の有料道路が神奈川県と静岡県に売却されて県道として開放されると、いわゆる「箱根山戦争」は収束に向かった。

箱根は、バブル崩壊の平成3年（1991）をピークにして観光客数が減少に転じた。そのため小田急電鉄グループの箱根登山鉄道は構造改革に取り組み、平成14年（2002）10月に自動車事業を分社化して箱根登山バスを設立。平成15年9月には、箱根登山鉄道と箱根観光船を完全子会社とする統括会社を設立した。

また、平成15年度には小田急グループと西武グループは業務提携した。その最初の取り組みとして、翌年4月小田急箱根高速バスの運行する新宿〜箱根桃源台間の路線を、西武グループのコクドが経営する箱根園を経由して小田急グループの「山のホテル」まで延伸した。もともと、箱根山戦争とまでいわれた両グループの確執はこれで終止符を打つことになる。現在は、箱根地区の観光活性化のために小田急グループと西武グループは協力している。

小田急グループは、ウェルカムエリア戦略として新宿、箱根、江ノ島・鎌倉《かまくら》の3つのエリアを広域集客エリアとして位置づけ、海外からの観光客の取り込みを進めるという。

平成24年（２０１２）、総額約35億円の大規模投資計画を発表した。芦ノ湖に新造海賊船が就航するのをはじめ、箱根ロープウェイ大涌谷駅の新駅舎を建設、箱根湯本に新しい日帰り温泉施設を開業する。続いて平成26年（２０１４）春には、箱根登山鉄道に新型車３０００形（仮）を投入する予定である。車両デザインは岡部憲明《おかべのりあき》アーキテクチャーネットワークが担当し、箱根登山鉄道のイメージカラーである山の緑に映える「バーミリオン」を基調とするカラーリングとなる。両運転台の２両で、平成26年４月に竣工《しゅんこう》し、11月ころから営業を開始するという。

名鉄と犬山遊園の開発

名古屋鉄道は、大正14年（１９２５）旧名古屋鉄道の時代に犬山遊園地を開園した。この犬山遊園地で昭和23年（１９４８）、「こども博覧会」が開催された。「戦争で傷めつけられた子どもたちの心を、精神的に復興させよう」という趣旨であった。しかし、会期中はにぎわったものの、閉幕すると名鉄の担当者はむなしさを感じたという。壊さなくてよい施設を作りたい。そこで、当時名古屋の東山《ひがしやま》で計画が進んでいた成田山名古屋別院を犬山に誘致することにした。誘致は成功し、昭和28年（１９５３）に成田山別院が完成した。これが、名鉄の犬山観光開発の基礎を作った。

昭和35年（１９６０）犬山遊園駅の東側に広大な犬山ラインパークが整備された。犬山遊園

明治村に保存された日本最初の市電（京都市電）（写真・読売新聞社）

駅から東側に向かって成田山別院、犬山ラインパークの遊園地、さらに東側に動物園があるという位置関係である。昭和37年（1962）、もっとも東側に位置する動物園と名鉄犬山遊園の間を結んでモノレールが開業した。動物園は日本で唯一のサル専門の動物園で、昭和31年（1956）には名鉄の出資で㈶日本モンキーセンターを設立した。昭和42年（1967）には、名鉄が土地を寄付して京都大学霊長類研究所を誘致した。そして、昭和55年（1980）施設全体の名称を日本モンキーパークに変更した。

昭和58年（1983）に、モンキーパークの東側5㎞ほどのところに世界の民家を集めた野外民族博物館「リトルワールド」を開園した。これも博覧会場を恒久施設にしたようなイメージの施設である。昭和45年（1970）大阪万博では、世界の民家を収集して展示する企画があり、この民家を博覧会閉幕後に引き取り犬山に移設する計画であった。しかし、万博での企画が実現せず、民家の収集を一から行わなければならなかったため、実現するまでに時間がかかった。

犬山遊園、リトルワールドを三角形を逆さにしたときの底辺の両端とすると、頂点が博物館明治村《めいじむら》となる。犬山遊園の南東、リトルワールドの南西である。この博物館明治村が昭和40年（１９６５）に開村したさいに、日本モンキーパークに静態保存していた、明治7年（１８７４）に輸入され新橋〜横浜間で使われた蒸気機関車を復元して、観客の村内移動手段に使った。明治7年に輸入していたときには23号機であったが、全国の幹線私鉄が国有化したさいに番号が整理されて、１６５号となった。その後、現在の名古屋鉄道尾西《びさい》線につながる尾西鉄道に払い下げられて、戦後まで残ったという車歴を持つ。現在も、現役で使われている。

犬山は、長良川《ながらがわ》の日本ライン下りや鵜飼《うかい》、犬山城といった地元の観光資源がベースにあり、それに名鉄の観光施設が加わって、多くの観光客を集めていた。名古屋には名古屋城以外に目立った観光施設がなく、犬山地域や長良川が名古屋観光の周遊コースに組み入れられていた。しかし、昭和40年代後半にピークを迎えて以降、行楽客の入込数は減りつづけた。たとえば、犬山城の入館者数は、ピーク時の年間45万人に対して、平成10年（１９９８）以降は20万人程度まで落ち込んだ。平成23年（２０１１）には名鉄と犬山市がタイアップした「犬山キャンペーン」の効果があって入館者数が42万人まで回復した。この年のＮＨＫの大河ドラマ「江《ごう》〜姫たちの戦国〜」で織田信長《おだのぶなが》の妹、市《いち》の方の娘「お江」の生涯が取り上げられたことで、一種戦国時代ブームとなったことが背景にあるものと思われる。平成24年（2012）も入館者が40万人を超えた。

名古屋鉄道は、観光地が犬山だけでは多様性に欠けるとして、昭和40年代、知多半島南端をリゾートと住宅地の2本柱で地域開発を進め、河和《こうわ》線の富貴《ふき》から内海《うつみ》までの鉄道新線を建設した。しかしその後沿線の大半が市街化調整区域に指定されて宅地開発が制約されることになったため、観光開発に重点を移した。知多半島には多くの海水浴場があり、もともと夏の間は大いににぎわっていた。夏季以外の季節にも観光客を誘致するため、昭和55年（1980）に各種遊戯施設を備えた南知多《みなみちた》ビーチランドを開園した。しかし、リゾートブームによる行楽施設の乱立に続くリゾートバブルの崩壊の影響を受け、南知多の観光施設の経営も厳しくなっていった。名鉄の損益が悪化するなかでリストラが進められたが、南知多ビーチランドは地元の強い要望があって子会社に移管して営業を続けている。

東武鉄道による観光開発

東武鉄道は、戦前から日光・鬼怒川の観光開発を進めた。日光は徳川家康《とくがわいえやす》を祭る豪華絢爛《ごうかけんらん》に飾られた東照宮の伽藍《がらん》と奥日光《おくにっこう》の自然の組み合わせが、多くの観光客を集めた。ただしすでに、明治23年（1890）に日本《にっぽん》鉄道の手によって日光〜宇都宮間が開通しており、明治39年（1

906）には国鉄日光線となっていた。東武鉄道はもともと上州《じょうしゅう》と東京を結ぶ鉄道として計画されたため、日光線の開業は、国鉄日光線に比べて大きく遅れて昭和4年（1929）であった。しかし、国鉄は宇都宮を経由するルートであるのに対して東武はほぼ直線的に東京と日光を結んでいる。両社はスピード競争を展開し、昭和34年（1959）に国鉄が日光線を電化して上野から電車準急の運行を開始したのに対抗して、翌年東武鉄道は1720形デラックスロマンスカーDRCを投入、次第に観光客は東武の特急に移っていった。国鉄が日光線の準急に投入した157系新型電車は、当時としては珍しい全車冷房付きで車室内は特急車と同等の内容であり、東海道本線の東京〜大阪間の特急にも使われたが、東武特急との競争に敗れ、日光線での運用から撤退した後、昭和44年（1969）からは伊豆《いず》方面の特急に転用された。

東武鉄道は、平成2年（1990）から新型特急電車の「スペーシア」を投入した。6両編成のうち1両は個室構造で特別料金が必要である。

日光は、国際的な観光地として欧米人には根強く支持されているが、鬼怒川温泉は、もともと団体旅行・社員旅行などのいわゆる宴会旅行が中心で、バブルの崩壊以後に観光が団体から個人にシフトするなかで時代にそぐわなくなった。日光市（旧藤原町《ふじわらちょう》を含む）の観光客数は徐々に増加しているものの、平成3年以降宿泊客が急激に減少した。そのような観光市場の変容にともない、東武鉄道の特急の旅客数も長期低落傾向にあった。浅草と日光という欧米人に人気の観光スポットを結ぶものの、東京の都心部とのアクセスに難があった。そこで、かつてはライバルとして火花を散らしたJR東日本（旧国鉄）と手を組むことを選択した。

東北本線と東武日光線の交差する栗橋《くりはし》にあった貨物の受渡線を連絡線に整備し、平成18年（2006）3月、JR新宿から東武日光・鬼怒川温泉までの2社間での相互直通運転を開始している。

東武沿線の観光地としては、日光・鬼怒川だけでなく、桐生《きりゅう》線の赤城山、前橋・伊香保《いかほ》軌道線（現在は廃止）の伊香保・榛名山《はるなさん》などがある。赤城山の観光開発のために上毛《じょうもう》電気鉄道の中央前橋まで直通急行電車を運行した時期があるが、次第にビジネス客中心になっていき、現在の赤城行き特急「りょうもう」号につながる。

行楽・観光施設は、昭和56年（1981）3月に東武動物公園を開園したのが目立つ程度であった。上野動物園のカバの飼育をしていた西山登志雄《にしやまとしお》を園長に迎え、カバ園長として全国に名を知られる存在であった。動物園をメインにして遊園地とプールが併設された行楽施設である。

平成5年（1993）4月には、東武鉄道創立95周年を記念して東武ワールドスクウェアを開園した。鬼怒川線の鬼怒川温泉駅からバスで5分の位置にある。世界の有名な遺跡や建物を25分の1のスケールで再現して展示する施設である。

開業した平成5年には283万人の観客でにぎわったが、平成17年（2005）には27万人まで減少した。その後、徐々に復調傾向が見られたが、東京スカイツリーの模型が新設されたことが評判になって、平成22年（2010）には50万人にまで一気に増加した。しかし、その翌年の東日本大震災での落ち込みも大きかった。

東京スカイツリーは平成24年（2012）5月に開業した。周辺部には、商業施設の東京ソラマチ、オフィスの東京スカイツリーイーストタワーなどがあって全体で東京スカイツリータウンを構成している。東京スカイツリーは、テレビ放送の地上デジタル化にともない送信電波塔の建設が必要となったため、各地で誘致合戦が展開されたが、最終的に東武鉄道が都心の墨《すみ》田《だ》区内に持つ広大な用地に誘致し、建設したものである。

東武鉄道は、東京スカイツリーの開業にあわせて最寄り駅の業平橋《なりひらばし》駅を「とうきょうスカイツリー」駅に改称し、伊勢崎線の浅草～東武動物公園間に東武スカイツリーラインの愛称を付けた。

東京スカイツリータウンの来客数は、予想をはるかに上回る実績を上げた。開業時の予想（平成24年度〔2012〕）が東京スカイツリー400万人、東京スカイツリータウン2750万人であったのが、実績はスカイツリー554万人、スカイツリータウン4476万人に達した。東京スカイツリータウンの平成24年度の営業利益は、スカイツリーが91億円、スカイツリータウンが20億円で合計111億円に達する。当初見込みは81億円であったので30億円上回ったことになる。東武グループ全体に対する影響は、営業利益で、運輸事業24億円、レジャー産業10億円、流通事業1億円、その他事業7億円の計42億円であった。スカイツリーの増益を加えると、グループ全体の営業利益の増益額は153億円に達する。

野球と鉄道─国鉄スワローズ

鉄道会社がプロ野球チームを持ち、沿線の球場で試合を開催することで集客を図っているケースも多い。

かつて国鉄スワローズというチームがあった（1950〜65）。国鉄のトレードマークにツバメが使われていたのにちなんで命名されたものと思うが、一時は電車に「座ろう」という意味もかかっているとの伝説があった。

戦前から国鉄はノンプロのチームを持っていて多くの名物選手を輩出した。このノンプロチームを基にしてプロ野球チームを設立しようという発想であった。また、戦後、大陸から帰還した鉄道職員を大量に抱えて膨らんだ人員を大胆に削減する決断をした時期でもある。当時の加賀山之雄《かがやまゆきお》総裁は、国鉄職員の団結心を固めるためにプロチームが必要だと考えた。そして、昭和25年（1950）㈶交通協力会、㈶鉄道弘済会《こうさいかい》、日本通運、日本交通公社などが出資して㈱国鉄球団を設立した。

国鉄スワローズは、1シーズンだけ武蔵野グリーンパーク野球場を本拠地とした。この球場は戦時中に三鷹駅の北部に建設された中島《なかじま》飛行機武蔵野製作所の跡地で、もともと中島飛行機の構内に陸上競技のグラウンドがあり、中央線の武蔵境《むさしさかい》駅との間に専用線が敷かれていた。

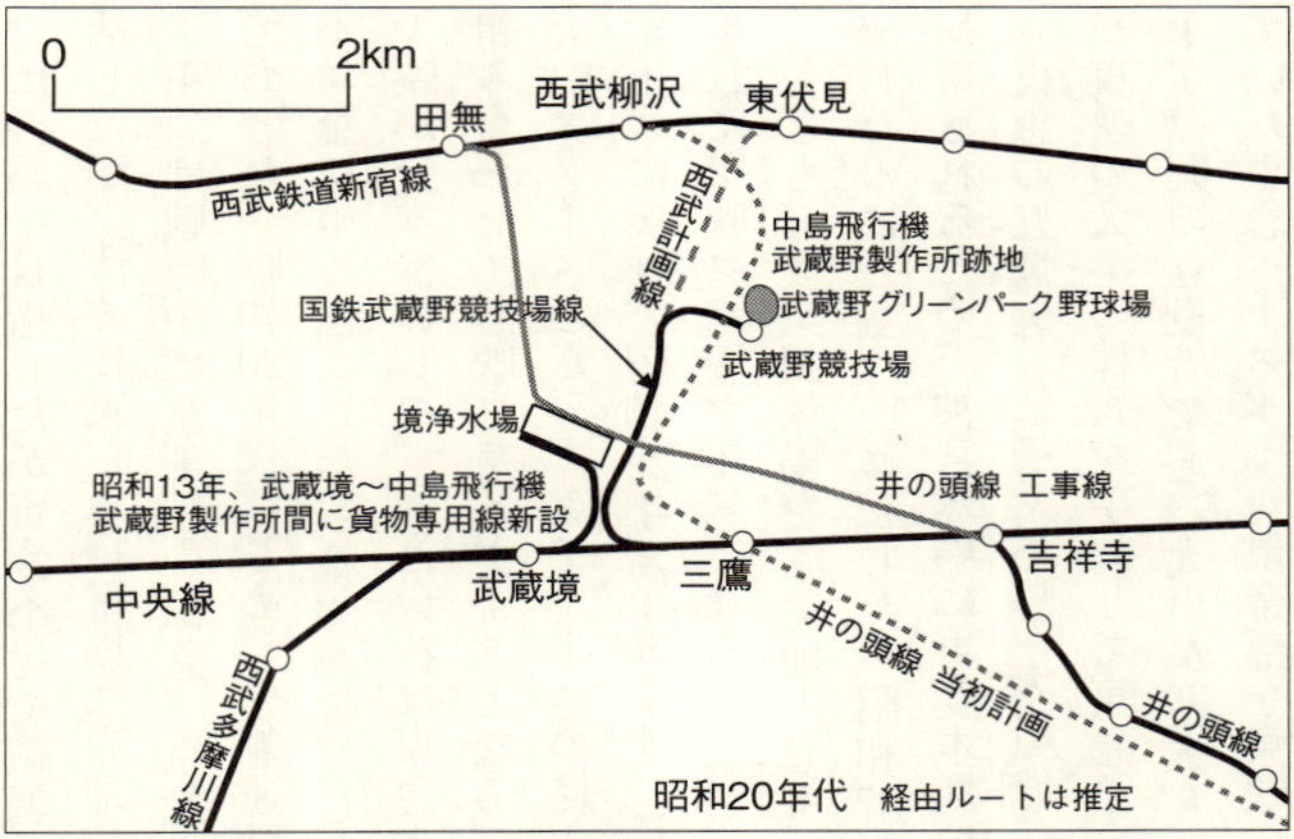

武蔵野グリーンパークと競技場線

これを途中で分岐して三鷹に至る路線を建設し、さらに電化することにして、昭和26年（1951）4月に武蔵野競技場線として開業し、試合が開催された日には観客輸送のために中央線の電車が直通した。正式名称東京スタジアム、通称武蔵野グリーンパーク野球場、パ・リーグは武蔵野球場と呼んだこの球場は、突貫工事で完成させたために構造上の問題も多く、1シーズンしか続かなかった。翌昭和27年に神宮《じんぐう》球場が米軍の接収解除となったため、国鉄スワローズは本拠地を移した。武蔵野球場も昭和31年に閉鎖され、武蔵野競技場線も昭和34年に廃止された。

東映フライヤーズ

東京急行電鉄も戦前と戦後の一時期、野球チームを持っていた。戦前活躍したセネタースは戦時中に解散となった。初代監督の横沢三郎《よこざわさぶろう》が戦後すぐに再興を目指したが資金不足で順調には進まず、昭和21年（1946）の1シーズンだけ復活したが、すぐに東京急行電鉄に売却して、翌年には東急フライヤーズとして出場した。

東急は戦時中に京王、小田急、京急を大統合し、「大東急」となったが、各社寄り合い所帯であった。昭和20年代はじめ、分離運動が活発化するなかで、大東急統合の象徴として野球チームを持つことにしたものである。しかし、球団経営は好転せず、昭和23年（1948）には大映《だいえい》が資本参加した。運営会社は東急大映野球で、チーム名は東急の「急」と大映の「映」を組み合わせて急映フライヤーズとなる。その年のシーズンオフ、大映が別のチームを獲得して大映スターズとし、フライヤーズの経営から手を引いた。そのためチーム名は再び東急フライヤーズに戻り、昭和29年（1954）には、東京急行電鉄の系列会社である東映《とうえい》に経営が委託されて東映フライヤーズとなる。

もともと後楽園球場を本拠地としていたが、昭和28年（1953）に沿線の駒沢《こまざわ》野球場が完成したのにともない移転した。昭和37年（1962）にはこの駒沢球場がオリンピック施設に転用されるため、神宮球場に再度本拠地を移した。

東急の五島昇《ごとうのぼる》社長と東映の大川博《おおかわひろし》社長の関係が悪化したため、昭和39年（1964）東急が東映の大半の株式を手放して東急子会社から外した。東急と東映を橋渡ししていたフライヤーズ復興の立役者である大川が逝去したのにともない、昭和48年（1973）に球団を保有していた東急ベースボール倶楽部を東映に売却したうえで、同年日拓《にったく》ホームに転売した。日拓ホームは、ロッテオリオンズとの合併を画策したが不首尾に終わり、その年のシーズン後に日本ハムに売却してしまった。

西武ライオンズ

その後、関東地方の鉄道会社は野球チームを持たなかったが、空白期を経て、昭和54年（1979）のシーズンからクラウンライターライオンズに代わって西武ライオンズが登場した。前年のシーズン後、西武鉄道の親会社の国土開発がクラウンライターからチームの経営権を取得した。西武鉄道は狭山線の狭山湖駅近くに西武ライオンズ球場を建設し、狭山湖駅を西武球場前駅に変更した。

狭山線の西武球場前駅には頭端式《とうたんしき》の櫛形《くしがた》ホーム3面6線があり、3〜6番線の4線が臨時ホームである。試合の時間に合わせて西武池袋駅から直通の急行・快速を大幅に増発する臨時ダイヤで運行する。

阪神タイガース

野球と鉄道との関係は近畿のほうが強かった。

昭和9年（1934）に読売新聞社が大日本東京野球倶楽部（東京巨人軍）を設立した。読売新聞社は、プロ野球リーグの結成を目指して各地に球団設立を働き掛けたが、それに応じて大阪に設立されたのが、大阪タイガースであった。阪神電気鉄道が球団のオーナーとなり運営会社として㈱大阪野球倶楽部を設立した。本拠地は、プロ野球がなかった当時、多くの観客を動員した全国中等学校優勝野球大会のために建設した阪神甲子園球場である。

甲子園球場では、とくに因縁のライバル、阪神・巨人戦の観客数が多い。平成25年（2013）の甲子園球場の観客動員数第1位は、10月5日の阪神・巨人戦の4万7046人で、ランキング10位までのうち6つが阪神・巨人戦であった。その観客の6割が電車を利用したという。試合の前後には数万人の観客が電車に殺到する計算である。この観客をスムーズに輸送するために、平日・土休日、ナイトゲーム・デイゲームの別で、それぞれ臨時列車を書き込んだ「影ダイヤ」が用意されている。甲子園球場は鉄道駅が至近距離にあって便利なため、鉄道への集中度も高く、その観客輸送には高度なノウハウが駆使されている。

試合前には梅田《うめだ》駅で人出を見て臨時特急の発車のタイミングを探り、試合後は、石屋川《いしやがわ》、青《あお》木《き》、西宮《にしのみや》、御影《みかげ》に列車を待機させて、梅田行きの臨時特急、三宮《さんのみや》行きの臨時急行を随時運行して帰宅客が駅に滞留しないようにしているという。

阪神タイガースの他にも、かつては大阪では阪急電鉄が「阪急ブレーブス」、南海電気鉄道が「南海ホークス」、近畿日本鉄道が「近鉄バファローズ」、また福岡県の西日本鉄道も「西鉄ライオンズ」という野球チームを持っていた。しかし、すべて売却されてしまって、今はない。本拠地も、阪急が阪急西宮球場、南海が大阪球場（難波）、近鉄が近鉄藤井寺《ふじいでら》球場と、いずれも鉄道沿線に立地しており、各球場とも鉄道会社が建設した。西鉄ライオンズが本拠地とした平和台《へいわだい》球場は、西鉄の鉄道駅からは距離があるが、かつては西鉄の福岡市内線の路面電車が走っており、自社で観客を運んでいた。

6　鉄道会社の増収努力

日本の鉄道網の整備が進んだ時期には、日本経済は拡大していた。人口も増加した。鉄道の輸送力が増強されても、それを上回る需要の増加があった。むしろ需要を追いかけて鉄道の整備を進めていたということもできる。

今日、その市場環境は大きく変わった。新しく作られる新幹線は、かつての東海道新幹線とは旅客数が決定的に違う。延伸される先の沿線人口が小さく、大都市との間の経済流動も小さい。新幹線ができても、人口と経済活動の流出をどうにか押しとどめられるという程度の意味しかない。

また、都市鉄道でも、新線ができたからといって全体の需要が大きく増えることにはならない。利用者にとっては新線が開通すると目的地までの時間や運賃が節約できる可能性があり、利便性が高まることを意味するが、鉄道会社の側からいうと、ネットワークに1本加わるだけのことで、新しく生み出される需要は少なく、たいてい既存の路線から転移したものである。

その既存の路線が他社線ならば、その会社は収支を改善するかもしれないが、旅客が逸走《いっそう》してしまった他社は、輸送効率が落ちて採算性が低下する。都市全体の社会資本の利用効率という点では、プラス・マイナス埋め合わせる関係になる。

そのため、鉄道事業による収入を増やすためには、新線建設以外の増収策を考える必要がある。本章では、通勤ライナーなどの着席通勤輸送の開発や既存の鉄道網を活用した新しい運行ルートの開発について解説する。

国鉄の通勤ライナー

大都市の通勤路線では、朝夕のラッシュ時は通勤電車を目いっぱい走らせなければならないため、ラッシュ直後に都心のターミナルを発車する優等列車の扱いに苦労していた。特急や急行といった優等列車は、平日のラッシュ時に発車することはできず、ラッシュ前の7時ころや9時過ぎに集中した。この9時台に都心を発《た》つ列車の回送方法が問題であった。ラッシュ前に都心まで回送してラッシュが終わるまでホームに据え置くということも多く行われていた。

また、輸送力増強のために車両を増備していったが、それらを収容する車両基地は地価の問題もあって次第に都心から遠くに設けられるようになっていった。たとえば、東北本線の東《ひがし》大宮《おおみや》、常磐線の我孫子、東海道本線の国府津である。都心部にも、田町や尾久《おく》に車両基地や収容線を置き、これらも朝の特急列車の留置に使われていたが、収容力が限られていたため、東北本線や高崎線の特急の車両を東大宮から上野まで回送していた。さらに夕方以降に都心ターミナルに上って来る特急列車は、車両基地まで回送していた。

現場において、この回送列車を活用して、ラッシュ時の旅客サービスの向上に活用しようという考えが、自然に生まれた。

昭和50年（1975）ころだったように記憶している。夜、名古屋駅に到着した急行列車に車内整備の係員が乗り込むとすべての窓のブラインドを下ろしていった。車内が目隠しされた列車に乗客が続々と乗り込んでいった。この列車は、全国版時刻表に出ていなかったので、名古屋鉄道管理局が現場で判断して回送列車に乗客を乗せていたのだと想像される。当時の名古屋鉄道管理局長が須田寛《すだひろし》で、のちに国鉄本社の旅客局長をしていたとき（昭和59年〈1984〉）に、東北本線で、後述する「ホームライナー大宮」の運転を開始した。

このような回送列車に旅客を乗せたのは、昭和43年（1968）10月の総武線が最初ではないかと思われる。ただし、こちらは回送列車ではなく、正式に「快速列車」として全国版時刻表にも載っていた。

当時は、房総《ぼうそう》各線から新宿駅まで急行列車が乗り入れていた。夜間、その回送列車が千葉気動車区のある稲毛《いなげ》まで運転されていた。そのうちの2本（御茶ノ水発20時9分発、39分発）を千葉まで運転区間を延長したうえで旅客を乗せるようにしたのである。快速として運転するのは御茶ノ水～千葉間で、途中、秋葉原、両国、船橋《ふなばし》だけに停車した。現在の「ホームライナー」とは違って、ライナー券などの特別料金は要らず、停車各駅で乗降可能である。当時の千葉の急行にはキハ26形400番代という、もと1等車の転換式クロスシートの車両が連結されていたので、乗り心地が通勤電車とは雲泥の差であった。さらに、座れないほど混雑するということもなく、1等車も営業していた。

夜間の通勤時の着席輸送として「ホームライナー」の運行を始めたのは、昭和59年（1984）6月1日上野発大宮行きである。東大宮に回送する特急車両を上野～大宮間だけ客扱い（営業運転）したもので、乗車には300円のライナー券を必要とした。好評だったため、同年7月には、総武快速線東京～津田沼間に「ホームライナー津田沼」が登場し、大宮行きは「ホームライナー大宮」となった。同年9月には関西でも阪和《はんわ》線天王寺《てんのうじ》～日根野《ひねの》間に「ホームライナーいずみ」が設定された。もともと回送していた優等列車の車両の有効活用であるので、それだけでサービス改善につながるが、その付加価値分をライナー券として徴収することで増収にもなった。また、始発駅で開放するドアを限定して、乗車時にライナー券をチェックするため、乗客専務車掌を必要とせず、人件費も基本的には回送列車のときと変わらない。

現在、通勤ライナーとして最大の本数を運転している東海道本線東京口では、昭和61年（1986）11月から東京～小田原間に朝の東京行き2本と夜間の東京発4本が設定された。朝の東京着は7時53分と9時43分（平塚《ひらつか》発）、夜間の東京発は20時30分、21時30分、22時30分、23

時40分である。最後の便は、東京駅23時25分発の大垣《おおがき》行き普通夜行電車の補完列車として、その直後に発車した。この時点では、朝の通勤混雑のピーク時間帯は避けて設定されていたが、昭和63年（1988）3月からは、ピークのど真ん中に小田原から東海道貨物線を経由して新宿まで運転する「湘南新宿ライナー」が新設された。その後、貨物線を使ったライナーが増発されるのにともない、途中駅の藤沢《ふじさわ》、茅ヶ崎《ちがさき》の貨物線にホームを新設した。

中央線の場合は、平成3年（1991）3月に新宿発着の「おはようライナー青梅《おうめ》」「ホームライナー高尾《たかお》」「ホームライナー青梅」の運転を開始したが、平成13年（2001）に運転区間を東京駅に延伸したさいに、全車座席指定制の「中央ライナー」「青梅ライナー」に変更した。

これらのライナー券は、座席定員分が売り切れた段階で発売を終える定員制で、別に座席は指定していない。中央ライナーの場合は、乗降の多い駅が東京と新宿の2駅あるという特殊性から、座席指定となっている。ただし、料金は500円で他のライナー券と同額である。グリーン車は、他のライナーは普通車扱いとしているが、中央ライナーは700円の別料金が設定されている。

中央ライナーの場合、11両編成で678人ないし713人乗車できるので、満席だとすると1本あたりのライナー券収入は34万円ないし36万円となる。平日に1日上下合わせて10本運転されるので、年間で9億円近い収入増になる。

通勤での特急利用

通勤時の着席サービスとして、通勤のための特急を運転するケースも増えている。

JR東日本は、平成元年（1989）3月に常磐線に「ホームライナー土浦」、翌年3月に「おはようライナー土浦」の運行を始めたが、平成10年（1998）12月特急「フレッシュひたち」を増発するために廃止された。現在、常磐線では上野着7時台4本、8時台2本の「フレッシュひたち」が設定されている。フレッシュひたちでは50㎞まで自由席を500円で利用できる。土浦～上野間は66・0㎞あるが、佐貫《さぬき》～上野間は50㎞に収まり、ライナー券の500円と同じ金額である。

JR九州は、25㎞まで300円と割安な自由席特急券を発行している。それ以外でも国分《こくぶ》～鹿児島中央間が300円、博多～直方《のおがた》間が400円、門司港《もじこう》～博多間、宮崎～南郷《なんごう》間が500円である。

通勤用に特化した特急も、福北《ふくほく》ゆたか線（筑豊《ちくほう》本線・篠栗《ささぐり》線・鹿児島本線）博多～直方間に、特急「かいおう」を朝夕に運転している。鹿児島新幹線と並行する鹿児島本線博多～熊本間でも朝夕に特急「有明《ありあけ》」を残している。鹿児島本線の鹿児島側でも、川内から鹿児島中央間で特急「川内エクスプレス」1往復を設定している。

日豊本線でも延岡《のべおか》～宮崎間で朝夕に特急「ひゅうが」を、宮崎～鹿児島中央間で特急「きりしま」を設定している。

そのほかＪＲ東海は、在来線特急について一部の区間で30㎞まで３１０円の自由席特急料金を設定しており、ＪＲ四国も自由席特急券は25㎞まで３１０円、50㎞まで５１０円である。

ＪＲ各社では、国鉄改革当時は、特急料金は基本的にＡ特急料金・Ｂ特急料金の２本立てであった。しかし、その後ＪＲ三島《さんとう》会社（ＪＲ北海道、ＪＲ四国、ＪＲ九州）を中心に特急輸送力の需給バランスを図るため、負担力に応じたこまめな料金設定を進めてきた。さらに、特急列車の自由席料金を組み合わせた定期乗車券を発行する会社が増えていった。ＪＲ北海道の「かよエール」、ＪＲ西日本の「パスカル」、ＪＲ四国の「快て〜き」、ＪＲ九州の「エクセルパス」である。通勤・通学定期券に自由席特急料金分を加えた定期券である。そもそも自由席特急料金が路線ごとに割安に設定されるようになってきたので、さらに負担しやすい価格で特急を利用できるという定期券は特急の利用者を増やした。特急利用の増加は、通勤列車の座席詰め込みできるロングシート化されて、特急との乗り心地の格差が拡大したということも一つの要因ではある。

ＪＲ東日本も、房総地区と常磐線で定期券用月間特急料金券を発行している。通勤・通学定期券との併用が条件で、定期券の区間内で利用できる。

房総地区では高速道路の延伸で高速バスのネットワークが充実してきている。常磐線も東京〜水戸間などを中心に高速バスの利用が増え、さらにつくばエクスプレスが開業して旅客の逸走が続いた。

また、中央本線も高速バスが急速にサービスを拡大していた時期に、特急「かいじ」号のみに使える高速バス並みの低価格の往復特急・乗車券「かいじきっぷ」を発行していた。東京都区内と甲府間では普通乗車券よりも安くなるというきわめて「お得感」のある特急・乗車券であった。

新幹線でも、通勤用の特急定期券「フレックス」、通学用の特急定期券「フレックスパル」を販売している。用務地で仮住まいするよりも安上がりになるような区間について発行している。たとえば、東京〜三島《みしま》間の「フレックスぱる」1ヵ月の価格は6万2900円で、都心にアパートを借りるよりも割安である。

また、JR東海は中央本線名古屋〜中津川《なかつがわ》間に座席定員制（乗車整理券310円）の快速「セントラルライナー」を運行していた。平成11年（1999）に名古屋駅に高層のツインタワー「JRセントラルタワーズ」が開業したのにあわせて、日中から夕方にかけてのみ運転した。名古屋〜多治見《たじみ》間で約5分速い速達列車の役割を持っていたが、料金が必要ない快速も同じ転換式クロスシートで快適性では格差がないため、平成25年（2013）3月のダイヤ改正で、輸送力の見直しという名目で廃止された。

総武・横須賀線へのグリーン車連結

JR東日本の2階建てグリーン車（湘南新宿ライン新宿駅）

JR東日本の首都圏の近郊電車には2階建てのグリーン車が2両連結されている。これは全国的にも珍しいことなのである。

そもそも競合関係にある鉄道路線や高速バスなどがある場合には、普通車のサービスレベルを引き上げないと客が奪われてしまう。そうすると、グリーン車と普通車の居住性の格差がなくなるのでわざわざ料金を払ってまでグリーン車には乗らない。

大阪地区の東海道・山陽本線の快速の一部にも以前はグリーン車が1両付いていた。しかし、昭和54年（1979）に新型の117系電車が京都〜西明石《にしあかし》間の新快速に投入されたことで、翌年廃止された。117系電車は全車普通車であるが、座席は近郊型グリーン車と同等の転換式クロスシートであったため、グリーン料金を支払う意味がなくなったのである。

もともと京阪間の私鉄では、国鉄のグリーン車と同じ転換式クロスシートの車両が特別料金なしで利用できた。車室の居住性では私鉄に分があったため、117系の投入でサービスレベルを私鉄並みに引き上げたのである。このあと、国鉄〜JR西日本は「新快速」の高速性で私鉄との競争力をつけていくことになる。

JR東日本にも競合路線がある。しかし、首都圏では、JRも大手私鉄の通勤電車もおしなべてロングシートで、朝夕の列車の混雑はひどい。普通車のサービスレベルを上げられる状況ではない。JRの近郊路線は、近距離を走る旧国電区間の外側の中距離区間を走る路線である。乗車時間が長くなる傾向があり、しかも混雑して座席に座れないとなると、通勤に高い料金を出してでもグリーン車に乗ろうという動機が働く。

現在は、グリーン券は、改札外の自動券売機やホーム上の専用券売機で事前購入する場合、また「おさいふケータイ」の機能を使ったモバイルSuicaのチケットレスでは50kmまで750円、それ以遠どこまで乗っても950円である。車内で購入する場合は250円追加となる。また、土曜・休日は、事前購入の場合、50kmまで550円、それ以遠は750円である。途中で乗り換えることもできるので、遠距離になるほど割安感が出る。

もともと東海道本線の普通列車にはほとんどの列車に1等車（昭和35年〔1960〕まで2等車）が連結されていた。また、昭和5年（1930）に電化した横須賀線にも1等車が連結された。東海道本線は平塚や藤沢など、湘南の高級住宅地に住む人々の通勤輸送を担っていた。政治家や財界人が多く利用した。横須賀線も同じ理由で1等車を連結した。

東海道本線と横須賀線は東京〜大船《おおふな》間で同じ線路を走っていたが、輸送量の増大のために、横須賀線用に貨物線を改良のうえ、地下線を建設して、昭和55年（1980）10月1日、当初計画より大幅に遅れて横須賀線と東海道本線の分離運転が実現した。このとき、横須賀線は、先行して品川まで運行していた総武快速線と直通運転を開始した。もともと横須賀線には2両のグリーン車が連結されていたので、このとき自動的に総武快速にもグリーン車が付くことになった。東京〜上総一ノ宮《かずさいちのみや》間、東京〜君津《きみつ》間、千葉〜成田間といった郊外の農村地帯へ直通する普通列車にグリーン車が連結されたのは一種驚きであった。

なお、グリーン車と呼ばれることになったのは昭和44年（1969）5月からである。それまでの1等、2等の等級別運賃を廃止して、運賃とは別に特別車両料金としてグリーン券を発行した。

こうして、総武快速線にグリーン車が走ることになったが、当初は昼間の利用者が極端に少なかった。その後、平成3年（1991）3月に内房《うちぼう》線、外房《そとぼう》線特急が京葉線経由に変わったことで、両線に直通する列車のグリーン車の乗車率が高まった。日中の千葉発着の快速の本数が増えたものの、旅客数も増えているため、普通車は必ず座れるというわけではない。普通車の混雑がグリーン車の乗車効率の上昇につながったということもできる。ただし今でも、平日の日中の千葉発着の総武快速のグリーン車はすいている。

JR東日本になって、平成元年（1989）からは2階建てのグリーン車の連結が始まった。今度は、一気に定員が20％増しとなった。総武快速線では利用率は低下し、横須賀線の客は所要時間の短い東海道本線にホームの対面で乗り換えられる戸塚で乗り換えてしまい、定員が増加した分、都心側の利用率は悲惨であった。

そこで、各線とも東京駅に11時以降に到着する上り電車と16時30分までに発車する下り電車を対象に、データイムグリーン回数券を発売した。最初は4枚1500円（50km以内の場合）であったが、のちに2000円に値上げされた。

通勤時間帯は、普通車が殺人的混雑であったので、必ず座れるわけではなくともグリーン車に高い料金を払う利用者があった。通勤用グリーン定期券も発行した。

平成6年（1994）から総武・横須賀線用の新型車E217系の投入が始まり、2階建てグリーン車は2両に増えた。定員は増えたものの、総武快速の朝の混雑時は立ち席利用が続いた。

グリーン料金を一律に750円として計算すると、2両の定員が180人、定員通りの乗車数だとグリーン料金収入は1列車あたり13万5000円である。1時間に20本走るとすると270万円。年間の平日が240日とすると、1路線の朝1時間の料金収入は年間6億4800万円である。東海道本線、横須賀線、総武快速線の3路線を合計すると19億4400万円という計算になる。ただし、横須賀線の運行本数は若干少なく、総武快速も津田沼始発はグリーン車に空席があるので、この数字まで稼ぎ出しているわけではない。

湘南新宿ラインの運行

ＪＲ東日本は、平成13年（２００１）12月から湘南新宿ラインの運行を開始した。東北貨物線・山手貨物線・旧東海道貨物線をつないで、東北・高崎線と東海道・横須賀線を直通運転するというものである。それ以前も東北本線・高崎線の中距離電車が池袋まで乗り入れていたし、

湘南新宿ラインのルート

東海道貨物線を経由して新宿まで湘南新宿ライナーが運行していたが、これは朝夕の通勤時だけであった。国鉄改革以後、新線建設は東北新幹線の地元対策として建設された埼京線と昭和40年代に始められた東京外郭環状線の一部になる京葉線だけである。新線建設は建設期間が長期にわたるため、開業時までの社会状況の変化によりリスクが大きい。それに対して既存の施設を活用したプロジェクトは短期間で効果を上げることができ、財務面で長期的な負担が小さい。大規模投資による長期債務が国鉄破綻《はたん》につながったという教訓がある。

湘南新宿ラインは、最初は、日中だけの設定で、25往復を運行した。東北本線〜横須賀線直通と高崎線〜東海道本線直通がそれぞれ1時間に1本と、横須賀線の新宿乗り入れが1時間に1本の割合である。その後平成14年（2002）12月に38往復に増発、平成16年10月16日には池袋駅の配線の変更による平面交差の解消により朝夕通勤時の運行を開始して、全部で64往復に増発した。

平成12年（2000）の運輸政策審議会答申には、既設線の改良による直通運転が盛り込まれていた。答申自体が事業者へのヒアリング内容を反映しているので、JR東日本自身が都心スルー運転に意欲を持っていたのであろう。

それまでは東海道本線は東京、東北・高崎・常磐線は上野を始発・終着駅として折り返し運転しており、都心の中心駅をスルー運転する近郊電車は横須賀・総武快速線だけであった。都心をスルー運転するメリットは、旅客側にすれば新しい運行系統が生まれて選択の幅が拡大するということがある。JR東日本にとっても、都心のターミナル駅のキャパシティに限りがあるため、スルー運転すればホームの数も少なくて済むし、車両の留置場所も必要なくなる。

平成17年（2005）3月の湘南新宿ラインの大崎～横浜間の1日平均旅客数は13万人で、昼間だけの運転であった前年の6万人に対して倍以上の大幅な増加となった。

湘南新宿ラインが設定されたことによる増収効果は、運行開始により10億円、平成14年（2002）の増発で10億円、平成16年の増発で33億円あり、平成18年3月の段階で増収の積算額は約50億円と計算された。この金額は、湘南新宿ラインがない場合に比べて、平成18年3月の段階で50億円収益が増えたということである。

あわせて、平成16年10月16日のダイヤ改正から1ヵ月間で、湘南新宿ラインの全列車にグリーン車2両を組み込んだ。共通運用する上野発着の東北・高崎線にも15％の列車にグリーン車が付いた。

湘南新宿ライン大崎～横浜間の平成17年（2005）3月の1日平均グリーン車の旅客数は、1万1000人である。輸送力は2万3040名であるので乗車効率は47・7％と比較的高い数値である。

湘南新宿ラインにグリーン車を連結したことによる増収効果は、年間15億円である。

高崎線・東北本線・常磐線普通列車へのグリーン車連結

高崎線と東北本線の中距離電車は、平成18年（2006）7月に全列車へのグリーン車連結を完了した。平成17年（2005）3月の大宮〜土呂《とろ》、宮原《みやはら》間の1日平均のグリーン車の旅客数は、1万6000人であった。まだグリーン車の連結が一部にとどまっていた平成18年3月期の増収効果は48億円である。

その後、平成17年（2005）8月24日、つくばエクスプレスが秋葉原〜つくば間を開業させた。最高時速130キロ、しかも都心直通という路線が登場することで、JR東日本は常磐線からの大幅な旅客のシフトを覚悟した。そして、この対策として、平成17年7月9日にダイヤを改正して特急列車のダイヤの見直しと自由席特急券の500円への引き下げ、普通列車の最高時速を130キロに引き上げるとともにデータイムに特別快速を運転した。あわせて、中距離電車へのグリーン車2両の連結を始めた。

常磐線中距離電車のグリーン車組み込みは、新型車E531系電車への取り換えが済んだ平成19年（2007）3月18日からとなった。

つくばエクスプレスの開業による影響額として、平成18年（2006）3月期30億円、平成19年3月期20億円の減収を予測していた。実績額としては、平成19年3月期の数字として定期旅客17億円、定期外旅客16億円、あわせて33億円の減収があったとする。期中の開業であるので通年に換算すると約60億円に達する大きさであった。

平成19年3月期の各路線でのグリーン車の増収額は37億円である。これは各線区の増収額を積み上げた金額である。この時点で、普通列車にグリーン車を組み込んだことによる効果は、各路線の総額で年間130億円の純増と計算されるという。

グリーン車Suicaシステム

常磐線では、昼間の普通列車のグリーン車の利用率が低迷している。上野〜日立間で販売している「フレッシュひたち料金回数券（4枚つづり）」だと、たとえば上野〜水戸間では1回700円出せば特急の自由席に乗れる。普通列車のグリーン車は平日事前料金が950円なので、特急に乗ったほうが速くて安いことになる。上野〜土浦間には特急回数券を設定していないので特急の自由席券900円が必要であるが、普通列車のグリーン料金も950円である。

平成16年（2004）10月16日のダイヤ改正から湘南新宿ライン、東北本線、高崎線でグリーン車Suicaシステムの稼働が始まった。駅の券売機やモバイルSuicaでグリーン券を購入し、その情報をSuicaに記録させ、車内の読み取り機にかざして着席するシステムである。同日から、グリーン車の車掌の乗務はなくなり、代わって子会社の日本レストランエンタプライズのグリーンアテンダントが乗務して、車内販売とグリーン券のチェック・販売を行っている。

グリーン車Suicaシステムは、平成18年（2006）春から東海道、横須賀、総武快速

グリーン車 Suica システム　天井に設置された読み取り機にグリーン券情報が記録された Suica をかざすとランプの表示が変わる。乗客がグリーン券を所持していることが一目でわかるため、検札の必要がない

線にも導入された。

グリーン車は、終日を通してみるとかならずしも乗車効率が良くない。朝夕だけで稼ぎ出しているということもできる。グリーン車Ｓｕｉｃａシステムは、人件費の高いＪＲの車掌を省略するという目的が大きいのであろう。Ｓｕｉｃａを持たない人は駅の券売機でグリーン券を買わないと割高な車内料金が適用されるので、不案内な来訪客には不親切なシステムということができる。こういうシステムは市場の大きい東京でしか通用しないであろう。

私鉄の着席サービス

通勤時の着席サービスは、大手私鉄では比較的早い時期から実施していた。

昭和55年（1980）当時、東武鉄道は、館林《たてばやし》発浅草行き急行「りょうもう2号」浅草7時16分着を1800系回転式クロスシートの特急仕様の車両で運行していた。急行料金は600円である。東武鉄道はまだ通勤時の混雑緩和が課題で、中距離の通勤客の着席輸送までは余裕がなかった。

名古屋鉄道は、昭和59年（1984）当時、8時台に新名古屋《しんなごや》を通過する指定席車付き特急電車を運行していたが、上りが新岐阜《しんぎふ》発豊橋行き新名古屋8時13分着の1本、下りは内海発新岐阜行き新名古屋8時9分着、蒲郡《がまごおり》発新岐阜行き新名古屋8時39分着の2本だけである。座席指定料金は250円。戦後復興のなかで100m道路の整備に力を入れた名古屋は、トヨタ自動車、三菱自動車のおひざ元として全国に先駆けて自動車依存が進んだ。そのため、運転台が客室の上に突き出ている特徴的な形態のパノラマカーなど居住性を重視した車両が多かった。特急や急行を中心にダイヤが組まれ、各駅停車はごく補完的な存在であった。それでも、朝の通勤時には一部指定席車を組み込んだ特急は肩身の狭い存在であった。

近畿日本鉄道は、大阪線では、全車指定席の特急として松阪《まつざか》発上本町行き上本町7時19分着、桑名《くわな》発上本町行き上本町8時34分着の2本が設定されていた。奈良線では、近鉄奈良発近鉄難波行き難波着が、6時42分と7時28分の2本である。近鉄の特急料金は40㎞まで250円、70㎞まで400円である。近鉄特急は、特急料金がリーズナブルで、運行系統も多様で乗り換えの便も良いため、中・長距離の乗客はたいてい特急を利用する。それでも、さすがに大阪の朝

帰宅客を乗せるロマンスカー「メトロホームウェイ」（千代田線大手町駅）

の通勤時に到着する特急はほとんどなく、8時台の行楽列車のために都心のターミナルに車両を送り込む列車という性格が大きかった。

小田急電鉄の特急ロマンスカーは小田原線の「第2あしがら」小田原発新宿行き新宿着9時20分、西武鉄道の特急レッドアローは所沢発池袋行き「むさし2号」が池袋9時21分着、南海電気鉄道の南海線一部座席指定特急「サザン」が難波9時1分着、全車指定席の高野線特急が難波9時1分着と、かろうじて9時台前半に設定された。小田急の特急料金は350円、西武の特急料金は所沢～池袋間が250円、南海線の座席指定料金、高野線の特急券ともに410円である。

このように、大手私鉄では、国鉄に比べてはるかに安い特急料金であったので、通勤・通学に重宝されていた。朝ピーク時の前後に運行するというのも、国鉄の通勤ライナー設定時に一つのアイデアを提供したということができるだろう。しかしこのころは、まだ通勤時の熾烈な混雑が続いており輸送力の小さいデラックス車両を走らせる余裕はあまりなかった。デラックス車両による着席輸送は、むしろ夕方以降の帰宅時が中心であった。

現在は、たとえば小田急電鉄では、平日の朝6時台に新宿に3本の特急が到着し、さらに7時12分、7時34分と続く。小田急の特異な点は、地下鉄直通の有料特急を走らせていることである。本厚木《ほんあつぎ》6時28分北千住行き「メトロさがみ70号」である。代々木上原《よよぎうえはら》から地下鉄千代田線を北千住まで直通する。車両は一つ先の綾瀬の車両基地に回送して、北千住9時56分発箱根湯本行き「メトロはこね21号」に折り返す。帰宅ラッシュ時は18時から23時台まで毎時3〜4本の下り特急「ホームウェイ」が運転されている。

西武鉄道では、池袋線の練馬《ねりま》〜石神井公園《しゃくじいこうえん》間が複々線化されたことで線路に余裕ができて、池袋駅6時21分から7時20分の間に特急「ちちぶ・むさし」が5本到着する。そのあと時間をおいて8時48分着となる。帰宅時は毎時2本が0時まで運行されている。

新宿線のほうはまだ複線のまま1時間に29本という稠密なダイヤを設定しているため、西武新宿駅に早朝に着く特急「小江戸《こえど》」は6時55分、7時8分、7時21分の3本だけである。帰宅時は毎時2本が23時台まで運行されている。特急料金は飯能《はんのう》〜池袋間、本川越《ほんかわごえ》〜西武新宿間が４１０円、西武秩父〜池袋間は６２０円である。

京成電鉄の有料特急は成田スカイアクセス線の開業にともなって本線経由の成田空港行きの

「シティライナー」が大幅に間引きされたため、ほとんどがスカイアクセス線経由の「スカイライナー」である。そのなかで、本線の朝夕の通勤時間に設定されているのが「モーニングライナー」と「イブニングライナー」である。もともと通勤時間の着席サービスとして走りはじめたが、現在では、運転区間も京成上野〜成田空港間に変わり、空港アクセスの役割も担っている。車両はスカイライナーと同じAE型であるが、所要時間がスカイライナーの倍の1時間12分〜1時間20分程度かかる。京成本線の運賃はスカイアクセス線より200円安いうえに、料金もスカイライナーの1200円に対して400円である。運賃と料金の合計額は、スカイライナーの2400円に対して1400円と格安に設定されている。

近畿日本鉄道も通勤時の特急輸送が大きく拡充した。大阪線では、大阪難波着6時51分に続いて大阪上本町着が7時15分、7時30分、7時49分。奈良線でも、大阪難波に7時9分、7時30分、8時49分と3本に増えた。そのうちの2本には名阪《めいはん》特急用車両のアーバンライナーが充てられている。

名鉄は、中部国際空港アクセスの「ミュースカイ」が全車特別車、快速特急と特急が一部特別車（指定席）で運行している。名鉄名古屋駅に到着する上りの特別車を連結した列車は、名古屋本線が6時台4本、7時台5本、8時台6本、犬山線は6時台2本、7時台2本、8時台3本である。8時34分着以外は「ミュースカイ」である。特別車を利用するにはミューチケット350円が必要である。

なお、京浜急行は、平成4年（1992）より、平日の夕方から夜間にかけて下りだけ座席定員制の快特「ウィング」号を運行している。着席整理券は200円である。

また、東武鉄道の東上線でも、平成20年（2008）から座席定員制の「TJライナー」の運行を開始した。夕方以降の下り列車のみ設定され、池袋で乗車する場合だけ着席整理券300円が必要である。

東武鉄道は、TJライナー用に、通常はロングシートで運用するがTJライナーで運用する

ロングシート（手前）からクロスシート（奥）に変換する「TJ ライナー」の座席
（写真・読売新聞社）

さいにはクロスシートになる50090系電車を新造した。

近鉄は、大阪線と名古屋線の長距離列車に5200系転換クロスシート車を使用している。旧形にも固定式クロスシート車があったが、窮屈なうえに乗り心地が悪く、5200系は長距離急行のサービス改善に貢献した。しかし、3扉転換式クロスシートでは混雑時に使いにくいため、ロングシートにもクロスシートにもなるL／Cカー5800系、5820系を投入した。一部は奈良線に配置され阪神直通列車にも使われている。そのほか在来の2610系、2800系の一部もL／Cカーに改造し、名古屋線の急行系列車に使われている。

ミニ新幹線のプロジェクト

フル規格の新幹線については第3章で解説したが、最近流行のシームレス（継ぎ目なし）化について特筆すべき事例として、山形新幹線や秋田新幹線といったミニ新幹線が挙げられる。これらは、東北新幹線を背骨とすると、肋骨《ろっこつ》の部分を在来線の軌道の幅を広げて建設費を抑えながら、新幹線と在来線を一本で結び、東京へ乗り換えなしで直通させようというプロジェクトである。地方がフル規格の新幹線の建設を要求するなかで、運行会社であるJR東日本が別の選択肢の実例を示したことの意味は大きかった。

現在山形新幹線で行ける新庄《しんじょう》、山形、米沢《よねざわ》、秋田新幹線で行ける秋田はいずれも奥羽本線上に並んでいる。かつては、上野からこれらの都市をつないで、特急「つばさ」や「やまばと」が走っていたが、東北新幹線が昭和57年（1982）に開業すると、上野発の特急「つばさ」が1往復だけ残ったものの、その他はすべて福島発着となり、新幹線への乗り換えが必要となった。今も新幹線駅で日常的に行われているように、福島駅でも新幹線の階段を下り、在来線との中間改札を抜けてから跨線橋を渡って階段を下りるとやっと在来線特急「つばさ」が横付けしているホームに到達する。帰省客など大荷物を担いだ旅客には難渋する関所のようなものであった。

山形新幹線

この山形新幹線は、国鉄時代、のちにJR東日本社長に就任することになる山之内《やまのうち》秀一郎《しゅういちろう》の思い入れが実現したものであったという。

昭和57年（1982）の冬シーズンは開業したばかりの上越新幹線の越後湯沢に大挙してスキー客が殺到した。それに比べて山形のスキー場は閑散としていた。いかにすれば山形に多くの人が訪れることになるかが、戦時中山形の上山《かみのやま》温泉に学童疎開していた山之内にとって、一つの課題として意識された。

山之内は、パリにあったUIC（国際鉄道連合）に出向したことがある。そのときに乗車したフランスの高速鉄道TGVは新線区間と在来線区間を直通して運転していた。これを山形でできないかというアイデアが浮かんだ。このとき、本社の運転局長の職にあった。このアイデアを、首都圏本部長をしていた伊能忠敏《いのうただとし》に話すと、数ヵ月後には仙台～山形間と盛岡～秋田間のミニ新幹線の詳細な図面が出来上がっていた。これを地元の有力な政治家に話したものの最初は乗ってこなかった。

それから1年ほどたち、国鉄改革も終盤を迎えたころ、その政治家から連絡があった。地域振興の観点から、仙山線《せんざん》ではなく米沢経由としてもらいたいとの条件がつけられたが、話は急展開して、昭和63年（1988）7月にはJR東日本は山形新幹線のプロジェクトの実施を決定し、国は幹線鉄道活性化事業を立ち上げた。狭軌から標準軌に線路幅を拡大する工事は、複線区間は単線化して1線ずつ、単線はバス代行にして突貫工事を行い、平成3年（1991）に工事に着手して翌年7月1日には営業を開始した。工事費は地上施設が約320億円で、車両が約300億円である。事業整備主体は、JR東日本と山形県などが出資する第三セクター「山形ジェイアール直行特急保有株式会社」で、JR東日本は施設・車両を同社からリースした（現在は鉄道施設のみ）。山形新幹線が開業して「つばさ」は東京～山形間を直通し、福島で東北新幹線の「やまびこ」に併結した。

在来線を改造した区間は最高時速130キロどまりであるが、奥羽本線は福島からは山岳区間に入るのでそれまでの最高時速は95キロであり、高速化の効果は大きかった。第3章で述べたように、山形新幹線の開業にともなって、東京～山形間の移動は航空から新幹線にほとんど移った。

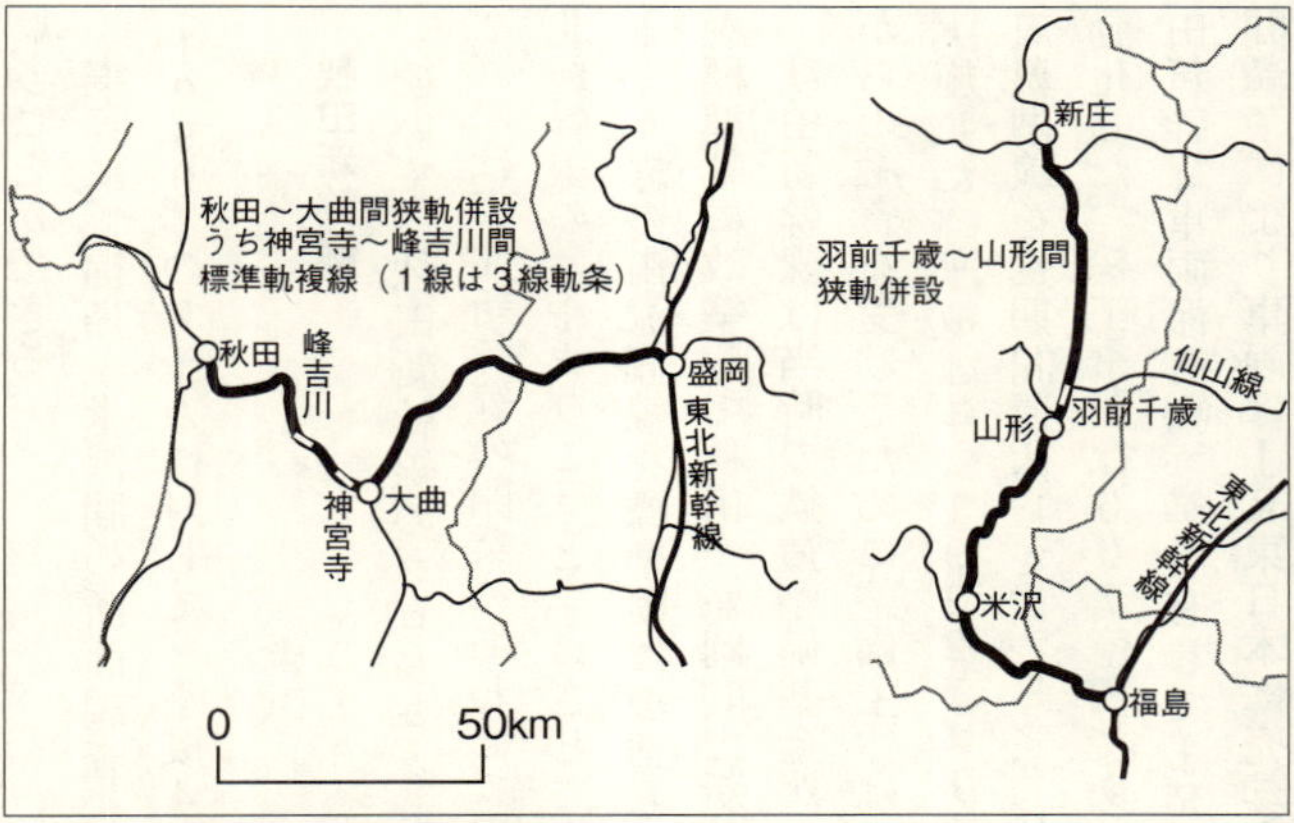

山形新幹線・秋田新幹線の整備

平成3年（1991）7月現在、福島～山形間の下り特急「つばさ」の所要時間が1時間20分であったのに対して、山形新幹線の開業時のダイヤでは、下り「つばさ」は同じ区間を1時間4分で走行した。時間短縮は16分ということになる。しかし、福島駅での新幹線との接続時間8分～19分がなくなったことと、乗り換えそのものが不要となったことによる効果は大きかった。

奥羽本線の福島～山形間の平均旅客通過数は、昭和62年（1987）に1万6336人であったのに対して、平成4年度（1992）は1万1194人と推移した。この数字だけを見ると山形新幹線の効果はないように見えるが、この同じ期間に山形～新庄間では9024人から7611人に大きく落ち込んでいる。これはローカルの旅客数が大幅に減少する長期的傾向があるなかで、福島～山形間では特急の旅客数が増加して、ローカルの減少分をカバーしたということができる。

実際に、福島〜米沢間の断面調査（7・8月の実績）に基づく特急の輸送量は、平成2年度（1990）の7千人に対して、平成4年度には9・8千人に増加した。

秋田新幹線

続いて、秋田新幹線のプロジェクトが始まった。首都圏と秋田の間は、昭和57年（1982）には東北新幹線の開業にあわせて田沢湖《たざわこ》線を電化して特急「たざわ」を運行しており、東北新幹線の「やまびこ」と「たざわ」を乗り継いで、4時間半ほどかかっていた。こちらはローカル線の田沢湖線を標準軌に改造し、奥羽本線の秋田〜大曲《おおまがり》間については複線のいっぽうを標準軌に改築して秋田〜盛岡間で新幹線車両を走らせようというプロジェクトである。

秋田新幹線は当時の鉄道整備基金からの無利子貸付を受けて工事を実施した。鉄道整備基金からの融資を受けるために整備主体は日本鉄道建設公団が担当し、実際の工事はJR東日本が実施した。平成4年（1992）に工事に着手し、平成9年（1997）3月22日に開業した。田沢湖線を長期間運休して、「ビッグワンダー」と呼ばれた工事列車を投入し工事を大幅に自動化した。総工事費は607億円であった。車両は、秋田県などが出資する第三セクター「秋田新幹線車両保有㈱」が所有してJR東日本にリースした。平成22年度（2010）リース期間満了により車両はJR東日本に売却され、会社は清算された。

秋田新幹線の工事が始まる前は、東京駅8時00分発「やまびこ33号」に乗り、盛岡で在来線特急「たざわ」に乗り継ぐと、秋田に着くのは12時34分であった。所要時間は4時間34分となる。秋田新幹線が開業した平成9年（1997）3月のダイヤでは、東京駅8時00分発「こまち1号」だと、秋田には乗り換えなしで11時55分に到着する。所要時間の短縮は39分ということになる。

盛岡〜秋田間では、在来線特急「たざわ」の1時間39分に対して、秋田新幹線「こまち」は最速で1時間27分となるものの、在来線区間は単線で対向列車の待避時間が必要なため、平均的には1時間40分で、在来線当時と変わらない。しかし、盛岡駅での乗り換えが不要になったことで、東京〜秋田間での時間短縮による効果は大きかった。

田沢湖線盛岡〜大曲間の1日平均通過旅客数は、平成4年度（1992）の5040人から平成9年度（1997）には6235人に増加した。

続いて、JR東日本は、地元からの強い希望を受けて、平成11年（1999）12月4日山形新幹線の新庄延伸を行った。

7 鉄道会社の観光開発

観光需要に期待

鉄道と観光とのかかわり方は、鉄道を使って観光地を訪れる場合と、鉄道そのものを観光資源とする場合の2つの途がある。前者については、すでに第5章で鉄道会社による行楽地の開発について説明した。本章では、後者について述べていこう。

近年、鉄道そのものを観光資源と位置づけて積極的に経営資源として活用する事例が増えている。地方の少子高齢化と自家用車依存傾向により生活交通の部分が大きく縮小してしまった場合には、鉄道の存続が、いかに観光需要を獲得するかにかかっている場合も多い。

黒部峡谷鉄道

富山県に黒部峡谷《くろべきょうこく》鉄道というトロッコ列車が走っている。富山地方鉄道本線の終点宇奈月《うなづき》温泉の近くに宇奈月駅があり、ここを起点にして黒部川《くろべがわ》の上流域に向かっている。大正12年

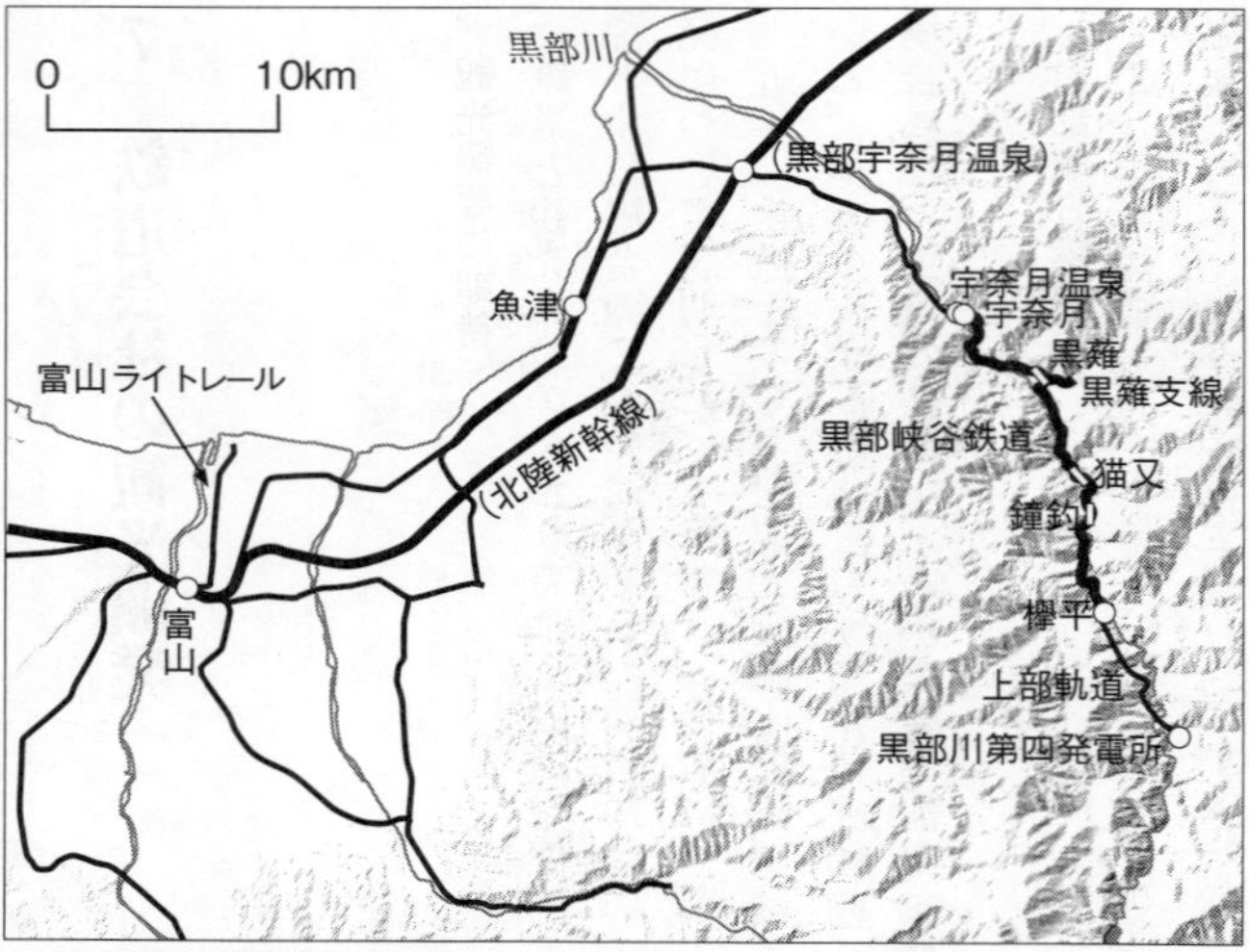

黒部峡谷鉄道関係地図

（1923）に宇奈月～猫又《ねこまた》間を開業しているので意外と開発時期は古い。

軌間762㎜の超狭軌鉄道で、機関車2両で12両編成の客車を牽引している。12両のうちの半分は貨車にベンチを付けた構造で窓にガラスは入っていない。雨が降るとビニールシートを垂らしてしのぐことになるが、それでも車内に雨が吹き込んでくるので、ビニール合羽《がっぱ》が必需品である。そのワイルドさが受けて、全国から観光客を集めている。

もともと黒部川での発電用のダム建設の資材輸送用に建設された。経営は、戦前は日本電力で、戦時中に国家統制により日本発送電に移った。戦後は、国家統制の解除にともない地域ごとに電力会社が設立され、富山県は北陸電力のエリアであるが、黒部

黒部峡谷鉄道のトロッコ列車

川の発電は関西電力に帰属することになる。トロッコ列車も関西電力が直営し、貨物輸送と発電所の従業員、さらに営林署の職員の通勤に使われていた。

このトロッコ列車は、道路のない黒部川上流域では唯一の交通手段であった。線路に沿って日電《にちでん》歩道と呼ばれる通路が設けられているが、難路のため、昭和4年（1929）から適宜山に薪を取りに行く地元民や登山客、釣り客の便乗を認め、料金も徴収した。戦後の一時期、便乗が禁止された時期があるが、昭和28年（1953）には地方鉄道法による一般鉄道に変更され、正式に旅客輸送が開始された。その後、昭和38年（1963）に黒部川第四発電所が完成すると、大規模なダム建設がなくなったため、貨物輸送は、ダムや発電施設の保守や黒部川流域の防災工事の資材輸送に重心が移った。そのころから、名古屋や大阪から富山地方鉄道の宇奈月温泉まで国鉄の直通列車が走るようになり、黒部川のトロッコ列車も観光客が大きく増加した。そこで、昭和46年（1971）関西電力の直営から独立して黒部峡谷鉄道となった。

沿線は黒部川上流の自然豊かな場所であるが、沿線に点在する発電所の補修やダム湖の堆積《たいせき》土砂の浚渫《しゅんせつ》など、年中どこかしらで工事が行われていた。自然を満喫するというよりは、関西地域の電源地域である産業施設を見物するという意味合いが強かった。その点では、トロッコ列車自体が資材を運ぶ産業施設であった。

しかし、現在では、工事も一段落して、静かな渓流沿いの傾斜面の中腹を縫って走るトロッコ列車の車窓風景を楽しむことができるようになった。かつては、沿線の黒薙《くろなぎ》温泉や鐘釣《かねつり》温泉などの個人の宿泊客も多かったが、最近は沿線を素通りして平地にある近隣の温泉に泊まるツアー客が増加した。また、東南アジアやインドからの観光客も多くなっており、富山市の立山《たてやま》から長野県の大町《おおまち》に抜ける立山黒部アルペンルートとともに国際的に知名度が高まっている。

黒部峡谷鉄道は豪雪のため毎年冬には運休し、沿線住民はいない。乗客のほとんどがトロッコ列車に乗ることを楽しむために乗車する観光客であり、現在では観光用鉄道の要素が高い。

同様に、利用者のほとんどが乗車目的の観光客である鉄道として、平成3年（1991）に運行を開始した嵯峨野《さがの》観光鉄道と、平成21年（2009）から運行している北九州《きたきゅうしゅう》市が保有し平成筑豊《へいせいちくほう》鉄道が運行する門司港《もじこう》レトロ観光線がある。これらは、トロッコ列車しか走らない珍しい鉄道である。

大井川鐵道井川線

黒部峡谷鉄道と同様に電源開発にともなって建設されたトロッコのような列車に大井川鐵道《おおいがわてつどう》井川線《いかわ》がある。こちらは軌間1067㎜の本格的な鉄道であるが、大井川の上流部の峻険《しゅんけん》な地形を縫って走るため車両の断面が小さい。また、沿線には集落もあり、地域交通としての役割も担っている。

客車は小ぶりながら窓もちゃんとあるので、実際にはトロッコ列車とは呼ばれない。

井川線は昭和10年（1935）に大井川電力が大井川のダム建設のために資材輸送用の専用

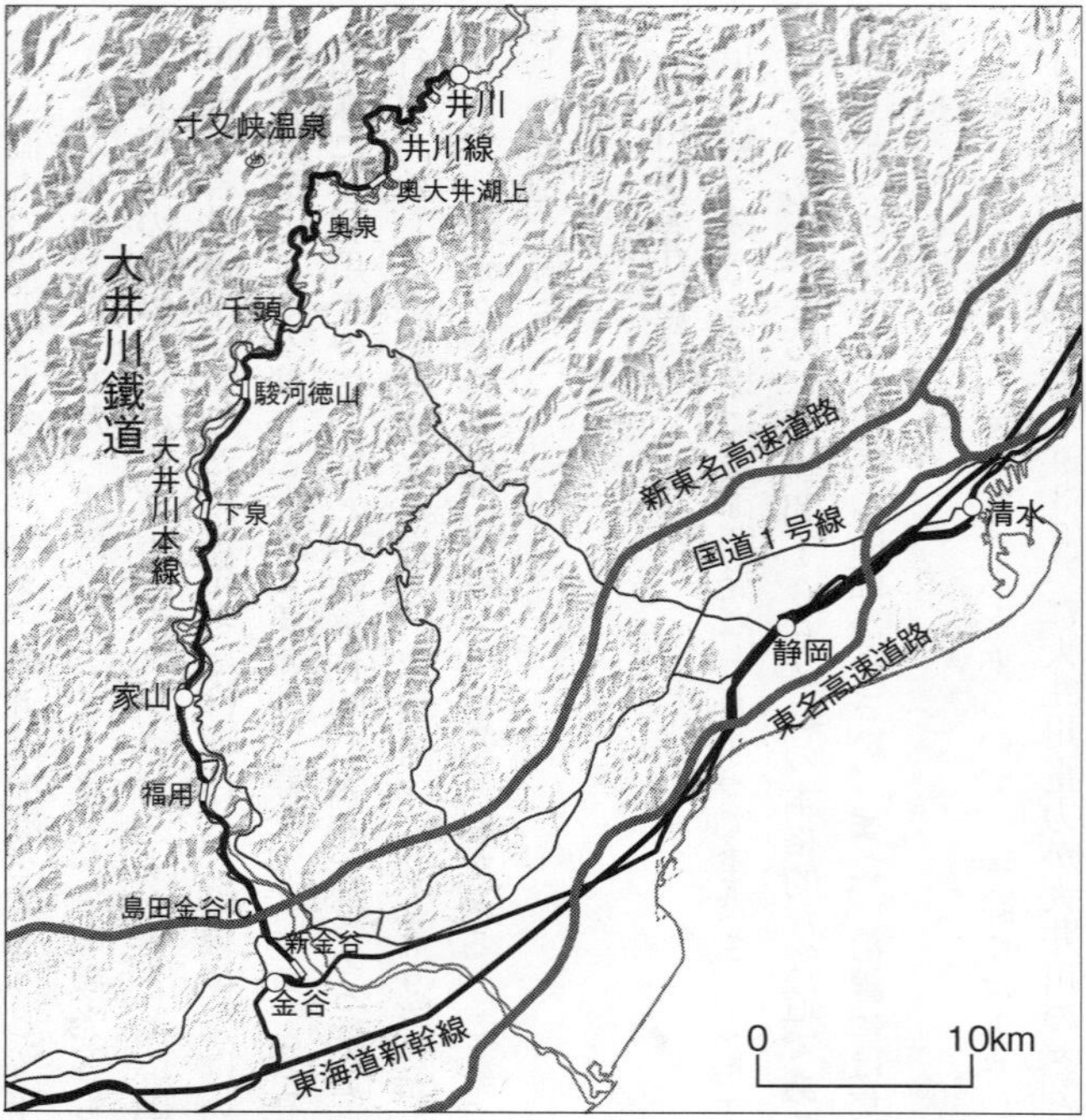

大井川鐵道関係地図

鉄道を建設したのがはじまりである。戦前の電力統制と戦後の地域分割を経て中部電力に編入された。昭和34年（１９５９）には東海道本線の金谷《かなや》から千頭《せんず》までの地方鉄道を営業する大井川鐵道に引き継がれた。発電所の保守用の資材の重要な輸送手段であったという経緯から、今でも中部電力が線路施設を保有して、経費を補塡している。

各地のトロッコ風列車

このような特殊な鉄道のトロッコ列車とは別に、普

大井川鐵道井川線　1974年（写真・読売新聞社）

通に通勤・通学列車が走る路線で、観光客誘致のために週末に行楽客を乗せて走るトロッコ列車が各地に現れた。

昭和59年（1984）に、国鉄が無蓋《むがい》貨車に屋根を付けたトロッコ客車を使って「清流しまんと」号を四万十《しまんと》川《がわ》の渓流沿いを走る高知県の予土《よど》線で走らせた。これが近年のトロッコ風列車のはじまりである。その後、各地のJRや私鉄で同様の車両が走りはじめた。国鉄時代のトロッコ列車はディーゼル機関車が牽引していたが、JRは気動車と編成を組んで走るものが多い。

また、貨車改造では定員数や終点での折り返しなどの問題があったため、気動車をトロッコ風に改造したJR東日本の「びゅうコースター風っこ」、会津《あいづ》鉄道のAT－100形103号などがある。これらはガラス窓のあるトロッコ風車両である。この種の車両には、客車を改造したJR西

南阿蘇鉄道のトロッコ列車（写真・読売新聞社）

日本の「奥出雲《おくいずも》おろち」、廃車発生品を使って客車を新製したJR四国の「アンパンマントロッコ」などがあるが、窓ガラスはなく転落防止用の柵《さく》が設けられている。

他にも、JR北海道、わたらせ渓谷鉄道、南阿蘇《みなみあそ》鉄道などでトロッコ列車が走っている。

南阿蘇鉄道では、旅客が減少を続けているなかで活性化策の切り札を探していた。当初は、蒸気機関車の運行も検討対象となったが、維持費や燃料費が嵩《かさ》むために断念、代わって国鉄から貨車を購入してトロッコとして整備することになった。その後も旅客数は定期外を中心に減少を続けているが、トロッコ列車の収入は大幅に増加している。立野《たての》～高森《たかもり》間の運賃470円にトロッコ料金500円が加算される。平成22年度（2010）の同社の運輸収入8829万円のうち2000万円近くがトロッコ列車の収入である。

トロッコ列車は、鉄道そのものを非日常空間に仕立てる演出として意味があると考える。山間地や海岸べりを走る路線では、自然のなかを風を浴びて進む爽快《そうかい》さを味わうことができる。蒸気機関車ほどには話題性はないが、運行経費自体が安上がりであるので、売上高の少ない小さな鉄道会社では、経営成績にも大きく貢献することになる。

蒸気機関車の運転

近年各地で蒸気機関車を復活させて、多くの観光客を集めている。この蒸気機関車に観光資源として注目した最初の会社は大井川鐵道である。

同社は、御多分に漏れずモータリゼーションの進行により、旅客が減りつづけていた。そのため昭和44年（1969）、大井川鐵道の株主で長年経営補塡をしてきた中部電力が名古屋鉄道に支援を要請した。

名鉄では、中部電力から同社の株式の10%を取得したうえで、合理化研究室部長の後藤泰三を大井川鐵道の常務に、運転課長の白井《しらい》昭《あきら》を社長室次長に送り込んだ。

白井昭の弟の良和は鉄道雑誌にしばしば記事を執筆し、鉄道ファンのなかでは一目置かれる存在であった。昭も幼少のころから鉄道に愛着を持ち、その気持ちが高じて名古屋鉄道に就職した。

大井川鐵道に異動すると、昭和45年（1970）、早速西濃《せいのう》鉄道で廃車になって保管されていた2109号蒸気機関車を取得した。明治時代に国鉄がイギリス、ドイツ、アメリカの各国から共通設計のC型タンク機関車を大量に輸入したものの1台である。鉄道作業局の形式がB6であったので、その後もB6が愛称として使われた。戦後まで東京の都心近くの貨物駅で入換に使われていた。

昭和45年（1970）に千頭駅の構内から伸びる側線を使って、この機関車の動態保存が始まった。昭和50年（1975）まで続いたがその後は千頭駅構内に展示され、平成4年（1992）に産業考古学会の推薦産業遺産に認定されたのを機に、翌年動態保存のための施設が揃った日本工業大学に寄贈された。

本線でのSL運転

国鉄の蒸気機関車が全廃された年の昭和50年（1975）夏、白井昭は北海道の釧路機関区標茶《しべちゃ》支区にいた。標津《しべつ》線で使われていたC11 227号機を見るためである。廃車されたばかりで、ボイラーや動輪のタイヤの厚みも十分あり、状態は良好であった。この機関車を簿価の500万円で購入して、貨物列車と青函連絡船で金谷まで運んだ。

そもそも大井川鐵道で蒸気機関車の復活運転をしたときは、日本の産業遺産を生きた形で残そういう文化的な意義が強かった。事を仕組んだ当事者は、高邁《こうまい》な意思のもとで行動したが、世間からはかならずしも理解してはもらえなかった。産業遺産であるので、オリジナルの部品を使い、牽引する客車も機関車とつりあいのとれる古いものでなくてはならなかった。

蒸気機関車はC11 227号機の1両。客車は、当時まだ各地で使用されていた旧型客車オハ35形4両とオハフ33形2両を国鉄から購入した。

苦労したのは、蒸気機関車の機関士の養成であった。国鉄から2人の機関士を斡旋《あっせん》してもらったが、免許期限が切れていた。社内の6人を加えて免許取得のための教習から始めなければならなかった。

こうして、昭和51年（1976）7月からC11が客車3～5両を牽引してSL急行「かわね路号」は運転を開始した。7月中は5600人が乗車し9月までは予約がいっぱいという順調な幕開きであった。

そのほかに、昭和48年（1973）に本川根町《ほんかわねちょう》に貸与されたC12 164があった。大井川鐵道の千頭駅構内に展示施設が設けられ、動ける形で保存された。昭和51年にかわね路号の運行を開始すると予備機としてこのC12が使われていたという。

昭和54年（1979）、タイ国鉄の735号機を購入した。旧国鉄のC56形C形テンダー機関車である。戦時中インパール作戦でタイからビルマ（現ミャンマー）に物資を輸送するために建設された泰緬《たいめん》鉄道で使うために輸送船で運ばれたという経歴を持つ。テンダー（炭水車）

大井川鐵道の蒸気機関車（C12 164。1994年）（写真・読売新聞社）

を持つ機関車としては小型で、バック運転のさいに見通しが利くようにテンダーの両サイドに切り欠き部がある。

このC56の運転開始によりC12はいったん静態保存となった。しかし、その後、㈶日本ナショナルトラストが募金を募ってC12 164、旧型特急用客車のスハフ43形2両とオハニ36形1両を購入し、昭和62年（1987）から大井川鐵道のSL急行「トラストトレイン」として年に数回だけ運行を行った（平成17年〔2005〕休車）。

大井川鐵道は、そのほかにC10 8とC11 190号機を営業用として保有している。

C10 8号機は、宮古《みやこ》市のラサ工業が専用線で貨車の牽引に使っていたが、昭和62年（1987）から平成元年（1989）までの夏シーズンにSLリアス線「しおかぜ号」として運転された。専用線の一部区間を使って遊戯施設扱いでの運転であった。平成4年（1992）には「三陸・海の博覧会」にあわせてデモンストレーション運行を行ったが、これを最後に、平成6年（1994）に大井川鐵道に譲渡された。C10形機関車は、国鉄制式機関車として最初のタンク機関車である。昭和のはじめに製造され、都市圏の通勤路線で快速列車（ただし、当時は「快速」とは呼ばなかった）の運転に使われた。

また、大井川鐵道は既存の機関車の老朽化により新しい機関車を探したが、熊本県八代市の個人によって状態の良いC11 190号機が保存されていることを知った。個人での保存にも限界があることから快く譲渡に応じてもらい、大井川鐵道に引き取られることになった。

大井川鐵道では、この機関車の復元費用を確保するために「C11 190号機復活プロジェクト」が立ち上げられ、最終的に全国の1300人から合わせて1600万円の募金が集まった。そして、無事復元されて、平成15年（2003）7月に営業運転を開始した。

そのほかに、国鉄の北見《きたみ》機関区で廃車となった49616号機が保存されている。個人が所有し、大井川鐵道に預けられている車両である。

大井川鐵道の平成22年度（2010）の旅客運輸収入は、定期旅客が5258万円であるのに対して、定期外旅客は6億5836万円に達する。運輸収入の実に93％までが定期外旅客である。

大井川鐵道沿線の井川や千頭から静岡方面にショートカットする道路がある。路線バスは廃止されてすでにないが、観光客は鉄道を片道だけ利用し、もう片道はツアーバスで峠を越えて静岡へ向かうことも多い。また、新東名高速道路《しんとうめい》の供用開始で、沿線に島田金谷《しまだかなや》インターチェンジができた。ツアーバスで東京や大阪からやってきて、家山《いえやま》〜千頭間だけSL急行に乗車するというケースも増えている。これはSL急行への乗車区間が短くなるため、大井川鐵道にとっては減収要因となっている。

SLやまぐち号の運転

大井川鐵道の成功に続いて、国鉄でも昭和54年（1979）8月から山口線小郡《おごおり》（現在の新山口《しんやまぐち》）〜津和野《つわの》間で、梅小路《うめこうじ》蒸気機関車館で動態保存していたC57 1を使って観光列車の運行を開始した。春・秋の行楽シーズンの週末と夏休みに運転している。

大井川鐵道で蒸気機関車の運転を開始してからまもないころ、「私鉄経営に学べ」ということで国鉄の高木文雄《たかぎふみお》総裁が大井川鐵道を訪れてSL急行に乗車した。その後まもなく国鉄でも山口線で蒸気機関車の運行を開始することになった。

運行場所として山口線が選ばれたのは、運行区間の両端に転車台が残っていること、車両基地の梅小路機関区からの輸送の便が良いという条件が備わっていたからである。また、本州の最西端に位置し、東京や大阪からの新幹線利用が見込めるということも大きな要素となったと思われる。

京都にある梅小路蒸気機関車館は現役の車両基地を利用したもので、鉄道百周年を記念して昭和47年（1972）に全国から蒸気機関車が集められ、開設された。当初16形式17両で、その後、1080とC62 1の2両が加わり全部で19両となっている。当初は15両が動態保存であったが、現在は、B20 10、8630、C56 160、C57 1、C61 2、C62 2、D51 200のみ動態、そのうちC56とC57が本線走行が可能で北陸本線「SL北びわこ号」、山口線「SLやまぐち号」の牽引に使われている。

SLやまぐち号は、平成24年（2012）までの累計利用者数が約208万5千人に達している。

現在では、他にもJR北海道、JR東日本、真岡《もおか》鉄道、秩父鉄道、JR九州で、蒸気機関車が運転されている。

蒸気機関車の運行は、一つはニュースや旅番組で取り上げられることによる宣伝効果を狙《ねら》ったものと思われるが、運行が恒久化するには定番の行楽ルートとして認知されることが必要である。基本的に、大都市圏からの行楽客をターゲットとして、大都市からの鉄道アクセスの便の良いところ、沿線に歴史的名所があり自然が豊かであることが要素となる。

観光仕様の列車

国鉄時代に、余剰となった急行型の電車・気動車・客車を改造して各地にジョイフルトレインが登場した。高速道路網が拡大して自動車の運行環境が大きく変化すると、かつては主に鉄

昭和62年（1987）に登場した「パノラマエクスプレス・アルプス」　新宿駅（写真・読売新聞社）

昭和63年（1988）に登場した「ニセコエクスプレス」（写真・毎日新聞社）

道を利用していた修学旅行などの団体輸送が鉄道から離れていった。その傾向を押しとどめるには、団体旅行のそれぞれの態様に応じたさまざまなタイプの車両を用意することが必要になったのである。

国鉄全盛期には和式客車やカーペット車に改造された車両を定期列車に連結して使用されたが、昭和40年代以降は、編成単位で和式のお座敷客車や欧風客車などが改造された。なかには、仙台の12系和式客車「オリエントサルーン」や東京の14系欧風客車「サロンエクスプレス東京」といった展望車を連結する編成もあった。国鉄末期には、千葉の165系和式電車「なのはな」や、同じく165系電車を改造した運転台が車室の上部に突き出て客席が先頭部まである「パノラマエクスプレス・アルプス」という変わり種もあった。

このようなジョイフルトレインへの改造は、国鉄の分割民営化後もJR各社で行われた。新幹線の開業により余剰になった485系交直流特急型電車を、欧風電車やお座敷電車に改造する例も見られた。

とくにJR北海道は、独特なリゾート列車の発達を見た。国鉄時代に先頭車の前方の車室をハイデッカーにし、運転士の頭越しに前方の眺望を楽しめるタイプの「アルファコンチネンタルエクスプレス」、「フラノエクスプレス」があり、リゾート地とタイアップして新型車を開発した。昭和62年（1987）に登場した「トマムサホロエクスプレス」は主要機器を既存車から転用したが、翌昭和63年の「ニセコエクスプレス」以降のリゾート列車は新造した。形態も、

「ニセコエクスプレス」では、それまでのハイデッカー構造をやめて、丸いフォルムのデザインとなった。平成元年（1989）の「クリスタルエクスプレス・トマムサホロ」は、JR九州のキハ183系1000番台「あそぼーい！」や「パノラマエクスプレス・アルプス」と同じ運転台が車室の上に突き出している構造の車両である。続いて平成4年（1992）に新造された「ノースレインボーエクスプレス」は、デンマーク国鉄との提携でデザインした車両である。

JR九州の車両デザイン

JR九州は、収益路線がないという厳しい経営環境であるため、新しい鉄道需要の創出に取り組んだ。

JR九州が発足した昭和62年（1987）4月1日、12系客車を新しくジョイフルトレインに改造した「パノラマライナー・サザンクロス」を使って記念イベント列車「九州一周の旅」で運行をした。両端に展望車を連結した豪華列車である。

続いて昭和63年（1988）8月、58654号蒸気機関車を使って豊肥《ほうひ》本線熊本～宮地《みやじ》間に「あそBOY」の運転を開始した。人吉《ひとよし》の鉄道記念館で保存されていた機関車を4億円かけて復元した。

また、JR九州は、インダストリアル・デザイナーの水戸岡鋭治《みとおかえいじ》が大いに腕を振るって、斬《ざん》新《しん》な車両を登場させたことで有名である。

JR九州と水戸岡の最初の出会いは、昭和63年、福岡近郊の香椎《かしい》線の海側の区間（海《うみ》の中道《なかみち》線）用の、キハ58系を改造した「アクアエクスプレス」であった。ただ、このときは既存の車両を限られた予算でリゾート列車に改造するということで、まだ水戸岡色を出し切れていなかった。外観は、ごく地味な車両であった。

鉄道車両のイメージを大きく変えたのが、平成元年（1989）3月久大《きゅうだい》本線に登場した「ゆふいんの森」である。キハ65形、キハ58形の主要機器を流用したキハ71形が投入されたが、このデザインが奇抜であった。全車ハイデッカーで、塗装も艶《つや》のあるメタリックな緑色に塗られるいっぽう、内装は木を多用した暖かみのあるものとなっていた。

さらに、平成4年（1992）7月のダイヤ改正では定期列車の車両にも水戸岡デザインが登場した。鹿児島本線の特急「つばめ」に使われた787系新型車である。ロボットのようなデザインとブラック塗装という、当時の鉄道車両としては考えられない出で立ちであった。

その後もJR九州は、水戸岡のデザインで、平成16年（2004）3月九州新幹線鹿児島中央〜新八代間の開業にあわせて肥薩線経由で吉松《よしまつ》〜鹿児島中央間を結ぶ特急「はやとの風」、指宿枕崎《いぶすきまくらざき》線に特別快速「なのはなDX」、肥薩線に観光列車「いさぶろう・しんぺい」の運転を開始し、久大本線の特急「ゆふ」の一部に長崎〜佐世保間の特急「シーボルト」で使っていたキハ183系1000番台を転用して観光特急「ゆふDX」とした。

ゆふいんの森

海幸山幸の車内（２点とも写真・JR九州）

ななつ星（写真・JR九州）

平成23年（2011）3月九州新幹線博多延伸のさいにも、指宿枕崎線の「なのはなDX」に代えて観光特急「指宿のたまて箱」の運行を開始した。

また、平成21年（2009）10月から日南《にちなん》線に観光特急「海幸山幸《うみさちやまさち》」が走っているが、これに使われている車両は、台風の被害を復旧できずにそのまま廃止されてしまった高千穂鉄道の車両2両を改装したものである。それぞれ「海幸」、「山幸」の名称が付けられている。

これらの観光列車の流れの究極なものとして、平成25年（2013）、「ななつ星」が開発された。これはかつて国内にはなかった贅沢《ぜいたく》の限りを尽くした豪華クルージングトレインで、「ななつ星 in 九州」として運行する。JR九州の観光列車開発の流れの集大成であり、至高の存在であるといえる。その分、利用料金も高い。

DF200形ディーゼル機関車が客車7両を牽引する。1号車はラウンジカー、2号車はダイニングカー、3~6号車がスイート各3室、7号車がDXスイート2室である。全14室で定員は30名である。水戸岡鋭治のデザインで、「古代漆」の赤茶の深い色合いに塗られている。機関車と客車7両で製作費は30億円である。

ツアーコースは、九州全域を回る3泊4日と北九州を回る1泊2日のコースがある。3泊4日コースの料金は、DXスイートを2名で利用する場合、1人56万6千円である。同じ部屋を1人で利用すると98万円、3名で利用する場合は1人49万4千円である。スイートは2名利用で1人39万1千円~42万2千円である。1泊2日コースの場合は、DXスイート2名利用で1人22万7千円、スイートだと2名利用で1人15万5千円である。平成25年10月から12月の運行分の倍率は7~9倍だったという。

JR東日本のリゾートトレイン

JR東日本は、秋田県の東能代《ひがしのしろ》と青森県の川部を結ぶ五能線で、平成2年(1990)4月からリゾート列車の運転を開始した。沿線は日本海を間近に望む絶景で、とくに夕方、日本海に日が沈む光景が印象的である。

ただし、最初は、50系一般型客車を改造したディーゼル機関車が牽引する観光列車(座席指定)「ノスタルジックビュートレイン」であった。平成5年(1993)12月、「白神《しらかみ》山地」が世界自然遺産に登録され、全国的に知名度が高まったことで観光客が増加したため、平成9年(1997)4月キハ48形4両(「青池《あおいけ》」編成)を展望座席に改造して、秋田と弘前を結ぶ臨時快速列車「リゾートしらかみ」の運行を開始した。最初は1往復だけであったので、沿線の観光施設を見物すると、その先は一般の普通列車を利用するしかなかった。そこで、平成11年(1999)から17年(2005)の季節には、下り列車は、深浦《ふかうら》でいったん折り返して岩館《いわだて》まで戻り、また進行方向を変えて弘前に向かう、いわゆる「蜃気楼《しんきろう》ダイヤ」が設定された。平成15年(2003)には同様の改造を行って「橅《ぶな》」編成を増備、前年の12月に東北新幹線が八戸まで延伸したことにより、平成15年のシーズンから「リゾートしらかみ」を2往復に増発した。それにともない蜃気楼ダイヤは解消した。さらに、平成18年(2006)には「くまげら」編成を新規に改造して投入。「リゾートしらかみ」は1日3往復の運転となる。

リゾートしらかみは、沿線の観光地へのアクセスだけでなく、車内にイベントコーナー「展望ラウンジ」があり、列車によっては、鰺ヶ沢と五所川原の間で津軽三味線の実演がある。陸奥鶴田《むつつるだ》〜川部間で津軽弁の語り部《かたりべ》を聞くことができる列車もある。

リゾートしらかみには、平成22年(2010)ハイブリッドシステムのHB－E300形1編成を投入し、「青池」編成を取り換えた。旧「青池」編成は、秋田支社のクルージングトレインに転用され、リゾートしらかみの車両の検査時に代走することもある。

HB－E300形は、平成22年10月から長野支社の「リゾートビューふるさと」、平成22年

上・「リゾートしらかみ」の車内で演奏される津軽三味線
下・「リゾートあすなろ」

12月から大湊《おおみなと》線の「リゾートあすなろ」でも運行している。

JR東日本は、これら以外でも、羽越《うえつ》本線の「きらきらうえつ」、陸羽東《りくうとう》線の「リゾートみのり」、八戸線「リゾートうみねこ」などを運行している。

レストラン車両の登場

鉄道の旅を楽しむには、乗車だけでなく、食の魅力も欠かせない。

列車のなかで食事がとれるイベントのうち、定期列車として以前から運転しているのが岐阜県の第三セクター「明知《あけち》鉄道」である。車内にテーブルをしつらえ、地域特産のコンニャクなどを使った弁当が食べられるもので、平成23年（2011）3月から一般客も乗車できる定期急行列車に昇格した。

平成25年（2013）3月24日から、九州新幹線の並行在来線の経営を引き継いだ肥薩おれんじ鉄道でも、「おれんじ食堂」号が運行を開始した。「食とスローライフ」をテーマに新八代と川内の間を3時間で結ぶ。水戸岡デザインによる2両編成で、1号車はホテルのロビーをイメージしたカウンターにテーブル席が並ぶダイニング・カー、2号車は山側にカーテンで仕切られた半個室、海側にテーブル席があるリビング・カーである。

1号車は定員23席で、運賃・料金をすべて含んだ「食のエンターテインメント」の料金が新八代～川内間で1万2800円～1万4600円である。2号車は定員20席で、座席指定料金

JR東日本のレストラン列車「Tohoku Emotion」　三陸海岸の車窓を楽しみながら食事をとることができる（写真・共同通信社）

１４００円と運賃２７１０円がかかる。食事が必要な場合は、このほかに大人の場合４５００円が必要である。

平成25年7月には、千葉県の第三セクター「いすみ鉄道」が試験的にイタリアン・ランチクルーズという列車を走らせた。

JR東日本でも、平成25年の秋から全席レストランの「Tohoku Emotion」を八戸線で運行開始した。デザインは、高級スポーツカー、フェラーリのデザインで世界的に名の知れた奥山清行《おくやまきよゆき》が担当した。Tohoku Emotionは3両編成で、1号車がコンパートメント、2号車がライブキッチンスペース、3号車がオープンダイニングの全席レストラン列車である。キハ１１０系3両を改造する。

旅行で鉄道を使う大きな理由は、気のあったグループで、車内で飲み食いしながら歓談することにある。趣味の史跡探訪といった「こだわり」の旅行も増えているが、たいていの旅行は飲み食い・歓談を楽しむものである。そうすると、行き着くところは、列車の食堂化である。列車はもともと目的地までの移動手段であった。移動時間は退屈なものでコストであった。しかし、逆転の発想で、移動時間自体をレジャーにしたらどうかということになった。かつての食堂車は、わざわざ車両を移動しなければならなかったが、「その客席自体で供食サービスを行ってしまおう。そうすれば別に食堂車を連結する必要もない」というきわめて合理的な発想である。また、肥薩おれんじ鉄道の場合、駅の停車時間を利用して地元の産物を販売していた。地元でとれた食材を使って高額の弁当を出していた。そういう点では、鉄道が観光客を集めることで、地域も潤うということになる。このような取り組みは、バスや航空機ではまず無理なことである。むしろ豪華客船による外洋クルージングに近い。

名物列車

鉄道自体が観光資源化した例としては、第1章に挙げた津軽鉄道の「ストーブ列車」が一番に挙げられる。

12月から3月まで、ディーゼル機関車が旧国鉄の旧型客車を牽引するもので、車内に石炭ストーブが設置されている。雪国のローカル線の風情を求めて、津軽にやってくる観光客が増えていった。金木の市民グループが考え出した「地吹雪ツアー」とともに、雪国の冬の厳しさを探検できる仕組みとして常に話題を提供してきた。

同様に、千葉県のいすみ鉄道でも古い車両を売りにしており、マスコミなどで大きく取り上げられることが多い。

昭和63年（1988）に国鉄特定地方交通線の木原《きはら》線が廃止され、第三セクターいすみ鉄道が設立された。最初のうちは廃止のさいに受け取った転換交付金を基金とした運用益で赤字を埋め合わせる計画であったが、低金利の時代になるとそれもままならず、自治体の負担が膨らんだ。何度か鉄道存続が問題となったが、千葉県は、ためしに社長を公募しようということになった。最初に公募社長に就任したのは千葉市でバス会社などを経営する吉田平《よしだたいら》であったが、予期せぬことに千葉県知事選に担ぎ出され、いすみ鉄道の社長はやめざるを得なくなる。そこで、2回目の社長公募が行われ、合格したのが今の鳥塚亮《とりづかあきら》である。英国航空の社員であったが、副業として鉄道の前面車窓からの映像をDVD化して販売するなど、鉄道マニアの範疇《はんちゅう》に収まらないアクティブな趣味活動を展開していた。公募社長に就任すると、自己負担700万円で運転士を養成するプログラムを考え出して実行した。また、JR西日本の大糸線《おおいと》（南小谷〜糸魚川間）で引退した旧型気動車のキハ52 125を購入して平成23年（2011）4月から運行を開始した。続いて、同じくJR西日本からキハ28 2346を購入して、平成25年（2013）3月から運行を開始した。片側にしか運転台がないため必ずキハ52形と一緒に編成が組まれる。この国鉄時代を彷彿《ほうふつ》とさせるような情景を求めて、多くの鉄道ファンが訪れている。

上・和歌山電鐵の車両　左が「おもちゃ電車」、右が「たま電車」
下・「たま電車」の車内

意匠を凝らしたデザインで評判になったのが、和歌山県を走る和歌山電鐵である。

南海電気鉄道が和歌山〜貴志《きし》間を走る貴志川《きしがわ》線の廃止を表明したことから、沿線県・市町は土地を取得して無償で運行会社に提供することと、10年間の欠損補助を出すことを条件に運営事業者を公募した。これに対して、地元の住民たちは、かねてよりユニークな経営姿勢で広く知られた岡山電気軌道の小嶋光信《こじまみつのぶ》代表（当時社長）に応募を要請した。最終的にこの岡山電気軌道が運営事業者として決定し、経営を引き継ぐことになった。新たに和歌山電鐵を立ち上げ、鉄道施設は南海電鉄から和歌山電鐵に無償で譲渡され、平成18年（2006）4月に運行を開始した。

運行開始後、沿線がいちごの産地であることから、水戸岡鋭治がデザインした「いちご電車」の運行を始めた。座席のシート地をイチゴ模様にしたり、木材を使ったカウンターが設置されている。改造費は寄付を募集してほぼ目標額の1100万円が集まった。翌年には「おもちゃ電車」も登場したが、こちらは座席に木材を使ったりおもちゃコーナーが設置されるなど、より大掛かりな改造工事となった。

その後、貴志駅に居ついていた猫の「たま」がひょんなことから小嶋氏の目にとまり、駅長の辞令を受けて正式にたま駅長が誕生。海外からも取材を受けるという大評判をとった。

このたま駅長の人気にあやかって、「たま電車」を登場させた。車内には「たま駅長」を入れるケージが設置されている。

アテンダント
　JR九州では、車掌とは別に、昭和63年（1988）から特急「有明」に女性の客室乗務員が乗務し、乗客への案内などを行った。「有明」に使用される783系特急型電車「ハイパーサルーン」にちなんで「ハイパーレディ」と命名された。続いて、観光特急「オランダ村特急」にチロリアンスタイルの「オランダレディ」、博多～長崎間を結ぶ特急「かもめ」に「かもめレディ」、「ゆふいんの森」に「ゆふいんレディ」と拡大した。平成4年（1992）、西鹿児島行き「有明」が「つばめ」と改称したさいに、客室乗務員に呼び名が変わった。今でも観光列車に乗務して、車内改札などの車掌業務のかたわら飲食コーナーや車内販売をこなすほか、観光客へのさまざまな気配りを見せている。
　京福《けいふく》電気鉄道の福井県内での鉄道路線は、かつて2度にわたる衝突事故を起こしたことから運行停止命令を受けた。京福電気鉄道はこれを受けて同線の廃止を表明したが、この路線を引き継ぎ、運行を再開するにあたって自治体などが出資して設立した第三セクターが、えちぜん鉄道である。
　福井県が第三セクターの設立を認めるにあたって、第一に条件として示したのが社長に民間人を迎えることであった。ただし、なかなか人選が進まないうちに鉄道の運行再開を急ぐことになり、営業再開時には、とりあえず勝山《かつやま》市長の山岸正裕《やまぎしまさひろ》が社長を兼任し、早い段階の社長昇

ストーブ列車の車内で乗客に語りかけるアテンダント（写真・津軽鉄道）

格を条件に、地元の大手繊維会社セーレンの役員をしていた見奈美《みなみ》徹《とおる》が専務取締役に就任した。

社長に就任した見奈美は、トップダウン型意思決定とコストカットによる経営改善の手法はあえてとらないことにする。つまり、安全確保とサービス改善のための設備投資・経費負担をあえて受け入れることとした。

えちぜん鉄道は平成15年（2003）の夏から順次営業再開していったが、そのとき人々の目をひいたのが若い女性が電車に添乗する「アテンダント」の姿であった。従来からワンマン電車に車掌が乗務して無人駅から乗車してきた旅客に車内補充券を発行するという例はいくらでもあったが、えちぜん鉄道の場合は、運賃の徴収だけでなく、観光案内や高齢者の乗降の補助まで、従来の鉄道事業にはなかった新しいサービスを提供している。

えちぜん鉄道では、地元の人材派遣会社とタイアップして、電車に航空機のようなアテンダントを乗せるということになった。そして、専門家の指導を受けたアテンダントが昼間の電車を中心に乗務することになったわけであるが、最初は、どのような仕事を行うのか決められていなかったという。アテンダント自身が、旅客の乗降の補助や観光案内、乗換交通機関の案内からタクシーの手配と、自主的に仕事を考え出していったという。

津軽鉄道にも、アテンダントが乗務している。青森県から事業を委託される形で「奥津軽トレインアテンダント」として始まったもので、平成24年（2012）4月から津軽半島観光アテンダント推進協議会の事業に移り、「津軽半島観光アテンダント」となった。

東北新幹線の盛岡〜八戸間開業によって並行在来線を引き継いだIGRいわて銀河鉄道にもアテンダントが乗車している。

イメージキャラクターの登場

鉄道模型「トミックス」の事業を展開する㈱トミーテックは、「鉄道むすめ〜鉄道制服コレクション〜」のキャラクター商品を販売している。イラストレーター、みぶなつき（壬生夏生）がキャラクターデザインを担当し、実在の鉄道会社ごとに、女性社員の制服を着せたイメージキャラクターである。

キャラクターをフィギュア（人形）にした商品は、平成22年（2010）5月までに220

万個売れたヒット作となった。

平成20年（2008）には『ドラマ　鉄道むすめ～Girls be ambitious!～』が制作されて、テレビ放送された。

鉄道会社がこのキャラクターを使ってイメージ戦略に活用したり、キャラクター商品の販売を行っている例もある。

そのなかで、長野県の上田《うえだ》電鉄では、オリジナル・キャラクター「北条《ほうじょう》まどか」（小学5年生の設定）を登場させた。

名前
北条まどか
年齢
16才
染屋台女子高等学校
2年生
誕生日
12月2日
長野県上田市生まれ
上田市育ち
血液型
O型
星座
射手座
身長・体重
158cm・ないしょ
装備
サクラステッキ
マジカルフォーム
6年前の出来事が発端に
性格
元気で行動力があり、まじめな一面も
一度決めたら絶対に曲げない頑固なところもあるけれど、それがプラスに働いて
目標を達成させるために一生懸命になるエネルギー源になっている
好きなものと嫌いなものの出来の差が激しいのが玉にキズ
癖　OKの意思表示をするとき「了解！」と言って敬礼ポーズを取ってしまう
モットー　なにごとも全力疾走！

上田電鉄のオリジナル・キャラクター「北条まどか」（宙花こより画、上田市役所の上田電鉄別所線存続支援サイトより許可を得て転載）

平成17年（2005）に市役所内に設置された「上田市アイプロジェクト」が別所《べっしょ》線存続支援キャラクターとして誕生させた「別所線きっず！」の一員である。市内を中心に静かに活動していたが、平成23年（2011）になって、上田在住のイラストレーター宙花《そらはな》こよりのデザインによる高校2年生の「北条まどか」にリニューアルされた。

上田電鉄では、平成25年（2013）8月、北条まどかイメージガールの林恵理《はやしえり》を1日駅長に就任させたり、同年9月には地元出身の声優真田《さなだ》アサミによる「キャラクターボイスCD付き記念乗車券」発売にあわせてキャラクターボイストレインのイベントを開催するなど、イメージキャラクターを使って増収を図るべく活動を展開している。

地方の鉄道というと、古い車両を使い、駅舎も木造で、昭和の雰囲気を色濃く残していると いう印象を持っている人がいるかもしれない。しかし、日本全国で駅前が区画整理されて、ビルが立ち並び、画一化が進んでいる。

上田のような新幹線駅はなおさらである。高架の新幹線ホームは全面壁で遮蔽《しゃへい》されて長大な建造物が横たわっている。新幹線の高架線の下に、並行在来線を引き継いだしなの鉄道の3両編成の電車がときおり発着する。新幹線のほうが運行本数は多いかもしれない。

上田電鉄の上田駅は、この新幹線としなの鉄道で垂直方向に挟まれた自由通路の横に併設されている。ホームは高架線で、片面1線だけのホームであるが、都会的な雰囲気を感じる。電車も東京急行電鉄で現役の1000系ステンレス車である。これも都会的である。

ただし、上田駅を出て千曲《ちくま》川《がわ》の鉄橋を渡るころには、沿線風景も日本の田舎に変わる。終着駅の別所温泉の駅舎は木造で、駅の手前には昔この線路を走っていた電車が保存されている。

かつて上田交通別所線といったころ、電車は1両のトレーラーを牽引していて、終着駅では機関車のように、電車の位置を先頭に付け替えるために入換をしていた。とくに、別所温泉駅で面白かったのは、駅構内の勾配を利用して切り離したトレーラーを重力で転がして電車の付け替えをしていたことである。文章で説明するのは難しいが、実に原始的で合理的な方法であった。

そういう駅舎の眺めや入換作業がその鉄道の個性であり、愛好者を引き付ける魅力であった。鉄道が近代化し、個性が薄れていったとき、その鉄道に愛好者を引き付ける手法は、突き詰めるところ意図的な個性付け・イメージ戦略であると思う。その一つの方向性を示しているのが、上田電鉄の「北条まどか」である。絵に描《か》いた2次元キャラクターなのであるが、ストーリーができて、それなりにリアリティを帯びてくると、さらに人々の関心を引き付けることになるであろう。

全国的に展開する中央のメディアによる商業主義を匂《にお》わせるようなものではなく、地元の自発的な活動から生まれた自然発生的なキャラクターであることに、好感が持てる。

8　鉄道会社の沿線開発―住宅地とターミナル

鉄道事業以外の増収策

第6章と第7章では、乗客数や料金収入を増やすための方策をはじめ、鉄道事業自体の増収策について解説したが、本章と次章では、鉄道に付帯する事業を鉄道会社がどのように展開してきたかについて説明しよう。まず、本章では、沿線の住宅地開発とターミナル駅の商業地開発について述べていこう。

阪急電鉄を作ったのは小林一三である。小林は沿線に住宅地を作って分譲し、ターミナル駅にはビルを建てて百貨店を開いた。さらに第5章で述べたように、宝塚歌劇団を組織し、東京に東京宝塚劇場を建てた。

現在、阪急阪神ホールディングスの連結売上高はおおよそ7千億円である。このうち鉄道は1200億円である。これに加えて百貨店などの流通業を経営するエイチ・ツー・オー・リテイリングの連結売上高は5千億円、劇場経営・映画制作を行う東宝の連結売上高は2千億円で

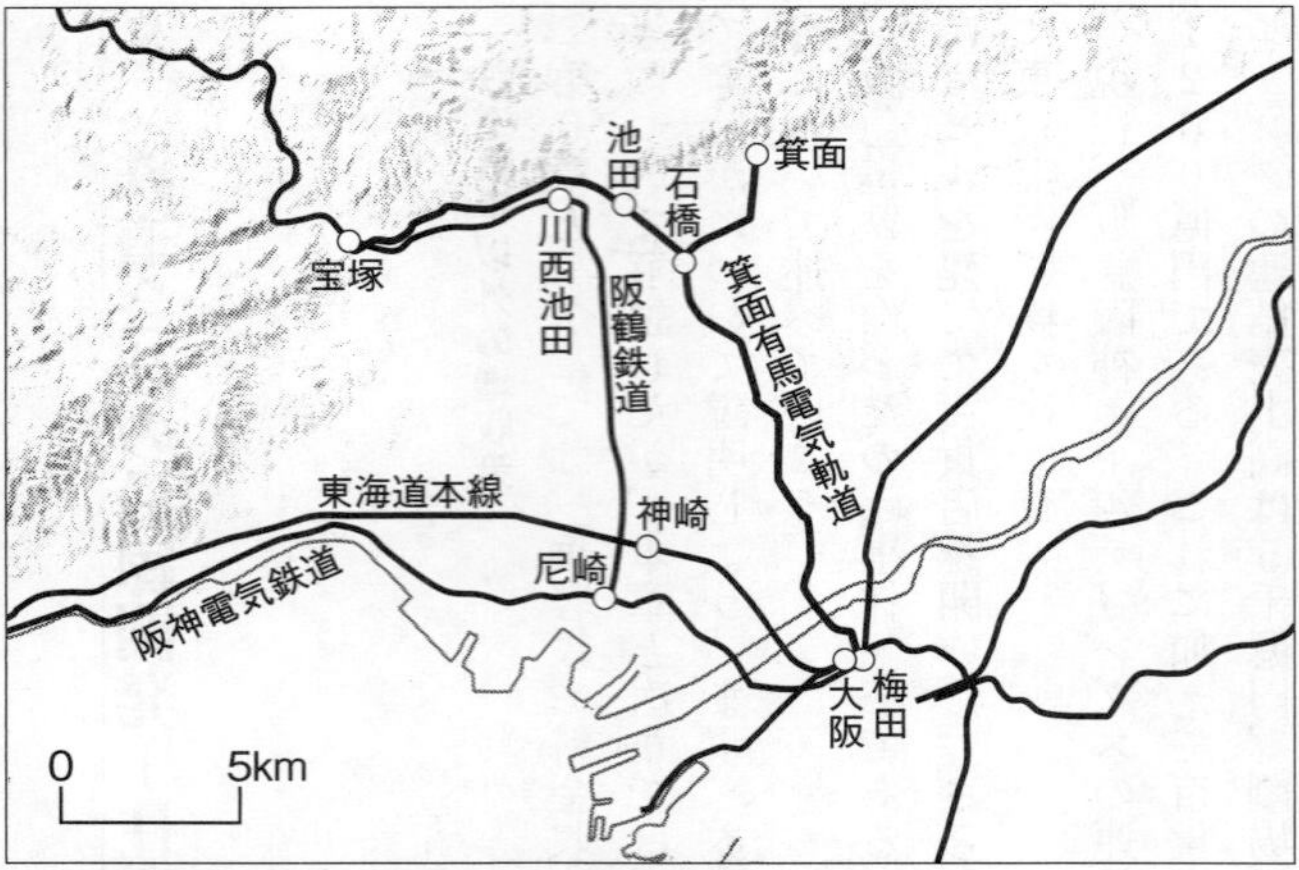

箕面有馬電気軌道開業当時の関連地図（1910年）

ある。この3つのグループの売上高を合計するとおおよそ1兆4千億円になる。鉄道事業本体の売り上げよりも、それ以外の事業の売り上げのほうがはるかに大きいのである。

阪急の創始者小林一三

明治39年（1906）に鉄道国有法が制定され、尼崎～福知山《ふくちやま》を結ぶ阪鶴《はんかく》鉄道も国家買収の対象となった。この清算業務を行っていたときに三井銀行から送り込まれたのが小林一三であった。川西池田《かわにしいけだ》にあった阪鶴鉄道の本社では、別に箕面有馬電気軌道（箕有電車）の建設準備の事務をしていた。小林は阪鶴鉄道の清算業務よりもこちらに関心を持ち、深入りしていった。日露戦後の不況で株式の払い込みが進まないと、三井銀行大阪支店で上司だった岩下清周《いわしたきよちか》が経営する北浜銀行の融資を取り付け、明治43年（1

910）に梅田～宝塚間と石橋《いしばし》で分岐して箕面までの電気鉄道を完成した。現在の阪急宝塚線である。このエピソードから、小林は阪急の創始者とされている。

小林一三モデル

箕有電車は、大阪という大都会を起点としているものの、沿線風景は鄙《ひな》びた田園風景と自然豊かな山間だけが広がる地方ローカル線であった。このような地域では新たに電気鉄道を建設してもその投資を回収するだけの需要は見込めなかった。そこで、経営の全責任を引き受けた小林一三専務は一計を案じ、鉄道の建設に先立って沿線の土地を広範囲に取得しておき、鉄道が開業してから住宅地に造成して分譲することを思いつく。鉄道が開通したことによる地価の上昇で利益を得るばかりでなく、沿線人口が増加して鉄道の需要が増加するという一石二鳥のアイデアであった。

アメリカの鉄道建設と分譲

そもそも小林一三のこの経営モデルの模範となったのは、アメリカの鉄道建設にあると思われる。

19世紀の半ば、アメリカでは、大陸横断鉄道の建設がブームとなったが、その背景には、連邦政府による強力な支援策があった。それはすなわち、計画路線の両側の一定距離の土地を会社の所有とするというものである。鉄道会社は広大な土地を手に入れ、これを入植者に売却して、鉄道の建設費用に充てた。

この制度の走りとなったのが、中西部に路線網を展開したイリノイ鉄道である。当時、連邦法によって州政府の鉄道会社への直接出資が禁止されていたため、それに代わる鉄道会社に対する財政支援として、イリノイ州政府は沿線の土地を同鉄道に支給した。会社は、この土地に鉄道を建設し、駅ごとに同じような町並みを建設して分譲した。

このような鉄道会社による都市の建設は中西部にとどまらず、東海岸の既成都市の周辺でも行われた。たとえば、ニューヨーク市の北東部につながるロングアイランドでは、1832年に設立されたロングアイランド鉄道が、ブルックリン&ジャマイカ鉄道の16km余りのローカル路線を賃貸して、これを足がかりにしてニューヨークとボストンとを結ぶ幹線鉄道の建設を計画した。のちにニューヨーク周辺部でフェリー帝国を形成し、のちにアメリカの鉄道業界に君臨するコーネリアス・ヴァンダービルト（1794〜1877）の経営となる。

ロングアイランド鉄道は、1844年にヒックスビルとグリーンポートとの間の幹線を完成させ、フェリーとオールド・コロニー鉄道の路線とを組み合わせて、一応ニューヨークとボストンとの間の連絡ルートを作り上げた。

しかし、この会社の経営に大きなダメージを与える出来事が発生した。1849年にニューヨーク&ニューヘブン鉄道がコネチカット州の南部を経由してニューヨークとボストンの間を結ぶ鉄道を完成させたのである。フェリーと他社の鉄道路線を乗り継ぐロングアイランド鉄道は、両都市間を直接結ぶ新しい鉄道には太刀打ちできなかった。そこで、ロングアイランド鉄道は、それ以降、未開発のロングアイランドに支線網を建設し、ニューヨークのベッドタウンを開発することに方針を転換した。

すでに運行していた幹線鉄道は、日中の長距離列車が中心で、朝夕の線路は空いていた。鉄道沿線での住宅開発が進んで通勤旅客が増加しても、朝夕の線路に余裕のある時間帯に通勤列車を運行すればよいので、新たな大規模な設備投資を必要としなかった。通勤鉄道開発は、いわば余剰施設を活用した副業として始められたわけである。その後、幹線から枝分かれする支線をいくつも建設して、沿線を都市化させていった。現在では、この地域は、マンハッタンあたりから退職者や高額所得者が多く移り住む高級住宅地となっている。

池田室町住宅地の開発

箕有電車は、会社を設立したころ、まだ鉄道の計画が現実味を帯びていなかった段階で沿線に25万坪の土地を買収した。とくに、阪鶴鉄道が本社を置いていた池田の周辺にはとくに力を入れた。このころ小林一三は個人でも土地を購入して、明治42年（１９０９）の秋に自宅を建てている。今でも、この地には、小林ゆかりの建物が、いくつも残されている。

箕有電車は、この池田で２万７千坪の土地を買収し、鉄道が開業した直後の明治43年（１９

10）6月から売り出した。箕有電車は、この分譲地に「模範的郊外生活、池田新市街」を現出させるつもりであった。

1区画100坪、建坪20～30坪の宅地付き住宅を数十種類200軒建設し、これを頭金50円、残金は毎月24円ずつ10ヵ年間の月賦で販売した。売価2500円に対して、支払額は総額2930円と、手数料だけのほぼ無利子に近い好条件であった。それは、この住宅地の購入者として、高額所得者ではなく、当時勃興《ぼっこう》しつつあったサラリーマンを対象としていたからである。すでに東海道本線の住吉《すみよし》や阪神電気鉄道の芦屋《あしや》あたりに高級住宅地が形成されていた。箕有電車がいう「東京風の住み心地好《よ》き田園生活」である。この場合の「東京風」とは、大阪よりも一足早く小市民的なサラリーマン階層が社会の主流となりつつあった、いわば新しい時代を象徴したスローガンであった。

渋沢栄一と田園調布

現在の東急東横線沿線の田園調布あたりは、もともと渋沢栄一《しぶさわえいいち》が大正7年（1918）に設立した田園都市会社が最初に手掛けた近代的な高級住宅地である。

渋沢栄一が関心を持った田園都市とは、「簡単に申せば自然を多分に取り入れた都会の事であって、農村と都会を折衷したような田園趣味の豊かな街をいう」。渋沢栄一自身も数度の渡米経験があり、海外の状況に精通していた。アメリカの大都会は、経済活動の発展と人口の増加により、過密化するとともに犯罪の増加で生活のしづらいところになっていた。経済的なゆとりのあるエリートは郊外の新たに開発された自然豊かな高級住宅地に移り住んでいた。しかし、渋沢はそのようなアメリカでの動向よりも、むしろイギリスで進みつつあったガーデンタウン（田園都市）の運動に興味を惹《ひ》かれたようである。四男の秀雄《ひでお》をイギリスに派遣して、実地に調査させたりしていた。

さかのぼること20年の1898年に、イギリスのE・ハワードは田園都市の概念と構想を発表した。そして翌年9月に共鳴者とともにガーデンシティ・アソシエーション（田園都市協会）を設立、1902年7月に事業の実施準備を担当するための会社としてガーデンシティ・パイオニア・カンパニーを設立した。さらに、その翌年には第一田園都市株式会社が設立されて、ロンドン近郊（55㎞北方）の田園地帯レッチワースに新しい概念に基づく住宅地の開発を開始することになる。産業化したロンドンでは工場の煤煙《ばいえん》で空気が汚れ、市民は劣悪な環境のなかで生活を余儀なくされていた。そこで、郊外の自然豊かな地域に、農業と一体化した都市を建設することを計画した。

日本の田園都市会社は、開発地までの交通路として鉄道を自前で建設することにして荏原《えばら》電気鉄道を設立して大井町《おおいまち》～大岡山《おおおかやま》～田園調布間の軽便鉄道の免許を申請した。軽便鉄道法廃止にともない改めて地方鉄道法に基づいて新線建設の免許申請を出しなおし、大正8年度（1919）に免許を取得した。

この建設のために、渋沢栄一は小林一三に協力を依頼した。小林は週に1回東京に出張してあれこれ指示したが、次に来たときに「なにも変わっていない。これでは埒《らち》があかない」ということで、鉄道専従の役員を置くことを進言した。このとき小林が目を付けたのが、もと鉄道院の役人で、官を辞して武蔵《むさし》電気鉄道の常務をしていた五島慶太であった。武蔵電気鉄道は、現在の東急東横線を建設した会社であるが、当時はまだ計画だけであった。

大正9年（1920）に荏原電気鉄道はいったん田園都市会社に合併された。そして、大正11年（1922）9月目黒蒲田電鉄が設立されて、田園都市会社の免許線である目黒〜多摩川間と大井町〜洗足《せんぞく》間、武蔵電気鉄道の未成線の蒲田支線（田園調布〜蒲田間）を譲り受けた。そして、大正12年3月11日目黒〜丸子《まるこ》間を開業した。

この目黒蒲田電鉄の設立された日が、現在の東京急行電鉄の創立日として記念されている。五島慶太の場合は、財界の巨頭である渋沢栄一が構想して事業に着手した田園都市がもともとあり、その経営する鉄道会社に招聘《しょうへい》されて経営陣に加わったのであった。五島自身はビジネス・モデルといった理念を持っていたわけではなく、その鉄道経営に対する知識が求められただけであった。

戦後になると、東京急行電鉄は、将来の自動車時代を見据えて、多摩丘陵一帯に大規模な住宅地を造成して、都心との間を自動車道で結ぶことを計画した。多摩田園都市プロジェクトの原型である。当初は、開発地域を全面的に買収して、単独で区画整理事業を実施する計画であったが、開発地域は主に農地で、農地法により所有権の移転登記が禁止されている土地もあったため、用地の取得が難航した。そこで、やむを得ず東急も一地権者として参加する区画整理事業組合方式での開発となった。昭和37年（1962）に野川《のがわ》第一地区が完成して分譲したが、これは鉄道沿線からはずれ武蔵小杉《むさしこすぎ》までバス路線を設定した。その後、開発地域が西に移るにしたがって、東急電鉄により宅地造成が終わったタイミングにあわせて鉄道を開業させ、都心への交通路を開いていった。昭和41年（1966）4月1日に田園都市線溝の口《みぞのくち》～長津田《ながつだ》間を開業し、その後、つくし野、すずかけ台、つきみ野、中央林間まで延伸した。

なお、平成初年ころになると、リゾート開発の破綻、バブル崩壊により、東京急行電鉄もそれなりのダメージを受けたが、多摩田園都市の用地の含み益が大きいために、大きく財務状況を悪化させずに済んだ。

宅地開発は、大正期から昭和のはじめにかけて、今の大手私鉄が創業した時期には重要であった。もともと東京に電気鉄道が拡大したのは、水力発電の電力の需要家として育てるためであった。鉄道を作っても沿線に旅客需要がなかった。だから、鉄道の建設と沿線開発はセットで進める必要があった。

しかし、戦後は、政策資金を投入して大規模に住宅開発を行う日本住宅公団が設立されて、各地で団地を建設した。これらはかならずしも鉄道沿線にはなく、各地に「足なし団地」を生み出して、駅までのアクセス手段の欠如と駅前の放置自転車という社会問題を発生させること

千葉ニュータウンの開発にともなって建設された北総開発鉄道
1979年（写真・読売新聞社）

になる。

このころ鉄道会社は、郊外での住宅開発により急激に増加する旅客需要に対応するために、列車の長編成化や増発に躍起になって取り組まなければならなかった。国鉄のような巨額な資金を調達できないため、少しずつ輸送力を増強していった。

昭和40年代に入ると、近郊の団地開発の問題点が浮上してきた。つまり、社会資本整備の不足である。道路や下水道をはじめ学校施設の整備も遅れていた。そこで、35万人規模の新しい都市を建設するという趣旨で、ニュータウンの開発が始まった。それによる都心への鉄道網の整備が必要となったが、多摩ニュータウンの場合は至近距離を走っている京王線と小田急線が路線を新設した。しかし、千葉ニュータウンの場合は、東京都が地下鉄新宿線を本八幡《もとやわた》まで建設して、千葉県が千葉ニュータウンまで延伸する計画であった。もともと35万人規模のニュータウン計画であったので、鉄道は2本必要であるとして、京成グループが北総開発鉄道（北総鉄道）を設立した。結局、ニュータウン建設がスムーズに進まなかったため、北総が新鎌ヶ谷《しんかまがや》～小室《こむろ》間を建設して小室から千葉ニュータウン中央方面は千葉県の事業を引き継いだ宅地開発公団が建設した。さらに、都心までの路線を一気に建設できないため、北初富《きたはつとみ》までの連絡線を建設して、とりあえず新京成電鉄に直通して松戸まで乗り入れた。

私鉄が新線を建設しても、ニュータウン内での宅地開発にはかかわれず、開発利益を鉄道建設に還元することができないため、国はニュータウン開発者による負担金の制度を設けた。神戸電鉄公園都市線のように、直接ニュータウン開発者から負担金を受け入れたケースもある。

流通、阪急ストア～阪急百貨店

阪急創始者の小林一三のビジネスは、沿線での住宅開発、宝塚歌劇と展開して、さらに百貨店経営へと進むことになる。

神戸線が開通したころ、大正9年（1920）11月1日、小林は梅田駅の曽根崎《そねざき》警察署の向かいに、こぢんまりとしたビルを建設した。神戸線と宝塚線はこのビルの後ろでほぼ直角に向きを変えて国鉄の駅前広場にぶつかって線路が終わっていた。そして、この1階は白木屋《しろきや》に賃貸して日用品売り場を開設、2階には直営の食堂、3階以上は箕有電車の本社事務室として使用した。白木屋に賃貸したのも、百貨店を直営する準備として、データを取ることが目的であったという。その準備は着々と進められ、大正14年（１９２５）2月に林藤之輔調査課長をチーフに社内に阪急マーケット準備委員会が組織された。

販売品目は、白木屋でよく捌《は》ける最中《もなか》、どら焼き、栗饅頭《くりまんじゅう》、それにストロー・ハット（カンカン帽）。電話帳で有名商店をメモして興信所に調査を頼み、直接訪問して取引の交渉を行った。

大正14年4月、白木屋の賃貸期間が切れたのを機会に、売り場を駅のコンコースに改築し、6月から2、3階に直営の阪急マーケットを開店させた。さらに、この阪急マーケットを本格的な百貨店に発展させるため、御堂筋側に地上8階、地下2階のビルの建設を開始した。そして、昭和4年（１９２９）3月28日に完成して、4月15日に阪急百貨店は開店した。

その後、昭和6年（１９３１）12月1日第二期工事、翌年の昭和7年11月20日に第三期工事が完成して売り場を徐々に拡大していった。阪急マーケットは各階80坪総売り場面積３２０坪であったが、阪急百貨店は昭和11年（１９３６）2月26日第四期工事を済ませた段階で1万7５５８坪にまで巨大化していった。

阪急百貨店と小林一三をめぐる逸話には事欠かない。一番有名なのは「ソーライス」であろう。ライスカレーのカレーが付かないもの、つまり皿に白米が盛られてこの脇《わき》に福神漬けが付いているというもの。これにテーブルに備え付けのソースをかけて食べるという代物である。

貧乏な学生たちは1皿5銭で一応満腹になった。普通の店なら店員にいやな顔をされて、場合によっては追い出されそうであるが、阪急百貨店の食堂では、このような客を歓迎していた。ソーライスしか食べられない学生でも、将来偉くなって阪急百貨店の上得意になってくれるという理屈である（異説あり）。

堅実な経営

小林一三のビジネス・モデルの起源をさかのぼると、江戸時代の三井高利《たかとし》にたどり着くという。延宝《えんぽう》元年（1673）江戸の本町《ほんちょう》一丁目、現在の日本銀行のあるあたりに越後屋《えちごや》を開店した。これはのちの三井財閥の発祥を意味していると同時に、老舗《しにせ》デパートの三越百貨店の創業のときでもあった。モットーとしたのが、「現金商売、安売り、掛け値なし」であった。当時の商売の仕方というのは、顧客の屋敷に買ってくれそうな商品を抱えて出かけ、客が気に入れば取引が成立する。払いは帳面に付けられて盆か暮れに精算された。江戸に大きな屋敷を構えることができる一部の特権階級だけを相手にしていた。越後屋は、現金払いとすることで店の取り立てのリスクは軽減され、その分安く商品を提供できるようになった。

阪急百貨店もまた、商品の仕入れを現金払いの掛け値なしとした。15日と月末に帳簿を締めて半月後に現金で支払った。商品を納入してから現金が入るまでの期間は通例よりも20日ほど短かった。それに、戦後は手形での決済が一般化しており、現金化するのにさらに時間を必要とした。確実に現金で支払われることは納入業者にとっては最大の魅力であった。商品の納入価格もその分引き下げられ、これが阪急百貨店が良い商品を安く売ることができた秘訣《ひけつ》であった。

また、阪急百貨店は大きく事業を拡張したにもかかわらず借入金に頼らなかった。現金商売に徹し、入る現金の範囲内での商売に限定するという現実的な考え方が背景にあったのであろう。

小林一三は、博打《ばくち》を嫌った。劇場経営についても、「ヒット作を狙って興行するようなことをすると、たまにヒット作があっても全体としては経営が成り立たない。ベースとして手堅い興行に努めることで、仮にヒット作があればその分だけ余禄《よろく》として残ることになる」と語った。保守的ではあるが、あくせくと金を稼ごうとする実業家は短命に終わるものであるとする、実業家としてはきわめて常識的で堅実な立場を押し通したということがいえる。

ただし、土地や建物を阪急電鉄や阪急不動産が所有することで、百貨店自体が巨額の資金を調達する必要がないというのも注目される。逆に電鉄や不動産事業に資産を持たせることで鉄道プロジェクトや地域開発事業の資金調達が容易になるという要素もあるので、どちらにとっても合理的な判断ということができる。

鉄道会社は、都心近くにターミナルを置いている。郊外の宅地化が進むと乗降客数が増加して、駅の周辺ににぎわいが出はじめる。昭和のはじめのころは、まだ鉄道自体が大きな収益源となっていなかったため、経営を補完するためにさまざまな副業を始めた。一番力を入れたのがターミナルデパートであった。

京浜電気鉄道と白木屋は「京浜百貨店」を設立して京浜電鉄沿線に店舗を置いていた。のちに、沿線外へも出店するようになったが、こちらは「菊屋《きくや》デパート」を名乗った。池袋で最初に開店した百貨店も、この菊屋デパートである。当時は、鉄道事業者のテリトリーが確立する時期で、池袋に乗り入れる東武鉄道東上線と武蔵野鉄道に遠慮したものと思われる。

菊屋デパートは昭和15年（1940）に武蔵野鉄道が買収し、武蔵野デパートと改称する。終戦間際の混乱した時期に武蔵野鉄道と旧西武鉄道、食糧増産の3社が合併を進めたが、食糧増産を加えることに監督官庁の許しが出ずに、合併は終戦直後の昭和20年（1945）9月まで遅れた。新しい社名は西武農業鉄道であったが、すぐに（新）西武鉄道と改称した。武蔵野デパートは、昭和24年（1949）に西武百貨店となり、その後の西武セゾングループに発展する。

また、池袋では西口の日本停車場ビルを借りて、昭和25年（1950）に東横百貨店池袋店が開店した。日本停車場ビルは、国鉄用地に建設された商業ビルである。東武鉄道は、昭和6年（1931）に現在の浅草駅を開業したさいにテナントとして松屋《まつや》を入れた。出資も行っていたが、東武鉄道自体が百貨店に進出することはなかった。しかし、池袋での他社のデパートの経営が順調なのを見て、昭和37年（1962）に東武百貨店を出店した。そして、昭和39年（1964）には東横百貨店池袋店を買収して別館とした。さらに、昭和46年（1971）には増床して、日本一の売り場面積を持つ大規模な百貨店に拡張された。

渋谷駅での百貨店開発も早かった。昭和9年（1934）に東横線の改札口の北側に東横百貨店を開業し、昭和13年（1938）には現在地下鉄銀座線が入っている西館（玉電ビル）を開店した。西館は、もともと玉川電気鉄道が建設を始めたが、東京横浜電鉄の五島慶太社長は強引に株式を取得して傘下に入れ、昭和13年には東京横浜電鉄と玉川電気鉄道は合併した。強引に合併に持ち込んだのは、このビルの獲得が目的だったといわれている。このビルの3階に入っていた現在の銀座線を建設した東京高速鉄道は五島慶太が常務取締役として仕切っていた。

大阪でも、昭和7年（1932）、南海鉄道が難波駅に南海ビルディングを完成させたときに、京都から始まった関西の老舗百貨店の高島屋《たかしまや》をテナントとして入れた。当時東洋一の百貨店と喧伝《けんでん》された。

戦後は、南海電気鉄道以外のすべての大手私鉄がターミナルデパートを経営した。日本橋、銀座、心斎橋《しんさいばし》などの老舗デパートが高級感で広域に集客していたのに対して、ターミナルの電鉄系は入りやすい日常の買い物をするデパートであった。

さらに、地方の中小私鉄のなかに駅ビルを建設して中央資本のデパートをテナントとして招致する会社が現れた。伊予《いよ》鉄道の松山市《まつやまし》駅、高松琴平《たかまつことひら》電鉄の瓦町《かわらまち》駅である。いずれも「そごう」と共同出資で子会社を設立して、百貨店の経営を行った。平成12年（2000）「そごう」の経営破綻により高松の店舗は閉店し、親会社の高松琴平電鉄も連鎖倒産して民事再生法に基づく経営再建が行われた。松山市駅のほうは、「そごう」との提携を解消して伊予鉄道単独の子会社となり、平成14年（2002）には「伊予鉄高島屋」となった。高松でも一時は高島屋と交渉をしたがテナント料で折り合わず、最終的に岡山の天満屋《てんまや》が出店した。

近年の長引く消費不況のもとでは、小売業の業態として百貨店がもっともダメージが大きかったが、ターミナルという人通りの多いロケーションを強みとして、一定の売上高を計上してきた。また、電鉄が客単価数百円であるのに対して、百貨店は数万円のオーダーに達するため、電鉄よりも売上高が大きいケースもある。ただし、全盛期に比べて売上高は落ちており、同じターミナルに乗り入れる鉄道会社の百貨店間での増床競争が激化した時期があり、肥大したターミナルデパートのオーバーストアの問題を抱えている。

JR大阪三越伊勢丹の出店

大阪・梅田近辺では、長年、阪急百貨店が最大で、他に昭和8年（1933）に阪神マートとして開店した阪神梅田駅直近の阪神百貨店があった。昭和58年（1983）に大阪駅南口にアクティ大阪がオープンし、大丸《だいまる》梅田店が開店した。国鉄が展開する商業施設としてはこのア

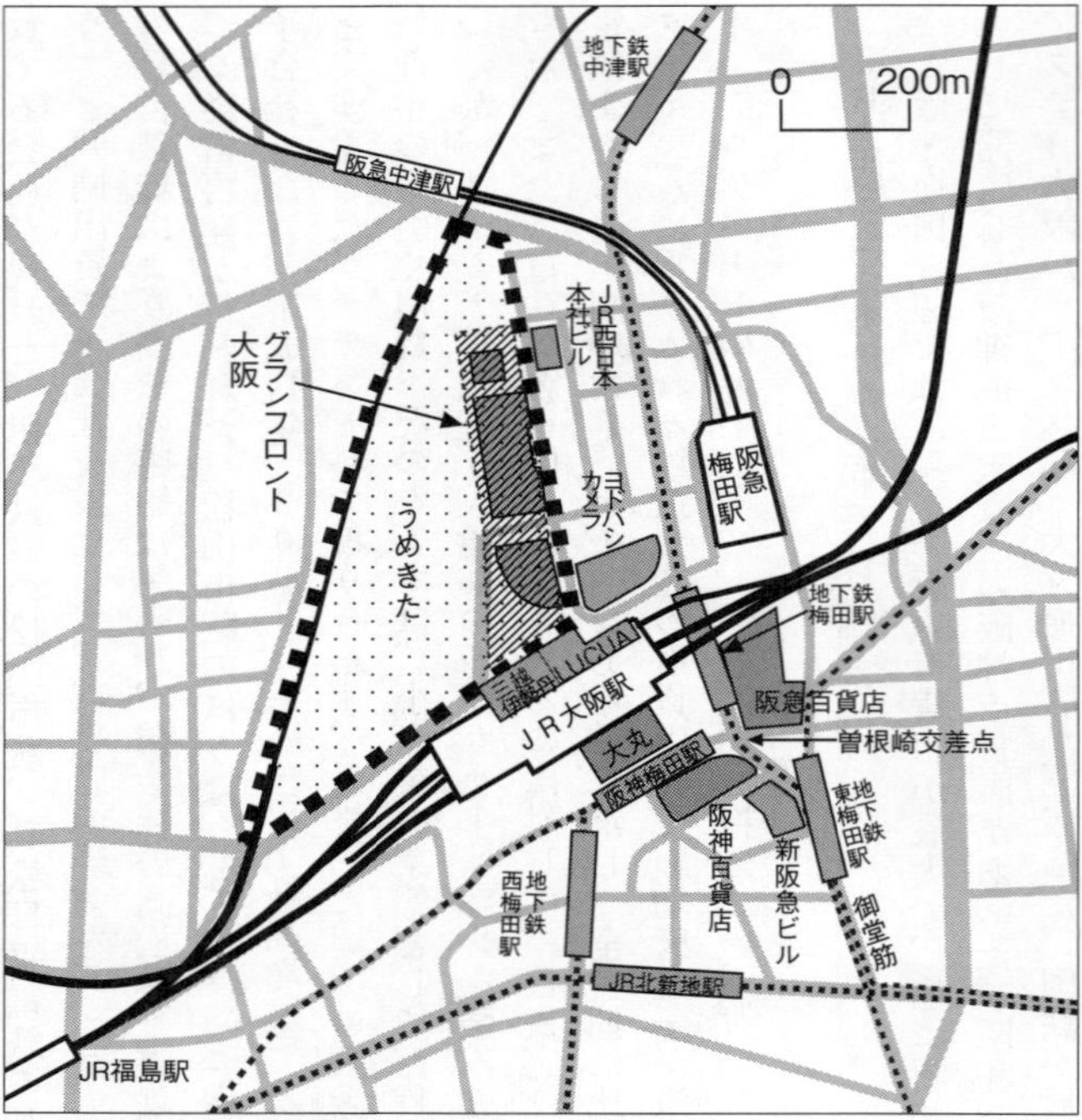

大阪駅周辺の再開発

クティ大阪だけで、それ以外にはあまり大きな店舗はなかった。大阪駅の高架橋も古く、駅構内も薄汚れた暗い感じがした。

いっぽう、大阪駅の北側には梅田貨物駅があり、その東側に国鉄の関西支社と大阪鉄道管理局が使っていた建物がＪＲ西日本の本社として使われていた。この建物は国鉄改革のさいに国鉄清算事業団に引き継がれたため、早晩本社を移転しなければならなかった。そこで大阪駅の北側、少し離れた位置に新しい本社ビルを建て、古い建物は解体されて、商業ビル「ヨドバシ梅田ビル」に再開発された。

梅田貨物駅の用地も国鉄清算事業団に引き継がれて、旧国鉄債務の返済のために再開発用地として売却することになっていた。しかし、移転先の吹田《すいた》地区で貨物駅建設にともなうトラックの通行の増加を懸念して市民から反対運動が起こり、規模を大きく縮小するとともに完成が大幅に遅れた。最終的に、吹田貨物ターミナルの新設と百済《くだら》貨物駅の拡張による貨物ターミナル化により、平成25年（2013）3月で、梅田貨物駅は廃止となった。

その跡地では、「うめきた」再開発が進められており、近い将来、商業施設、マンション、オフィスビルが立ち並ぶことになっている。

大阪駅周辺部での商業ビルの開発は、アクティ大阪の増築計画から始まった。平成7年（1995）12月、大阪ターミナルビルは、アクティ大阪の増築計画を発表した。総事業費約200億円で、既存のビルの南側に隣接して地下2階、地上15階のビルを建設し、既存ビルと接続して一体的に利用しようというものである。

続いて、JR西日本は、平成15年（2003）12月、「大阪駅改良・新北ビル開発」の計画を発表した。大阪駅のホームを整理したうえで1面を捻出《ねんしゅつ》して、北口駅ビルを撤去した跡地とあわせて新たな高層ビルを建設しようという計画であった。

当時は、平成8年（1996）10月に株式の上場を果たし、平成16年（2004）3月には国（鉄道建設・運輸施設整備支援機構）の持つ株式の売却が完了し、完全民営化が実現するという時期にあたっていた。平成14年度（2002）のJR西日本の売上高は8490億円で、経常利益は613億円、最終利益は334億円と、JR東日本に比べると利益は小さいが、JR西日本にとってはもっとも経営が安定した時期にあたる。なお、開発計画発表から2年後の平成17年（2005）4月には尼崎～塚口《つかぐち》間で107人が死亡し562人が重軽傷を負う「尼崎事故」が発生する。

新北ビルの百貨店部分へ入るテナントは、平成17年（2005）に「三越」に決定した。その後、平成20年（2008）に三越は伊勢丹と経営統合して「㈱三越伊勢丹ホールディングス」の子会社となった。続いて、新北ビルでの営業開始直前の平成23年（2011）4月には「㈱三越」と「㈱伊勢丹」は合併して「㈱三越伊勢丹」に商号を変更した。

三越と伊勢丹は、ともに東京を本拠とする、大阪にはなじみのない百貨店である。伊勢丹は京都駅ビル再開発でJR西日本とパートナーを組んで成功させたという実績があるが、大阪では初出店ということになる。三越と伊勢丹の経営統合により、大阪新北ビルの百貨店開発は主導権が伊勢丹に移り、伊勢丹の強みであるハイセンスなファッションに力を入れるようになった。

なお、この新北ビルの整備主体はJR西日本が筆頭株主である大阪ターミナルビルであり、商業施設の開発は、JR西日本と三越伊勢丹が共同出資する㈱JR西日本伊勢丹とJR西日本の完全子会社であるJR西日本SC開発の2社が担当した。

上・昭和39年（1964）の大阪駅前　奥が国鉄大阪駅、左の曲線を描く建物が阪神百貨店、右のコの字型の建物が阪急百貨店
下・平成24年（2012）、大阪ステーションシティ開業後の JR 大阪駅　ホームに大屋根がかかる。右端が阪神百貨店（2点とも写真・読売新聞社）

新北ビルは、大阪駅南口のアクティ大阪とあわせて「大阪ステーションシティ」と統一名称が付けられ、新北ビルは「ノースゲートビルディング」、アクティ大阪は「サウスゲートビルディング」となった。

平成23年（2011）5月4日に大阪ステーションシティはグランドオープンを迎えた。ノースゲートビルディング（延べ床面積約21万㎡）には、西半分にJR大阪三越伊勢丹が、東半分に専門店ビル「LUCUAルクア」が出店した。

JR大阪三越伊勢丹は、店舗面積約5万㎡である。

JR西日本SC開発が開発したルクアは、店舗面積約2万㎡、店舗数198店舗の商業施設で、首都圏ではポピュラーであるものの大阪ではまだ珍しかった専門店ビルである。ルクアは、ファッションやトレンドに敏感な働く女性をメインターゲットに「日常生活における手の届く贅沢」「高感度で洗練されたライフスタイルの提案」をコンセプトに、テナントを一本釣りして決めていったという。低コスト化による割安感を前面に押し出して、若者が入りやすい環境を作った。

サウスゲートビルディングにはポケモンセンター、東急ハンズが新規に出店するとともに、大丸梅田店の大幅な増床と一部の専門店化を行った。

大阪ステーションシティの開業効果

ＪＲ大阪三越伊勢丹の開業後１ヵ月（平成23年〔２０１１〕5月4日から6月3日まで）の売上高は、約45億円であった。いっぽう、同期間のルクアの売上高は約41億円であった。初年度の売上高の目標値が、三越伊勢丹が５５０億円、ルクアが２５０億円であるので、ルクアが好調であるのと対照的に三越伊勢丹は目標を下回る売り上げしか出ていないことになる。

三越伊勢丹の大阪初出店でなにが足りなかったのか。

大阪では、小売業界に占める百貨店の比率が大きいといわれるが、データで見ると少し事情が異なるようである。

平成19年（２００７）の大阪府の年間商品販売額は４兆６８４億円、それに対して百貨店の売上高は８７４９億円で、商品販売額全体の21・5％を占める。これは、神奈川県の19・7％に比べると高いが、東京都の数値38・9％に比べると大きく下回る。

大阪では百貨店がよく利用されているという印象を持つのは、大阪都心部に立地する私鉄のターミナルに系列のデパートが営業していて、食料品や衣料などの日常的な買い物に利用されているのが目立つためかもしれない。東京では近郊の住宅地が都心から中距離帯に広がり通勤時間が長くなる傾向がある。電車の混雑もひどく、ターミナルデパートで食料品を買おうという環境にはない。それに対して、大阪ではデパートは食料品売り場が強くないと客が集まらないといわれる。阪神百貨店梅田店は、庶民的なデパートとして大阪の「おばちゃん」たちの間で人気を集めているが、買い物の中心は食料品と日常的に使う衣料品である。

豪華さを特徴としている阪急百貨店うめだ本店でも、地下の食料品売り場はスーパーの食品売り場のような雰囲気があった（リニューアル前）。

三越伊勢丹はこの食料品部門が弱いといわれる。JR大阪三越伊勢丹は、伊勢丹新宿店のラグジュアリーな店舗構成と接客をそのまま大阪に持ち込んで、結果として大阪の消費者の支持を取り付けられなかったということができる。大阪の消費者の買い物は、店員との話のやりとりが重要な要素で、マニュアル的な決まりきった対応では満足しない。また、JR大阪三越伊勢丹の場合、大阪でもっとも消費者に支持されている阪急百貨店と同じエリアにあるということも災いしている。開業前の売り場開発において、海外ラグジュアリーショップなどが、阪急百貨店との取引に気を使って、JRへの出店を見合わせた。そのために、有力なブランドが出店していないというのも固定客を集められなかった理由として指摘される。

大阪ステーションシティの開業にともなうJR西日本の営業収益に対する効果は、平成23年度（2011）分だけで、新幹線17億円、近畿圏アーバンネットワーク30億円、その他在来線2億円と算出されている。この年度の営業収益は、前期に比べて307億円の増加であったが、要因として挙げられるのは、九州新幹線の博多開業と新大阪までの直通運転開始による効果が150億円で1位、大阪ステーションシティの開業効果は49億円で2位である。

阪急百貨店建て替え

阪急百貨店の旗艦店である「うめだ本店」も建て替えをして、平成24年（2012）11月21日にグランドオープンの日を迎えた。平成17年（2005）に事業に着手してから7年目ということになる。百貨店自体の営業を続けながら7年間で完全に高層ビルに建て替えた。

平成17年（2005）、阪急百貨店うめだ本店の建て替えを決定したのは、JR西日本の一連の大阪駅再開発計画への対抗という意味合いが大きかった。新たに百貨店業界の巨人である三越が出店し、南口の大丸も大幅に増床する計画が進められていた。これに対して、阪急うめだ本店の建物は昭和4年（1929）に開業し、その後段階的に増築したもので、かなり老朽化が進んでいた。また、阪神・淡路大震災の経験から耐震性能の低下も気がかりな問題であった。

リニューアルした阪急百貨店うめだ本店
（写真・読売新聞社）

阪急うめだ本店は、大阪駅前の曽根崎交差点に面して「L字型」をしている。

そのLの右側の欠けた部分には阪急の電車の駅があった。昭和40年代、在来の位置では拡張が難しいため、当時の国鉄の高架の北側に大きく駅の位置を後退させた。その結果、阪急うめだ本店の駅の正面口としての役割が薄まったが、距離が開いたこの区間に昭和42年（1967）動く歩道であるムービングウォークを作った。そして、ホームが移設された跡地には地下3階地上31階の阪急グランドビルを建設した。上層階に飲食店や商業施設「阪急32番街」を備えるオフィスビルである。

この阪急百貨店と阪急グランドビルのあるブロックが、都市再生特別措置法に基づき、容積率が従来の1000％から1800％に拡大された（平成14年〔2002〕6月施行）。ビルの規模は、旧ビルが地下1階地上9階建てであったのに対し、新ビルは地下2階地上41階建てである。オフィス棟は、百貨店棟の上部に伸びる高層ビルで、16階から41階までの26層である。14階は機械室、15階は御堂筋を一望できる開放空間「スカイロビー」展望台を設置し、下層の百貨店部分との連絡機能を持たせるというものである。

百貨店棟は、総床面積が約11万6000㎡から約14万㎡に、営業面積も約6万1000㎡から約8万4000㎡に拡大した。

また、阪急梅田駅へのアプローチであるコンコース棟は、阪急梅田駅方面のムービングウォークにつながる位置にコンコース広場を整備し、梅田旧駅のホーム沿いからコンコース広場を経てJR高架に沿って大阪駅に向かう建物内のアーケード通り（コンコース）を再現した。かつてはアーチ型の天井構造で、旧ホームの入り口部分にはステンドグラスがはめ込まれた教会ドームのようなグランドドームがあった。新しいコンコースは、柱のない2階吹き抜けのアーケードで、通りの両側には2階分の高さの仕切り窓が並んでいる。かつて駅であったころの遺構は完全になくなってしまった。

ストアコンセプトは、①わくわくする、行きたくなる「劇場型百貨店」、②「情報リテイラー」としての百貨店の2つである。

阪急電鉄が運営する宝塚歌劇団や東宝グループとも緊密な関係にあるという特徴を活《い》かして、百貨店の随所に文化発信のイベントスペースとして「コトコトステージ」を設置した。極めつきは、9階に設けられた3階分をぶち抜いた「祝祭広場」である。天井の高さが16m、2000㎡の広場とその一面につながる大階段からなり、宝塚歌劇か梅田コマ劇場を彷彿とさせる。

最近、デパートの店舗コンセプトの流行として「モノ」から「コト」へというフレーズがよく使われる。「モノ」とは商品、「コト」とはイベントである。百貨店は消費不況のなかで、とくに衰退した小売りの業態である。そこで百貨店の新しい概念として考え出されたのが、商品を売るだけではなく、場を提供する、出来事を仕組むということである。あえて売り場面積を縮小して「コト」のためのスペースを生み出している。

また、売り場構成についても、3階に学生向けの「うめはんシスターズ」、4階は働く女性のための「うめはんジェンヌ」というコンセプトエリアを設定した。

なお、現在、阪急百貨店と阪神百貨店はともに阪急阪神百貨店が経営している。これは投資ファンドによる阪神株式の買収を救済する目的で阪急が阪神を経営統合したのにともない、大きなくくりで阪急東宝グループに同じ業態の阪急百貨店と阪神百貨店が並置されることになったものである。阪急電鉄と阪神電鉄の共通持株会社として阪急ホールディングスを阪急阪神ホールディングスに改組するさい（平成19年〔2007〕）、阪急百貨店を母体に持株会社エイチ・ツー・オー リテイリングを設立して、そのもとに阪急百貨店と阪神百貨店を配した。さらに、平成20年（2008）には阪急百貨店と阪神百貨店は合併して、現在の阪急阪神百貨店となった。

今後、阪急百貨店とは曽根崎交差点を挟んで反対側にある阪神百貨店の建て替え計画を進める予定である。その裏側に隣接する新阪急ビルをまず建て替えてその低層部に阪神百貨店の仮店舗を開設し、その後阪神百貨店の入る大阪神ビルを解体するという段取りで検討が行われている。阪神百貨店は、阪神電気鉄道のターミナルデパートとして、庶民的な人気を集めている。大阪・梅田地区はすでにオーバーストアの状態にあるといわれるが、大阪駅北側の梅田貨物駅の跡地に建設される「うめきた」開発が進むと、相対的に商業活動が北側にシフトすることも想定され、阪急阪神グループとして、対抗上南側への消費者の求心力を維持しようという考えがあるのだろう。

渋谷の開発

いっぽう、東京では、東京急行電鉄の事業展開が目立っている。阪急は、曽根崎から北野《きたの》までの鉄道高架下を中心にさまざまな商業施設、文化施設を展開しているが、東急の渋谷開発は、道玄坂《どうげんざか》を上がりきった位置の東急百貨店本店から、渋谷駅周辺、さらに東口の渋谷ヒカリエまで、地域的な広がりははるかに大きい。

大正13年（1924）、五島慶太は社内クーデターを仕掛けて武蔵電気鉄道の経営の主導権を奪うと、社名を東京横浜電鉄と改めた。

東京横浜電鉄の本社は、目蒲線（現在の目黒線・多摩川線）を運営する目黒蒲田電鉄の本社に同居するいわば兄弟会社であった。東京横浜電鉄は大正15年（1926）に目蒲線の支線として丸子多摩川～神奈川間を開業した。続いて昭和2年（1927）に渋谷まで路線を延伸すると、渋谷～神奈川間の直通運転を開始した。これが今の東横線である。

昭和14年（1939）に目黒蒲田電鉄に東京横浜電鉄を合併して、新たに東京横浜電鉄に改称。昭和17年（1942）に、陸上交通事業法に基づき京浜電気鉄道、小田急電鉄を合併して東京急行電鉄と再度社名を変えた。

いまや若者の街としてにぎわっている渋谷は、いわばこの東急が社運をかけて開発した地域である。

渋谷は、最初は東横線のターミナルとして山手線との乗換駅としての意味しかなかった。しかし、渋谷に乗り入れる玉川電気鉄道（現在の田園都市線）を買収して、大倉組《おおくらぐみ》と第一生命が設立した東京高速鉄道（銀座線）が地下鉄を開業させると、都心と郊外の新開発地とをむすぶ結節点としての重要性を増していった。戦後は、さらに戦災を受けた都心部から郊外への人口の流出が続いたことで、渋谷をめぐる人の流れは拡大の一途をたどった。それにつれて、百貨店や映画館といった集客施設の整備が続くことになるが、渋谷の場合は、とくにそのほとんどを東急が手掛けたということが特徴である。

戦後は、東急の経営する鉄道や百貨店それぞれが戦災復興のための大規模な投資を必要とした。そこで、新しい事業に取り組む責任体制を確立する必要から、昭和23年（1948）6月に東横百貨店を東急から分離して東横興業に吸収合併させ、東横百貨店に商号を変更した。

東横興業とは、東横百貨店蒲田店、平塚店を経営するほか、東横グリル、渋谷駅売店、渋谷および目黒の食堂と百貨店で扱う食品の工場を持っていた。東急のシンボル的な渋谷の東横百貨店は電鉄直営を維持したものの、百貨店の関連部門は戦前期にすでに東横興業が経営していた。

また、東横百貨店の分離は、それに続く京王帝都、小田急、京浜急行の分離のテストケースとなった。鉄道の分離は大規模となるため、あらかじめ百貨店でシミュレーションを行って、鉄道の分離をスムーズに行おうという考えがあった。

このようにして再出発した東横百貨店であるが、この社長に、三井銀行の常務をしていた大《おお》矢知昇《やちのぼる》を迎えて社長に据えるとともに、高橋禎次郎《ていじろう》を欧米に派遣してデパート事業を検分させたうえで専務に就任させた。

東横百貨店渋谷本店は、戦後、東急が被災した本社の代わりにその建物の一部を使っていたため、東口の百貨店ビルの２～４階と玉電ビル１階と地下１階を売り場としてほそぼそと営業を続けていた。その後、東急の本社スペースが順次返還されて売り場に戻されたことで、昭和25年（１９５０）10月には戦前の状態に復帰した。

五島慶太は、百貨店事業にもっとも力を入れ、昭和26年（１９５１）８月、戦前に計画して工事が中断していた旧玉電ビルの完成を目指すことを決定した。このとき五島は、戦時中に大臣に就任したことを理由に公職追放となっていた。公職追放とは、会社の業務にかかわるすべての仕事ができないことを意味していたが、五島はかまわずに、会社の者を自宅に呼びつけてこの玉電ビルの工事の指図をしたという。

昭和28年（１９５３）10月に工事を再開して、翌年11月には東急会館（玉電ビル）としてオープンした。渋谷本店とは、山手線上の空中に建設された跨線廊で結ばれることになる。

そして、昭和29年（１９５４）11月に東急会館が完成したことで、渋谷本店の売り場面積は、従来の２万５６３７㎡から３万９８７０㎡に大幅に拡張され、都内でもっとも売り場面積の広い百貨店となった。売上高でも、五島慶太がかねてより目標としていた三越を、昭和30年（１９５５）８月に１ヵ月だけではあったが、上回ることになる。

五島慶太は、昭和34年（1959）8月に亡くなった。このとき、東急電鉄は、伊豆半島の観光開発や北海道の都市開発・観光開発に取り掛かっていた。また、多摩田園都市の構想を膨らませていた。これらの事業は、長男である五島昇に引き継がれた。

ところで、渋谷に話を戻すと、昭和31年（1956）11月、渋谷駅東口のバスターミナル対面に東急文化会館、昭和33年（1958）9月、南平台《なんぺいだい》東急ビルを矢継ぎ早に完成させた。さらに昭和40年（1965）6月、西口広場の対面に渋谷東急ビル（現東急プラザ渋谷）、昭和45年（1970）10月には渋谷駅西口ビルを開業と、渋谷駅周辺でのビルの建設が続いた。

いっぽうで、地元の自治体や他の企業を巻き込んだ渋谷の地域開発計画が策定された。昭和31年（1956）4月に首都圏整備法が施行され、昭和33年7月に同法で新宿、池袋、渋谷が整備地区に指定された。しかし、そのなかで渋谷がもっとも遅れていた。すり鉢状の地形が街の広がりを押さえていたし、東京都と国鉄はこの地域の再開発に熱心ではなかった。駅周辺の要所を東急が押さえている渋谷は、都も国鉄もかかわりようがなかったということではないだろうか。

しかし、昭和38年（1963）にNHKの原宿《はらじゅく》への移転が決まり、東京オリンピック施設の建設が始まると、一転して官民挙げての再開発が持ち上がった。翌年の12月22日に渋谷再開発促進協議会が組織されて、会長に迫水久常《さこみずひさつね》参議院議員、理事長には五島昇が就任した。そして、昭和46年（1971）10月15日『渋谷再開発計画'70』の発表ということになる。

この計画の概要は、渋谷駅を巨大な人工地盤で囲み、その中央部に超高層の情報センタービルを設置する。このビルには商業施設、ビジネスホテル、教育・集会施設を収容するほか、駅施設や交通広場、ヘリポートを併設する。また、人工地盤は重層化して自動車と歩行者を分離、その周辺部に4ブロックに分けた6つの拠点開発を行うというものであった。

渋谷の再開発が遅れた理由として、すり鉢状の地形に加えて、街の奥行きがないことが指摘される。駅を中心とした商業地区から一歩奥に入ると住宅地が広がっており、人の流れが途切れていた。そこで、東急が昭和38年（1963）に取得した渋谷区立大向小学校の跡地6600㎡を活用して新しい百貨店の店舗を建設することにした。

東急側では、百貨店が2つに分かれて立地することに顧客が戸惑うのではないか、駅から500m離れた場所に百貨店を建設することで人の流れが変化するのでは、という問題点が指摘された。そういうときに、昭和43年（1968）4月に西武百貨店が渋谷に進出する。東横百貨店池袋店を東武百貨店に譲渡して、昭和39年（1964）5月に閉店したのにともない、従業員300人の吸収先を必要としていたという事情が働いて、昭和41年（1966）10月に東急百貨店本店の建設が開始された。実際に建設にあたるのは同年8月に設立された渋谷開発で、東急百貨店に賃貸されて、昭和42年（1967）11月1日から営業を開始した。地下3階、地上8階、売り場面積1万7000㎡の巨大な百貨店が、渋谷に新たに加わることになった。

その後、東急不動産が新しい小売りブランドを企画した。「東急ハンズ」である。日曜大工のための材料や工具などを集めたDIY商品ばかりでなく、文房具やいろいろなホビー用雑貨が集められた、従来なかった業態である。女性が化粧品売り場やファッション・ショップを冷やかしてまわるという感覚は男にはなかなか理解できないが、東急ハンズは、性別に関係なく、なにげなく立ち寄って冷やかしで商品を見て回るのが楽しいところである。

昭和51年（1976）に1号店として藤沢店を出店したが、当時は、社内では、少量多品種の商売は手間ばかりかかって収益につながらないとか、時期尚早という意見も多かったという。しかし五島昇社長はこの企画を支持した。開店してみると「ひまつぶしでも楽しめる」「ひやかす楽しみの店」などと世間の評判を呼んでそれが業績に返ってきた。その後、二子玉川《ふたこたまがわ》店、渋谷店、池袋店の開店へと続くことになった。

昇が晩年に手掛けたものに「109」がある。イチ・マル・キューは東急をもじったものであるが、まったく新しいブランドとして企画された。

109は昭和54年（1979）4月渋谷道玄坂交差点にオープンした。渋谷駅のハチ公口前の横断歩道から中世の西洋の城郭の塔かそれとも口紅でも模《かたど》ったような建物を望むことができる。若い女性をターゲットとしたファッション専門店であるが、多くのテナントを集めてこのビルのなかにまさに旬《しゅん》のファッション・アイテムを凝縮させている。マスコミを巻き込むことでファッション情報の全国へ向けた発信基地ともなっている。また、顧客と年齢層の重なる店員を置いて、いわゆる「カリスマ店員」として、ファッション・リーダーの役割を担わせている。その後、昭和60年（１９８５）に金沢にKOHRINBO１０９を開店させて、１０９はSHIBUYA１０９に改称した。愛称は「マルキュー」である。昭和61年（１９８６）には渋谷にONE-OH-NINE、その翌年には１０９－②をオープンした。ローマ字書きに変わったONE-OH-NINEは、イギリスのレコード店チェーンのHMVが出店する若者向けの音楽情報の発信基地であったが、今はパチンコ店が入っている。１０９－②は「キューツー」と呼ばれ、渋谷駅の北側に立地し、ローティーン向けテナントを中心にしていたが、平成18年（２００６）には男性向けテナントも加えた。

渋谷ヒカリエ、渋谷周辺部大規模再開発

平成15年（２００３）、地下鉄副都心線の建設基地を確保するために、五島プラネタリウムで有名な東急文化会館が解体された。その跡地は、隣接する東京地下鉄の土地とあわせて建設基地として使われたが、副都心線が完成した後、「渋谷ヒカリエ」の建設に着手した。「渋谷ヒカリエ」は、渋谷駅の東口広場に面する場所に位置し、地下鉄副都心線の出入り口と一体化した商業施設である。地下４階、地上34階建ての高層ビルで、平成24年（２０１２）に完成した。８階より低層部分に東急百貨店が経営する商業施設「ShinQs」、９、10階にイベントスペース「ヒカリエホール」、11階から16階までは㈱東急文化村が経営するミュージカル劇場「東急シアターオーブ」が出店している。17階より高層部はオフィスが入居し、ソーシャル

ゲーム大手のディー・エヌ・エーもここに本社を置いている。このビルは東京急行電鉄と東京地下鉄が共同で保有している。

副都心線は平成20年（2008）6月に開業し、渋谷から和光市《わこうし》までの全線が完成した。池袋経由で西武有楽町線・池袋線、東武東上線に乗り入れる。さらに、平成25年（2013）3月からは東急東横線の代官山〜渋谷間を地下化して、副都心線との直通運転を開始した。

東横線直通まではあまり目立たない存在であったが、東横線渋谷駅の地下化と副都心線との直通は各マスメディアで大きく取り上げられるなど、世間の耳目を集める一大イベントとなった。これにより、渋谷ヒカリエも広く知れ渡ることになった。

平成24年（2012）5月の東京スカイツリーの開業、同年10月の東京駅丸の内駅舎の復元開業に続いて、渋谷再開発が数十万単位の見物客を集めることになり、東京都心部でのイベントの大きな観客動員力を再認識させられた。

渋谷駅周辺部では、現在さらなる再開発のプロジェクトが動いている。

いま東急会館の3階に入っている地下鉄銀座線の駅部が東口広場に移動する。東横線の駅施設とそれにつながる高架線が撤去され、山手線ホームから南に大きく離れている埼京線のホームが山手線の並びに移される。

この東横線の駅跡地とJR駅部、東急百貨店東横店を解体した跡地に3棟のビル群を建設する計画である。JR駅の上部に地上10階、地下2階の中央棟、東横線駅跡地に地上46階、地下

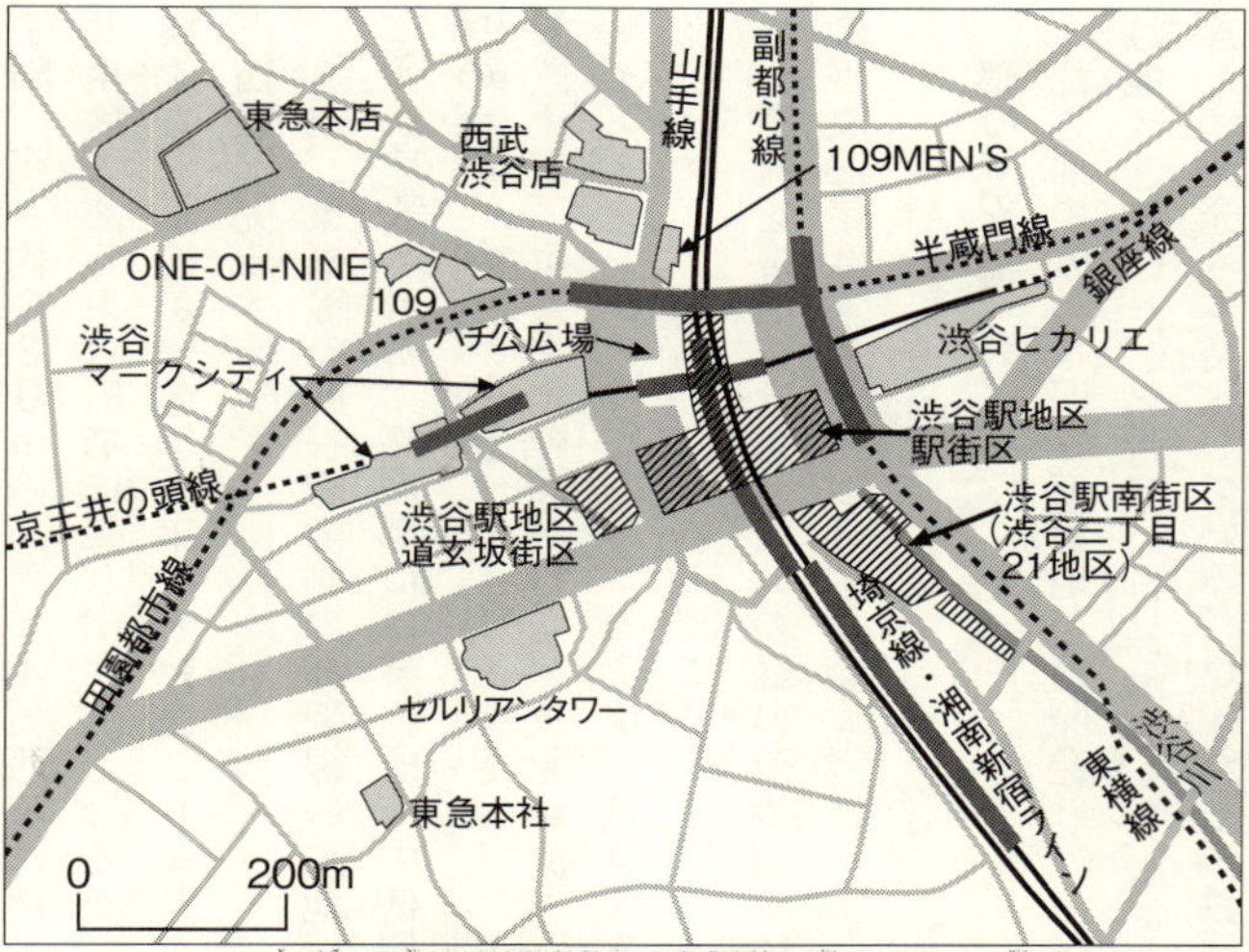

渋谷駅周辺の再開発（イラスト提供・東京急行電鉄）

7階、高さ約320mの高層ビル、西棟は地上13階、地下5階である。東棟の敷地は、一部公共用地である東口広場に張り出す形となるが、これは現在の東横店の本館を撤去した跡地と交換する。東館が一番早く平成32年（2020）の完成を予定している。その後7年目に中央棟と西棟が完成する。

また、東横線の渋谷駅南側の高架線の跡地には、地上33階、地下5階の高さ180mの高層ビルが建設される。高層部には事務所、中低層部はクリエイティブ・コンテンツ産業とその人材の育成、創造、交流、発信基地の場として開発するという。そのほか、ホテルや商業施設も設置する。産業文化の面からも、東急が渋谷開発の統一コンセプトに設定している「エンターテインメントシティしぶや」の実現に貢献することを目指す。また、この地区の最大の特徴は、現在はコンクリートで固められて「どぶ川」として無残なすがたをさらしている渋谷川について、清流を復活させ、川沿いの緑の遊歩道、にぎわいの広場を整備する計画である。このビルは平成29年度（2017）に完成する。

都心部の再開発

都心部の広大な旧鉄道用地の再開発は、汐留、新宿、品川、さいたま新都心、みなとみらい21地区と続いた。名古屋の笹島《ささしま》地区、大阪の湊町《みなとまち》地区の再開発が進み、大阪駅北地区「うめきた」開発も本格化している。いずれも国鉄清算事業団用地で、旧国鉄の長期債務の償還資金の財源として売却されたものである。

都心部での大規模な再開発が、大きく地域の活性化につながるという事例を目の当たりにして、JR各社も事業用地を捻出して地域再開発につなげるケースが増えている。たとえば、名古屋駅のJRセントラルタワーズと新駅ビル建設であり、東京駅ステーションシティ・プロジェクト、大阪ステーションシティ・プロジェクトである。その延長線上に、東武鉄道の東京スカイツリータウンがある。

そのほか、JR貨物が副業として飯田町貨物駅跡地や小名木川《おなぎがわ》貨物駅跡地を再開発した。今後、JR東日本は、田町地区の車両基地を整理して広大な用地を捻出して再開発用地とする計画を進めている。あわせて、品川～田町間に新駅を新設する計画もある。また、平成39年（2027）には中央リニア新幹線が品川に東京側のターミナルを建設する予定で、渋谷以上に大きく変貌《へんぼう》することになるであろう。

9 鉄道会社のエキナカビジネス―JR東日本の場合

巨大な売上高

本章では、付帯事業のうち、駅構内のスペース活用事業、いわゆるエキナカビジネスについて、この分野をリードするJR東日本の例を中心に解説していこう。近年、とくに注目を集めている分野でもある。

JR東日本の小売り事業は、キオスクなどの駅スペース活用事業とショッピング・オフィス事業の2つの事業部門にまたがっている。平成25年(2013)3月期の決算では、駅スペース活用事業の営業収益は4042億円、営業利益は375億円である。ショッピング・オフィス事業は、営業収益が2389億円、営業利益681億円。合計すると、営業収益は6431億円、営業利益1056億円ということになる。

これを大手小売業と比べると、近年躍進著しいイオンの平成25年(2013)2月期決算が営業収益5兆6853億円、営業利益1909億円、海外での事業規模の大きい流通の雄、セブン&アイ・ホールディングスの平成25年2月期決算では、営業収益は4兆9916億円、営業利益2956億円である。

大雑把に売上高営業利益率を計算すると、拡大戦略に邁進しているイオンが小さく3・3%、事業内容が成熟したセブン&アイ・ホールディングスは5・9%である。これに対して、JR東日本は、16・4%に達する。流通2社が連結決算の合計であるのに対してJR東日本の数字は小売り事業2部門の合計値なので、若干計算のベースになるデータの範囲が異なるが、流通トップ2社に比べて売り上げが1割ほどであるのに比べて、営業利益は3~5割にもなる。

これは、駅という恵まれた出店環境にあるのに加えて、自社が排他的に利用できるスペースであり、グループ外企業との直接競争がないこと、また、最近のエキナカ商業施設のようにJRグループ会社がインターナショナルブランドやナショナルブランドと提携しつつ売り場を直営していることも利益率を高めている背景にあるのではないかと推測する。

グループ内競争

街中（街ナカ）での事業では、グローバル展開する巨大小売業者と直接競争の嵐《あらし》にさらされる覚悟が必要である。それに対して、エキナカは温室のなかのような守られた空間である。そのなかで、ぬるま湯的な環境で経営が非効率になるのを避けるために、グループ内企業間での競争のメカニズムが講じられている。

たとえば、エキナカ商業施設を新規に開発する場合、JR東日本本社がコンペを催し、これにグループ内の駅ビル会社やキオスク、ショッピングモール開発会社が応募するという形をとっているという。そのなかでもっとも優秀な計画が採用され、それを提案した会社が開発し運営する。

見込み通りの業績が上げられない場合には、早めに撤収して、新たな有望なプロジェクトに移行する。

周辺商店街との関係

かつて、駅ビルは、いわば不動産賃貸業である。かつて国鉄と民間が共同出資で駅ビル会社を立ち上げ、建物を建設した。完成した建物は、出店を希望する店舗にスペースを賃貸した。駅という地の利の良さから出店希望者も多く、利益の上がるテナント探し（テナントリーシング）をあえて行う必要はなかった。駅ビル会社は、テナントの経営に一切タッチしなかった。

いっぽうで、駅構内で商業開発が進むと、それによって駅周辺部の商店街が影響を受ける。かつては、駅に降りた人たちは駅前の商店街に立ち寄って買い物をしていた。また、駅前の飲食店で食事をとった。それがすべて駅構内に吸い上げられたのである。これにより壊滅的なダメージを受けた駅前商店街も多い。

ただ、かつては駅を降りてすぐにバスなどに乗り換えて、駅を素通りしていた通勤者が、駅の商業施設によって買い物をするようになった。駅施設ににぎわいが出たことにより、郊外のロードサイド商業施設に流れていた買い物客が駅周辺に戻ってきた。旧来の商店街は消えても、それに代わって全国チェーンの大規模な商業施設が駅の近くに開店して、地域全体でにぎわいが出てきている。駅の商業施設との共存共栄の関係も出てきている。

国鉄時代

大都会の鉄道駅は、常に大勢の人が通り過ぎる場所である。その鉄道駅において、その大勢の人たちを対象にしてさまざまなビジネスを展開しようとするのは当然の成り行きである。大きな駅では、駅舎内の待合室とホームに売店があり、ホームでは駅弁の立ち売りがあったり、ときには立食そば屋が営業していた。

国鉄駅の売店は、㈶鉄道弘済会の経営であった。この鉄道弘済会は、昭和7年（1932）に鉄道殉職者の遺族に対する福利事業として設立された。事故で夫を失った奥さんの働き場として駅に売店を設置したのである。最初に設置されたのは、東京駅の乗車口・降車口、上野駅汽車口・電車口など10ヵ所であったという。

その後、鉄道弘済会は、事故で身体的な障害を負った人や殉職者家族が職業に就くために授産所を設置したり、育英事業として学生寮を運営したりした。戦後は、対象を一般の人たちに拡大して、児童福祉施設や障害者福祉施設などのさまざまな社会福祉施設を運営した。

国鉄の駅構内での売店営業を独占していたので、その売り上げは莫大《ばくだい》であり、利益も大きく、これを社会福祉施設の運営や鉄道殉職者家族の支援に使っていたのである。

駅ビルの発展

駅自体も、商業施設を併設する「民衆駅」という形で整備が進められた。いわゆる「駅ビル」ないし「ステーションビル」と呼ばれる施設である。それまで低層だった駅舎を鉄筋コンクリートのビルに建て替えて商業施設のスペースを設けて、テナントから賃貸料を受け取るという、不動産賃貸事業のようなものである。地方自治体や民間と共同出資して駅ビル会社を設立したので、「民衆駅」とも呼ばれた。当初は、国鉄の出資はなかった。

民衆駅は、昭和25年（1950）東海道本線の豊橋駅が最初である。駅施設と商業施設が同居する駅舎を建設し、商業施設の部分の工事費は自治体が負担した。

国鉄は、各地の老朽化した駅舎の建て替えが必要であったが、当時は戦後復興と輸送力増強に取り組んでおり、駅舎の改築まで金が回らなかった。その部分を補完したのが地方自治体であった。しかし、地方自治体は地方財政法により国鉄を含む国の機関への助成を制限していた。そこで、同じ一つの建物であるものの、駅舎部分を分離して残りの部分について自治体が負担する方法が編み出された。

東京駅でも八重洲《やえす》口側に民衆駅があった。開発したのは㈱鉄道会館である。八重洲口側に細

江戸城外濠と東海道本線　有楽町駅あたりとおもわれる（絵はがき）

長い12階建てのビルが建ち、八重洲通りから見るとあたかも屏風《びょうぶ》のようにそびえたっていた。八重洲本館には大丸東京店が出店し、京都を起源とする大丸の東京での旗艦店の役割を担っていた。

八重洲口は昭和4年（1929）に設置されたが、当初は簡単な施設しか作られなかった。戦後、外濠が埋め立てられたことで、昭和23年（1948）に八重洲駅舎が完成した。しかし、これは半年もたたずに焼失してしまった。それに代わって、民間資金を入れて建設されたのが、その後の12階建ての鉄道会館の本館で、昭和29年（1954）10月に開業した。

昭和39年（1964）に新幹線の高架ホームが完成すると、その高架下の地下に東京駅名店街を開業した。大丸の地下1階と一体的構造で、新幹線のホームにあわせて南北に細長い構造をしている。昭和40年（1965）には、これに接続する形で八重洲地下街が開業した。現在、鉄道会館の本館は取り壊されて、新たに東京ステーションシティ・プロジェクトの一環として、八重洲口北側にグラントウキョウノースタワーが建設された。これとは別に日本橋口にサピアタワー、八重洲口南側にグラントウキョウサウスタワー、旧鉄道会館本館の跡地にグランルーフが建設されたが、事業主体はJR東日本ほか地権者である。駅ビルを運営していた鉄道会館は、JR東日本などが建設したグラントウキョウノースタワーの大丸に対する賃貸管理やエキナカ商業施設の運営を担当している。

新宿駅では、昭和39年（1964）5月東口に新宿民衆駅ビルを開業した。当初は新宿ステーションビルと呼ばれたが、昭和53年（1978）に一般公募により「MyCity マイシティ」に改称した。

新宿は、東側の新宿三丁目に三越、伊勢丹、マルイが出店し、西側には小田急、京王といった電鉄系のデパートがあるという百貨店激戦区であったが、ステーションビルとは別に昭和51年（1976）3月、南口に「新宿ルミネ」を開店した。高級志向のデパートとは違って若い女性を主なターゲットとしたファッションビルである。さまざまな業種のテナントが出店する駅ビルとは差別化を図った。

新宿ルミネの成功を受けて、「ルミネ」はJR東日本のファッションビルのブランドとして定着していった。平成3年（1991）4月には㈱ルミネ新宿、㈱ルミネ横浜、㈱大宮ステーションビル、北千住ターミナルビル㈱の4社が合併して新たに㈱ルミネとなった。さらに、平成23年（2011）には、銀座の入り口横の有楽町マリオンのツインタワー東側、西武百貨店の跡にルミネ有楽町を開業した。ルミネとして初の「街ナカ」への出店となった。ツインタワーの西側阪急百貨店は、ルミネ出店にあわせてラグジュアリーなメンズにターゲットを絞った阪急MEN'S TOKYOを出店した。女性向けのルミネと業態を補完し合っている。
昭和46年（1971）以降は、出資規制が緩和されて、駅ビル会社に国鉄が直接出資できるようになった。はじめて国鉄が出資した駅ビルとして開業したのは、昭和48年（1973）の平塚ステーションビルである。「LUSCAラスカ」という愛称が付けられた。平成17年（2005）に、㈱ルミネ茅ヶ崎、㈱アボンデ（熱海駅）を合併して、湘南ステーションビル㈱に社名を変更した。店名も「ラスカ」に統一して現在に至っている。

JR東日本の兼業－コンビニ事業

昭和62年（1987）4月に国鉄改革によりJR各社が生まれると、副業部門の拡大が目指された。

国鉄分割民営化では、国鉄の法人格は国鉄清算事業団に継承され、JR各社は旧国鉄の職員のなかから新規に雇用するという形をとった。国鉄改革に最後まで反対していた国鉄労働組合の組合員を中心に国鉄清算事業団に残った人は、事業団で再就職の口を探すことになる。経営に余裕のあるJR本州3社もまた、いわゆる「余剰人員」を引き受けた。JRは、これらの人たちの職場として、駅構内に喫茶店などの飲食店を開いた。駅施設の活用といえば聞こえが良いが、あくまでも余剰人員対策で、店舗面積に似つかわしくない人数の職員が配置され、いかにも遊ばせるのはもったいないから、という雰囲気であった。

JR東日本には、駅の売店事業を営む子会社として鉄道弘済会の流れをくむ東日本キオスクがあるが、これとは別に駅構内で「JC」という直営のコンビニの経営を始めた。昭和63年（1988）9月に品川店を開店し、その後JR東日本全域に店舗網は拡大した。街中のコンビニと同じような品ぞろえで、店舗面積が狭く営業時間が限られるものの、立地の有利さから大手コンビニに迫る店舗売り上げを計上した。営業成績が好調なため、平成8年（1996）12月にはジェイアール東日本コンビニエンスを設立してコンビニ事業を移管した。この「JC」の事業展開も人員の有効活用という側面が大きかった。

リゾート開発

JR化後初期に取り組んだ事業は多岐にわたった。たとえば、リゾート開発である。しかし、かならずしも成功したとはいえない。

上越新幹線の越後湯沢は、北陸へ向かう特急「はくたか」の乗換駅であり、越後湯沢折り返しの新幹線「たにがわ」の留置線が設置されている。

越後湯沢駅の横には、全国的に事業展開するハイランドパーク社が経営する湯沢高原スキー場が営業している。この北隣になる留置線の隣接地はまだ手つかずであった。そこで、JR東日本の社員の発案で、この地域をスキー場に開発することになる。そして、新幹線の留置線に臨時駅を設置して、東京とスキー場が新幹線1本で直結されることになる。

JR東日本と湯沢町など3町が出資して上信越高原リゾート開発を設立して、平成2年（1990）12月に営業を開始した。JR東日本の出資率は96％である。

しかし、立地は恵まれているものの、バブル崩壊の直後とあって客足が伸びず、初年度から赤字であった。JR東日本は低利融資など支援策を講じたが焼け石に水で、翌年2月にはスキーハウスとレストハウスをJR東日本が購入して会社にキャッシュを入れた。

その後経常黒字を計上するまで好転するが、地元の要望を受けて、リフトの増設や駐車場の拡張を行った工事費が負担となってついに平成11年（1999）10月会社は清算された。JR東日本は、約90億円の債務を放棄した。事業は湯沢町など3町の出資する「ガーラ湯沢」に譲渡された。

また、JR東日本と子会社の東北リゾートシステムが経営していた八幡平《はちまんたい》リゾートスキー場を、平成14年（2002）4月に日本ケーブルに売却した。

不動産事業にも進出して、栃木県で計画された林間都市の「フィオーレ喜連川《きつれがわ》」、「びゅうフォレスト喜連川」を分譲した。全区画に温泉が配管されているリゾート型の住宅地である。もともと矢板《やいた》市で「コリーナ矢板」を開発していた弘済建物に地元からアプローチがあり、これにJR東日本が乗った形である。

また、長野新幹線の安中榛名《あんなかはるな》駅の近くに「びゅうヴェルジェ安中榛名」を開発した。分譲価格が安く自然が豊かなためリタイア層に人気がある。もともと新幹線駅前住宅地が売り文句であったが、駅前の商業開発は手つかずで、駅の乗降客数の増加にも貢献していない。

山梨県の大月《おおつき》市内でも清水《しみず》建設と共同で「パストラルぴゅう桂台《かつらだい》」を開発した。急傾斜地を切り開いたもので、中央本線猿橋《さるはし》駅との間に磁石ベルト式モノレール（ＢＴＭ）を設置したが、これが故障続きの挙げ句に長期間運休を余儀なくされ、のちにエレベーターに置き換えられた。その後は、ＪＲ東日本は大規模な住宅開発を立ち上げていない。

生活総合サービスへ

ＪＲ化後10年目を節目に、ＪＲ東日本は、「鉄道輸送サービスから生活総合サービスへ」をキャッチフレーズに動きはじめた。鉄道網自体は大きく拡大する計画はなく、また少子高齢化、そして人口の減少局面に入った段階で、鉄道事業の増収の要素がほとんどない。その代わりに、成長分野として未開拓の生活サービス産業に力を入れていくという判断である。分割・民営化でＪＲ東日本が設立されてから平成11年（１９９９）までの12年間で、鉄道事業収入は約１・１倍にしか増えていないが、生活サービス産業は約２倍になったという。ただし、もともとほとんどの収益を鉄道事業から得ているという状況から出発しており、未開発の生活サービス産業が大きな伸び率となっているのは当然ともいえる。

平成９年（１９９７）９月、ＪＲ東日本は本社を丸の内の旧国鉄本社から新宿に建設された高層ビルに移転した。そのさいに、会社設立以来続いてきた関連事業本部と開発事業本部を統合し、事業創造本部を設置した。

平成12年（2000）4月には、事業創造本部の部課制をやめて、必要に応じてプロジェクトチームを設置するという機動的な体制がとられた。プロジェクトチームは、まずリーダーを決め、そのもとでメンバーが選抜される。ときには、社内公募をする場合もあるという。同時に複数のプロジェクトチームに所属することもできる。これは、組織主体の意思決定ではなく、社員個人が主体的にアイデアを出して実現するということであり、旧国鉄の意思決定のプロセスと対極にあるものといえる。また、事業創造本部以外についても、原則的に職制を廃止し、本社の各部には必要に応じて数名の課長とグループリーダーが率いるいくつかのグループを設置した。

JR発足後に入社した社員が中堅の域に達したこの時期に、新しい時代にふさわしい新しい組織作りを意識したものと思われる。

サンフラワープラン

JR東日本は、1日の乗降客数の合計が1600万人に達するという現実に着目し、「駅」を重要な経営資源と位置づけた。そして、平成9年度（1997）から「サンフラワープラン」を実施した。駅構内、さらには一部駅周辺を含めてそのレイアウトの見直しを行い、一定規模以上の新たなスペースを生み出して、それぞれの駅の特性に合った新しい店舗や駅ビルの展開を積極的に進めるというもので、平成11年（1999）4月までにJR東日本の58駅で5万5千㎡が生み出されたという。

もともとJR東日本は分割民営化のときから上野駅の再開発を検討していた。地上300mの高層ビルを建て、ホテルや商業施設を収容する計画であった。国鉄時代に東京駅丸の内レンガ駅舎を解体して跡地に高層ビルを建設するという構想があったが、国鉄内部でもレンガ駅舎の解体への反対意見があり立ち消えとなった。それに代わって浮上したのが上野駅の高層ビル建設計画であった。

計画事業費は約2000億円に達する計画であったが、投資効率の問題で停滞しているところで、平成3年（1991）はじめにバブルが崩壊して、計画は中止となった。

そのころ浮上したのが立川の南口駅ビル開発のプロジェクトであった。平成5年（1993）ころに、立川駅南口地区の地権者が再開発ビルの建設を計画した。これにJR東日本が相乗りする形で、駅ビルを建設しようという計画である。ここでJR東日本の社内にプロジェクトチームが立ち上がった。国鉄時代の駅ビルはテナントにスペースを賃貸するだけの仕事であったが、JR東日本は、立川の駅ビルではデパートのノウハウを導入することを考えた。ノウハウの提供を受けるため、阪急百貨店が提携先となった。

平成9年（1997）4月、立川プロジェクトの事業主体として、JR東日本60%、阪急百貨店30%、ルミネ10%の出資でジェイアール東日本商業開発㈱が設立された。立ち上げの人員は、JR東日本グループと阪急百貨店から合わせて70人が出向した。

再開発ビルの上層部分、駅上空に8階建てのビルを建設し、平成11年(1999)4月「グランデュオ」を開業した。この1階は橋上駅の自由通路上に面しており、その下に2階分だけ別のビルが収まっている。この部分が地元地権者が開発した再開発ビルでこちらには商業施設「サザン」が入居している。

JR東日本は、品川駅西口駅舎もサンフラワープランの対象として再開発することにした。JR東日本事業創造本部は、グループ会社にコンペへの参加を呼びかけ、これにジェイアール東日本レストラン、日本レストランエンタプライズ、㈱ルミネが応じた。最終的にルミネがコンペに勝利し、平成11年(1999)9月ルミネ ザ・キッチン品川を開業した。

ニューフロンティア21

JR東日本は、平成12年(2000)11月、グループ中期経営構想として「ニューフロンティア21」を発表した。計画期間は平成13年度(2001)から17年度(2005)までの5年間である。

当時のJR東日本の課題は、株式の上場と、連結決算重視のなかで、グループ経営の方向性、目標を明確にするということの2点であった。JR東日本は、それぞれのグループ会社に対して期待するミッションを明確化して、利益水準などの具体的な目標を設定、その達成度に応じて経営陣の処遇や報酬に格差をつける方針を示した。

そして、平成13年（2001）10月、グループ会社間にまたがるコンビニエンスストアを統合した。すなわち、コンビニエンスストア「JC」を展開していた㈱ジェイアール東日本コンビニエンスを東日本キオスクに吸収合併させ、「JC」を「ミニコンビ」と統合して、店舗の名称を「NEWDAYS」に変更した。合併後の店舗数は、全部で257店舗である。また、70m²以上の旧「JC」85店舗が「NEWDAYS」、30～70m²の旧「ミニコンビ」172店舗を「NEWDAYS MINI」に区分した。

ホテル事業では、JR東日本の本社内にチェーン本部を設け、大手私鉄のホテルマネジメントに倣ってチェーンオペレーションやブランド管理を行うことになる。

いっぽうで、利益の見込めない会社を、傷が深くならないうちに、スピーディーに清算するとした。平成12年（2000）8月、新宿駅南口タカシマヤタイムズスクエア前で自動車ショールーム「サターン新宿」（GM小型車「サターン」）を経営していたジェイアール東日本自動車販売を清算した。

また、ニューフロンティア21の取り組みの一つとして「ステーションルネッサンス」を推進した。これは、駅をもっとも優れた経営資源と認識して、「駅に行くと面白い」「駅に行くとこんなものがある」と人が集まる駅づくりを進めるというものである。

このステーションルネッサンスを構成する中心プロジェクトが、平成13年（2001）に実施された「コスモスプラン」である。首都圏のターミナル駅を中心に人工地盤の建設などの大規模工事によって事業スペースの創出を図るプロジェクトで、翌年2月にその第1号として上野駅をリニューアルして「アトレ上野」を開業した。

「アトレ」は、最初は、東京圏駅ビル開発㈱が開発した駅ビルの店舗名称であった。

東京圏駅ビル開発㈱は、平成2年（1990）4月に四谷駅ビル「アトレ」を開業し、平成16年（2004）4月に、亀戸《かめいど》駅「エルナード」、目黒駅「サンメグロ」「マイメグロ」、翌年4月に大森《おおもり》駅「大森プリモ」を吸収合併、平成17年（2005）、18年にそれぞれ「アトレ亀戸」、「アトレ目黒1A館」「アトレ目黒1B館」、「アトレ大森」と名称を変更した。四谷のアトレも「アトレ四谷店」となる。

同社は、平成17年（2005）3月エキナカ商業施設「Dila 西船橋」、同年6月には小規模店の「アトレヴィ秋葉原店」を開店した。平成19年（2007）4月には吉祥寺ロンロンを吸収合併し、リニューアルのうえ、平成22年（2010）に「アトレ吉祥寺」に改称した。平成21年（2009）4月には会社名を㈱アトレに変更して現在に至っている。

平成24年度（2012）のアトレの決算内容は、営業収益は駅ビルの不動産賃貸等収入の337億円だけである。営業費用として不動産賃貸等原価257億円と販売費と一般管理費が24億円かかっているので、営業利益は56億円ということになる。平成20年度（2008）は、不動産賃貸等収入239億円、直営店売上高19億円の計258億円、営業利益は33億円であった。

Diraとecute

Dilaは、JR東日本がエキナカで展開するショッピングモールの総称である。アトレ以外にもJR東日本リテールネット（もと東日本キオスク）、日本レストランエンタプライズ（もと日本食堂）、地域駅ビル会社の㈱千葉ステーションビル、東北総合サービス㈱が同じブランド名でエキナカ商店街の「Dila」を運営している。

エキナカ商業施設にはこれとは別に「ecute エキュート」がある。Dilaが庶民的だとするとecuteはそのラグジュアリー版である。有名ブランドの飲食店、販売店を集めている。

Dilaは駅ビル事業の延長で、テナントに売り場をリースして賃貸料を得ている。それに対して、ecuteは、仕入れ・販売・管理のマーチャンダイジングをすべてJR東日本子会社の運営会社が行うのが特徴である。

ecuteプロジェクトは、平成13年（2001）12月JR東日本本社での「立川駅・大宮駅開発プロジェクトチーム」の立ち上げで始まった。駅構内のスペースの開発とあわせて、大宮駅は5000㎡、立川駅は1万1500㎡の商業施設を建設するというプロジェクトである。

当初平成14年（2002）2月に役員会でプロジェクトの方向性を決定する予定であったが、紛糾して、結局4月まで持ち越しになった。

プロジェクトチームは、このプロジェクトを従来とはまったく違ったビジネスとするという方向性で固まっていた。すでにDilaというエキナカ商業施設を展開しているものの、スペースを賃貸することが主で、商業施設を一体的に開発するディベロッパーとしてのビジネスはこれがはじめてであった。

それに対して、JR東日本の役員は、このころグループ会社の整理統合を進めており、既存の組織とは別に新しい組織や会社をつくることが理解できなかった。

また、大宮駅について、プロジェクトチームは「二十〜三十代の通勤・通学客および新幹線を利用するビジネスマン」をターゲットに設定した。

これも役員の側には、駅は、そこを利用する万人のものである以上、その構内に出す商業施設がターゲットを設定するのはおかしいのではないかという意見があったという。

しかし、プロジェクトチーム側は、限られたスペースに商業施設を展開する以上、ターゲットの設定は不可避と考えていた。

4月の役員会でもやはり議論が紛糾したものの、結局、当時の大塚陸毅《おおつかむつたけ》社長の鶴の一声で決着したという。

「若い人たちが必死にやらせてくれと言っている。立川と大宮の二カ所は、新しい仕組みでやらせてみたらどうだろうか」（JR東日本ステーションリテイリング鎌田由美子＋社員一同『私たちのエキナカプロジェクト ecute 物語』）

平成15年（2003）4月、JR東日本初の社内公募により開業スタッフが集められた。総人員65人で、ＪＲ東日本からの出向が31人、ＪＲ東日本リテールネット、日本レストランエンタプライズ、日本ホテルなど子会社から15人、ＪＲ九州、銀行などグループ外から４人、プロパー社員15人という陣容である。平成15年９月、ＪＲ東日本ステーションリテイリングを設立し、店舗の名称をecute エキュートに決定した。そして、立川の「グランデュオ」の立ち上げで協力を得た阪急百貨店に、社員を研修に出した。

「ecute 大宮」は、平成17年（２００５）３月に開業した。「通過する駅から人が集う駅へと変わりたい」が開発コンセプトである。

ＪＲ東日本の投資額は90億円で年間売上額の目標値を55億円に設定した。ふたを開けてみると、１日の利用者が３万人と好調に推移し、売り上げも目標額を上回ったという。２年目は88億円を目標に設定した。

このecute大宮の好調ぶりに「さいたま商工会議所」が苦情を呈した。大宮駅の乗降客をecuteに取り込み、エキナカだけで商業活動が完結するＪＲ東日本の商業開発に反発したものである。エキナカはあくまでも駅構内なので固定資産税は「鉄軌道用地」の評価額に基づいて負担が軽減されていた。平成19年度（２００７）からエキナカ商業施設に対する固定資産税の課税強化が実施された。

ＪＲ東日本のエキナカ開発にとって「地域との共存共栄」が重要なテーマとなった。ただし、高架下商業施設など、駅に直結した地の利を得た場所での営業であるので、地域にとってはＪ

R一人勝ちの印象を与えてしまっているケースが見られる。

続いて、平成17年（2005）10月、「ecute品川」が開業した。コンセプトは「プレミアムプライベート」である。コア・ターゲットは「20代30代の働く女性、男性たち」である。ecute品川には、エキナカながら2階部分がある。こちらは、男性客に足をとめてもらうフロアー・コンセプトで、文房具、書籍を中心に店舗を構成している。

「ecute立川」は、駅部の西側、ホーム上空に高層ビルを建設し、その2階部分のエキナカに出店した。高層ビルの建設が遅れたため、開業は平成19年（2007）10月まで遅れた。ecute立川は、保育施設やベビー休憩室を設置しているのが特徴である。

平成25年（2013）9月14日、JR東日本ステーションリテイリングは、万世橋に商業施設「マーチエキュート mAAch ecute」の営業を開始した。これは旧万世橋駅の構内であるものの「エキナカ」ではなく、「街ナカ」である。かつての万世橋のレンガアーチなどの構築物を活用して、商業施設にリニューアルした。

キヨスク

駅の売店「キヨスク（KIOSK）」を経営した鉄道弘済会は、国鉄の分割民営化にあわせて、地域会社に分割され、各JRの出資する新しいキヨスク会社に引き継がれた。

その後、JR東日本は㈶鉄道弘済会の持ち分（49％）を取得して完全子会社化してJR東日本リテールネットに、JR九州は別に完全子会社のジェイアール九州リテールを設立してキヨスクを吸収合併した。JR西日本も、西日本キヨスクとは別に完全子会社のハートアンドアクションリーテイルを設立、平成12年（2000）に両社を合併してジェイアール西日本デイリーサービスネットとした。JR西日本の特異なのは、近畿圏を除き支社エリアにあわせて地域子会社を設立し店舗運営を任せているところである。地域子会社は、金沢、岡山、広島、福岡の4社である。

東海、北海道、四国はキヨスクのままであるが、四国と東海は㈶鉄道弘済会の持ち分を譲り受けて完全子会社としている。

東日本キヨスクは、直営の小さなボックスタイプの新聞・雑誌スタンドをレッツキヨスク、お土産専門店のギフトキヨスク、本、薬品、パンなどの専門店をユアキヨスクと業態を区分し、ギフトキヨスクとユアキヨスクは商社に委託した。

東日本キヨスクの売り上げは、街中のスーパーやコンビニに客が流れて、平成5年度（1993）をピークに減少していった。

そこで、ボックスの外側に向けて商品を配置し、なかにいる店員がレジを打つという対面型ばかりであったのを、新たに街中のコンビニのように店舗に客が入って商品棚から品を選ぶ、ウォークインタイプを開発した。平成9年（1997）10月飯田橋駅にウォークインタイプの「ミニコンビ」1号店を開店した。

小規模店のリストラ

いっぽうで、経営改革のために、日商4万～5万円の不採算店220ヵ所を閉鎖した。そして、不採算の原因は人件費にあるという認識で、正社員の大幅削減を断行した。

キヨスクは、ベテランの売り子の機敏な動きによって小さな店舗で大きな売り上げを上げてきた。事業そのものが売り子の技能のうえに築かれていたということができる。また、仕分け・配送などの物流部門も、鉄道弘済会時代と同じ手作業であった。そこで、330人いた物流部門を完全にアウトソーシングし、店舗の売り子も、従来の正社員とパートの比率が半々だったのを、正社員1に対してパート2の割合に改めた。そして、正社員の退職勧奨が行われ、最終的に全社員の3分の1にあたる約1200人が退職した。

さらに店舗経営にマネージャー制度を導入して、約1000人の正社員をマネージャーにつけ、数店舗を担当させてパートの売り子を管理するようにした。マネージャーには個々の店舗の経営者としての意識を持ってもらうために、売上目標を設定し、達成率を評価した。

平成13年（2001）には、業態が重複していた駅のコンビニ「JC」を経営していたジェイアール東日本コンビニエンスを吸収合併し、統一名称「NEWDAYS」に変更した。

いっぽうで、東日本キヨスクは、新事業として「エキナカ商業施設」の開発に取り組んだ。

平成3年（1991）6月東北新幹線が東京駅に乗り入れた。今まで上野が終着駅であったが、東京駅まで伸びたことで上野はターミナルとしての機能を縮小した。この空スペースの有効活用策が検討された結果、東日本キヨスクは、Jリーグショップを設置することになる。Jリーグは平成5年（1993）に発足したが、前年から開催されたプレイベントがブームを煽《あお》った。当初は大きな売り上げを上げたが、ブームが続いたのは平成6年（1994）ころまでであった。サッカーブームが下火となるとJリーグショップの売り上げも落ちた。

このスペースの活用方法を検討し、改札内での商業開発のテストケースとして、平成8年（1996）8月「フローラ上野」（東日本キヨスクが運営）を開業した。3階乗換コンコースと地平ホームの改札近くに店舗を構えた。

フローラ上野には、東日本キヨスクが運営する書店チェーン「ブックガーデン」を出店した。東日本キヨスクは駅の売店で新聞・雑誌を販売しているが、これは鉄道弘済会を取次として使っていた。しかし、鉄道弘済会には書籍のノウハウがないため、書籍取次最大手の日本出版販売と取引を行った。平成19年（2007）には「ブックエキスプレス」に改称し、JR東日本のエリア内全体に出店している。

フローラ上野は平成12年（2000）12月にDila上野に改称したが、3階乗換コンコースの商業施設は平成22年（2010）9月に閉鎖され、同年12月に「ecute上野」（東日本キヨスクが運営）に業態を転換した。

上野に続いて、東日本キヨスクは平成10年（1998）11月、品川駅の乗換連絡橋上のコンコースにエキナカ商業施設「フローラ品川」を開業したが、平成13年（2001）1月、こちらもJR東日本グループのエキナカ共通ブランド「Dila品川」に名称を変更している。その後、JR東日本ステーションリテイリングが同じ連絡橋の東側に開発したエキナカ商業施設「ecute品川」の成功を受けて、平成22年（2010）12月「ecute品川サウス」に業態を転換した。現在も、東日本キヨスクが改称したJR東日本リテールネットが運営している。

その後もキヨスクの経営危機は大きく改善することはなく、平成18年度（2006）には再度の大鉈《おおなた》が振るわれた。キヨスク改革の象徴的な意味を込めて、まず同年4月に上野支店を廃止した。続いて東日本キヨスクは6月、労働組合に対して希望退職を募集することを提案した。募集対象者は販売員469人を含む1104人としたが、最終的に販売員460人を含む821人が応募した。7月、JR東日本は東日本キヨスクの鉄道弘済会の持株約10%分を取得して100%子会社にした。8月には、飲料事業の戦略的子会社の㈱JR東日本ウォータービジネスを設立して、10月に東日本キヨスクのドル箱事業であった飲料自動販売機事業を移管した。

平成19年（2007）7月1日には、東日本キヨスク㈱は創立20周年を機に社名を㈱JR東日本リテールネットに変更し、店舗の名称も「キヨスク」から原語の音にしたがって「キオスク」にした。

JR東日本リテールネットは、利益率の小さい小規模店舗が圧倒的に大きい現状を改めるため、専門店事業に力を入れている。その内容は、書店、土産物店、アパレルショップ、CDショップなどさまざまな業種にわたっている。

土産物屋や弁当屋は定番であるが、書店のブックエキスプレス、薬局のくすりステーション、スイーツのMonthly Sweetsといったオリジナルブランドのほか、雑貨の無印良品.com KIOSK、ユニクロ、女性向けの輸入雑貨を扱う「ミニプラ」といったナショナルブランドも出店している。無印良品やユニクロ、ミニプラは、いずれも提携による出店で店舗経営はJR東日本リテールネットが行っている。また、東京急行電鉄と提携してランキング形式の物販&情報発信基地「ランキンランキン」を出店している。

平成22年度（2010）のJR東日本リテールネットの売り上げは、コンビニエンスストアのNEWDAYSが432店舗で880億円である。平成18年度（2006）に比べて店舗数が76店舗増加し、売り上げも149億円の増加である。平成21年（2009）1月に策定した中期アクションプログラム「J－リテール　ブレークスルー2010（考動～成長）」では、NEWDAYS500店舗を目標としている。

KIOSKは505店舗で売り上げは436億円。平成18年度（2006）に比べて308店舗減って、売り上げも303億円の減収となった。

専門店は、378店舗で655億円の売り上げで、平成18年度に比べて77店舗減って売り上げも85億円減少した。前年度の平成21年度（2009）の店舗数343、売上高666億円がいまのところの過去最大値である。

10　必要な鉄道の維持のために

都市公共交通について

本書では、日本の鉄道の特徴や大小の鉄道の経営の実態、さまざまな増収策等について述べてきた。個々の鉄道会社はそれぞれに工夫をこらして経営しているが、それにも限界はある。最後に、これからの鉄道をどのようにして維持していくべきかについて述べよう。

東京は、世界でも稀な鉄道依存都市である。大阪、名古屋、神戸、福岡、札幌も地下鉄網のほかにJRや私鉄の郊外鉄道の路線網があり、それぞれ機能的に組み合わされて、都市鉄道の利便性が高められている。あえて自家用車を持たなくても十分に快適な生活ができる。

都市鉄道は運行にともなう地球温暖化物質の排出が少ないばかりでなく、化石燃料1単位あたりの輸送量が大きい、地球にやさしい交通手段なのである。近年、気象が荒々しくなっており、環境問題にはいやおうなくセンシティブにならざるをえず、LRT（Light Rail Transit）のような中量軌道系交通機関を含めて、都市内の鉄道網の整備を真剣に考える必要があるであろう。

また、高度に発達した公共交通機関に裏付けされた大都市の機能性をより高め、さらに磨きをかけるにはどうすればよいのだろうか。

インフラ整備の財源

日本の場合は、公共交通機関の整備・経営は独立採算が基本であった。基本的に公共交通の整備にかかる費用は民間企業が責任を持ってきた。運営コストについても、運賃収入によってカバーすることが求められた。これは、モータリゼーションが進行するまで一貫して鉄道事業が利益を出しつづけていたためである。かつては道路の整備が遅れていて、今より鉄道の重要度が高かった。

しかし、地方都市では、道路の整備が進み、続いて郊外にロードサイドの商業施設ができて、自動車依存型の社会が出来上がった。これにより、急速に公共交通の需要が減少したことで収入が減り、サービス水準を維持できずに次第に供給が縮小してしまう結果となった。

明治末以来、鉄道・軌道の整備に対する補助制度があり、戦後は昭和28年（1953）の「鉄道軌道整備法」が根拠となっていた。これには欠損補助や新線補助が盛り込まれ、平成9年度（1997）まで赤字のローカル鉄道に対して欠損補助が行われていた。また、新線補助についても昭和37年（1962）東北開発による砂鉄事業に関連して建設された南部縦貫鉄道の建設に国庫補助が実施された。

都市内高速鉄道でも、１９７０年代以降、公共機関が大都市の地下鉄建設や中量輸送機関の建設を行う場合に、建設費の５割を超える補助を行う制度もできた。平成17年（２００５）、地上の高架鉄道を含む都市鉄道全般に対して、都市鉄道等利便増進法に基づく補助制度が整備された。しかし、欧米先進国が制度化しているような、軌道系交通機関を整備するための特定財源というような財源措置がない。たとえば、フランスでは企業から徴収する交通税により鉄軌道系交通機関の整備と運営費補助が行われている。

１９８０年代、総合交通政策議論が盛んになったころに、自動車重量税を新設してその税収の一部を公共交通の整備に使うという議論が行われた。それによって、実際、都市モノレールや新交通システムなどの軌道系交通機関のインフラ部を道路財源で建設するという制度が生まれた。その後もう一度、平成３年（１９９１）に鉄道整備基金が創設されたときに、都市鉄道の通勤定期収入の一部を拠出させて、都市鉄道の整備に充てるという議論が起こった。しかし、通勤定期からの資金の拠出に対して鉄道業界からの反発があって実現しなかった。制度は鉄道建設・運輸施設整備支援機構に引き継がれているが、今日に至っても、公共交通施設の整備に対する財源措置が制度として規定されていない。

つまり、原則として、いまだに都市公共交通施設の整備は企業のリスクにおいて実施され、その経営は独立採算主義でありつづけている。それは、現在もなお、都市鉄道経営が採算可能であることが背景にある。現実には、建設費の負担で厳しい経営が強いられている都市第三セクターがいくつもあるのに、である。

しかし、欧米先進国は、かなり以前に独立採算主義を放棄し、その投資について、公共が法制度で規定された財源に基づき公共事業として行っている。そして、その結果として、運賃は、費用主義ではなく、利用者側の交通サービスに対する価値観に応じて決められている。同一サービス、同一運賃の原則が普通に行われている。

アメリカの政策転換

アメリカ合衆国の大都市では、19世紀の終わりにはニューヨークの地下鉄、シカゴの高架鉄道、フィラデルフィアの地下路線を組み合わせた路面電車のような路線網が出来上がっていた。そもそもアメリカ合衆国は鉄道が国家の発展・産業化を推進したのであるが、20世紀に入ると、フォードシステムと呼ばれる自動車の流れ作業による大量生産により、一気にモータリゼーションの時代に突入した。自動車社会が未来の世界であると信じて、全国にわたる州際高速道路が建設されて、都市交通も自動車に置き換わっていった。

しかし、1960年代ころ、自動車の社会的費用の大きさに気付くようになった。かつてのアメリカ車は大型で頑丈ではあるものの、重くて燃費が悪く、エネルギー浪費的であった。それに、排気ガスを清浄化する技術はなかったので大気汚染を発生させ、住民の健康を損ねた。

それにもまして、交通事故の犠牲者が社会的なコストとして深刻な問題であった。

環境の悪化した都心部からは人口が流出し、その空洞化した都心部は次第にスラム化して治安が悪化していった。インナーシティの問題である。

さらに、戦後一貫してケインズ的な景気刺激政策を繰り返してきたため、1970年代後半に財政状況が悪化した。広大な国土に自動車道路網を整備するための財政的な裏付けがなくなった。

また、都市内における道路面積の比率が増大し、都心部に広大な駐車場が広がっていった。それに加えて、都市の人口が郊外に拡散して、公共施設の整備が必要となった。都市の無秩序な拡大、スプロール現象である。

自動車社会は土地集約的であり、行政コストも大きくなるということに社会が負担を感じていくことになる。

そこで、大きな政策的な転換があった。地域の道路網整備と高速鉄道などの公共交通施設の整備を、地域コミュニティに選択させたのである。地域が公共交通の整備を選択した場合には、公的資金が投入されて都市高速鉄道、LRT、貨物鉄道の線路を使った通勤列車の整備が進められることになった。

LRTは、簡単にいうと近代的な路面電車である。これはまず、北米で登場した。都心部にトランジットモールが整備され、そこでは歩行者と電車しか通行できない。もちろん路面電車として低速で走行する。それが郊外に出ると普通の鉄道として高速運転をして、郊外と都心を直結するという軌道系交通機関である。

LRTの概念は、すぐにドイツやイギリスに移出された。ドイツでは、地方都市を中心に路面電車が残っていたが、当時、次第に大・中規模都市では地下鉄に、小規模都市ではバスに置き換えられつつあった。そこにLRTの考えが伝わり、ライン・ルール地方やケルン、ボン、ハノーバーで都心は地下鉄を走り、郊外は路面を走行する高速路線が造られた。さらに、1980年代を過ぎると、都心の路面はそのままで郊外に高速路線を整備するものや、カールスルーエのように郊外で国鉄の線路に直通する電車まで現れた。

イギリスでも、ドイツのエッセン市が採用した路面電車よりやや大きめの電車を使った中量輸送機関をロンドンのドックランドで採用した。続いて、リバプールで都心の道路面に線路を敷き、国鉄の線路を使って郊外に直通する路線を整備した。さらに、クロイドンなどではオリジナルのLRTが登場した。

この近代的な路面電車を建設するというLRTの普及は、フランスで一気に進んだ。その財源として、一定以上の従業員規模の法人が給与総額の一定率を交通税として負担する制度がある。

ドイツも、連邦鉱油税の歳入の一部を州政府に移転して、これの一部を公共交通の整備費用に充てている。

ドイツでは、かつて都市交通は民間企業が経営していた。しかし、戦後モータリゼーションが進行して、都市の城壁の外側が自動車化すると、都市交通は赤字化し、次第に自治体が出資率を高めて公有株式会社化した。インフラは公共事業として公共が建設している。

1960年代以降、都市公共交通は不採算化して、自治体からの補助金に依存する傾向が強まる。そのような流れで、大都市に運輸連合という公共投資の決定機能を持つ自治体・公共交通事業者による組織が設立された。補助金はこの運輸連合に支給され、一元的に徴収された運賃収入に補助金を入れて交通事業者に一定のルールに基づいて配分される。

運賃は、都市圏を環状や放射状にいくつかのゾーンに分け、同一ゾーン内の運賃はどの事業者を使っても一律、複数ゾーンにまたがる場合は通過ゾーン数にしたがって、利用する交通機関の別なく同一の運賃が課されるという「ゾーン運賃制度」を設けた。

かつて、東西冷戦下のドイツは、1970年代には、本格的な地下鉄はベルリンとハンブルクだけ、国鉄の通勤電車もベルリンとハンブルクだけであった。日本のようには、都市内の高速鉄道のネットワークは整備されていなかった。地方都市では路面電車が唯一の都市内軌道系交通機関であるという例も多かった。日本ほどには、鉄道は便利ではなかったのである。しかし、1972年のミュンヘン・オリンピックを機にミュンヘンにベルリンやハンブルクとは違う国電 S-Bahn が新設され、それ以降、各地に波及した。また、もともと路面電車を残していた都市が多かったので、これを活用して近代的な超低床方式の電車によるサービスの改善が進

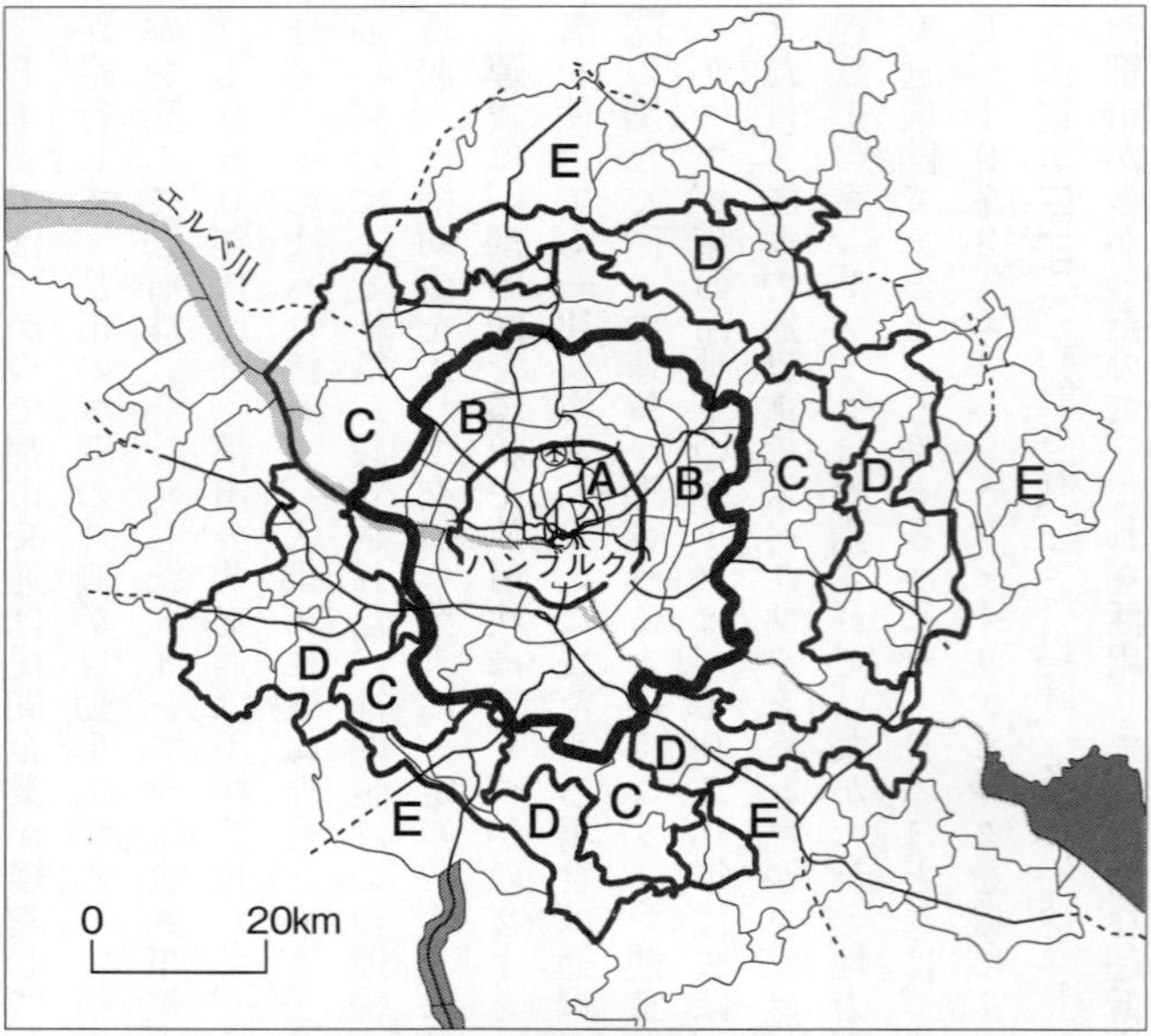

ハンブルクのゾーン制運賃　太枠内の発着は、事業者にかかわらず、同一ゾーン内、２ゾーン間、域内全域の３段階に、それ以外はＡ～Ｆの１－２運賃リング内、３リング内、４リング内、全域の４段階に運賃が設定されている。網かけ部分は定期券のみ

められた。

ドイツの都市内では、自動車の進入を禁止して、都心部を歩行者空間にしているところが多い。もともと城壁で外縁が決まっていたので人口が増えると郊外に住宅地を建設した。城壁の内部は、古い街並みが残され、街路も狭い。オペラ劇場やビアホールなどの公共の場が都心に集中し、比較的早い時間に仕事を終え、人々は都心で観劇や酒盛りをエンジョイしている。

コンパクトシティの思想

日本でも、利用者側の公共交通のサービスに対する価値観に基づいて、インフラ整備と運賃設定が行われれば、大都市では今以上に便利になるであろうし、地方都市では過度な自動車依存による人口・経済活動の郊外シフトが是正されて、既成市街地への人口・経済活動の回帰も実現できるかもしれない。

その流れのなかに、コンパクトシティの考え方がある。コンパクトシティとは無秩序な都市の郊外拡散と都心部のドーナッツ現象を防ぐために、都市地域を公共交通中心のコンパクトな規模に誘導する政策のことである。

富山では、森雅志《もりまさし》市長のもとでコンパクトシティに向けた政策を立て続けに実施した。富山市は、背面に立山《たてやま》連峰が迫り、前面には日本海が広がっている。富山に限らず北陸地方では、一般的に平野部に散居村《さんきょそん》が広がり、人口が拡散して、かつては多くの鉄道路線があって、地域全体をカバーしていた。しかし、人口が農村部に分散しているということは、人口密度が小さいということを意味している。自動車が普及すると、一気に鉄道の旅客は減少して大半が撤退してしまった。

富山県は、1世帯あたりの乗用車の保有台数が全国で2番目に多い。移動の72％は自動車を使い、とくに通勤での自動車の利用は83％と非常に高い。

市域の北側を東西に走る国道8号線と市街地から南部の笹津《ささづ》に向かう国道41号線の沿道にロ

ードサイド商業施設が増え、人口も周辺部に拡散した。必然的に、行政施設を各地に配置しなければならないし、福祉やゴミ収集などの行政コストが増加した。

そのいっぽうで、既成市街地の経済活動が衰退し、中核施設のデパートが撤退、アーケードからはにぎわいが消えた。

そこで構想されたのが、串団子形のコンパクトシティである。既成市街地に行政施設を一極集中させるには、財政負担が大きくなるし、いま周辺部に生活する人たちには行政サービスの低下になりかねない。そこで、一定以上のサービス水準を持つ公共交通を整備し、いくつかの駅を中心に医療機関や公共施設を配置するというものである。日々の買い物や通院で、既成市街地にまでいちいち通わなくても済むようになる。

この公共交通軸を整備するということで、JR西日本の高山《たかやま》本線に新駅を設置し、大幅な増発を行った。富山地方鉄道も、長年厳しい経営を続けてきたためにサービス水準が低下してい

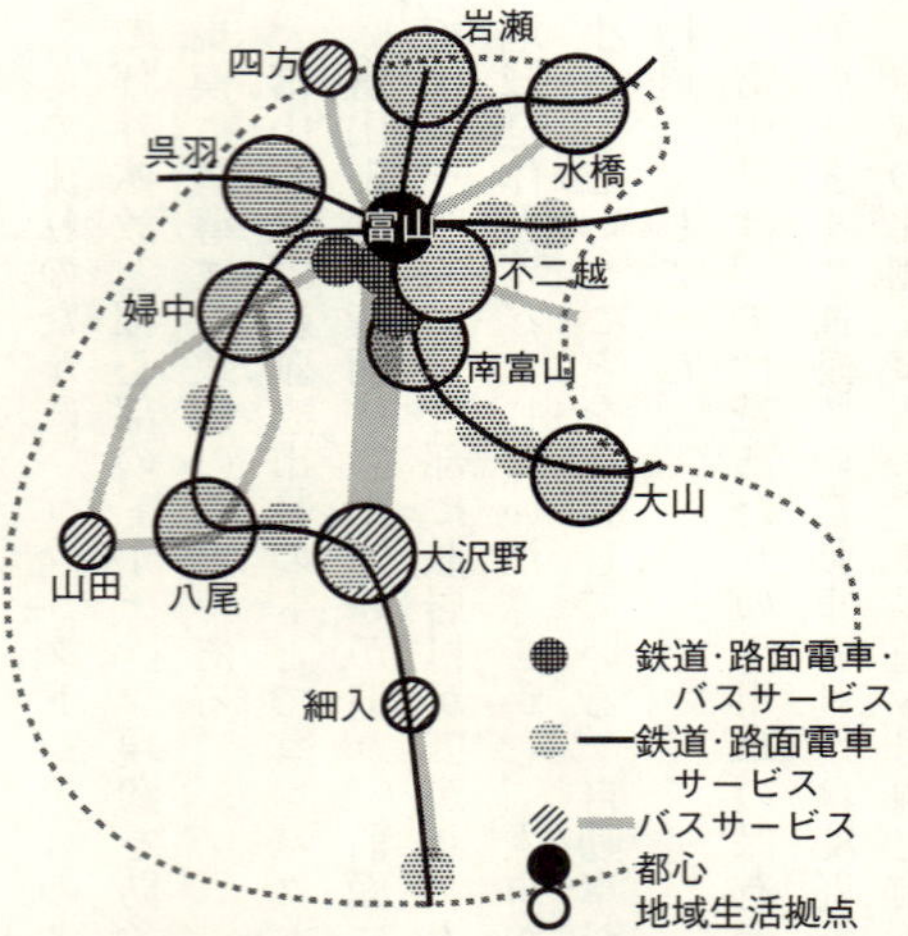

富山のコンパクトシティ構想の概念図（岡崎拓郎「コンパクトシティ戦略富山市　公共交通を軸とした拠点集中型のまちづくり」）

富山ライトレールの岩瀬浜駅　バスとの乗り換えの便を図っている

たが、富山市の政策に協力して、車両の取り換えを進め、増発も行っている。

また、JR富山港《とやまこう》線は、富山駅の新幹線乗り入れ工事を機に、富山駅近くの街路上に軌道を新設して、全線をLRTの富山ライトレールとして再生させた。また、都心部にも、衰退している西町《にしちょう》と富山城のお堀端の丸の内を結ぶ軌道を、市の負担で新設した。既設の富山市内線とあわせて都心環状線（セントラム）として近代的な超低床車が走っている。

軌道というハードウェアを整備するだけでなく、軌道線の沿線への転居に補助金を支給すること（まちなか・公共交通沿線居住推進事業）もしている。また、軌道線の沿線以外の地区にはコミュニティバス「まいどはやバス」を運行し、また、中心部には

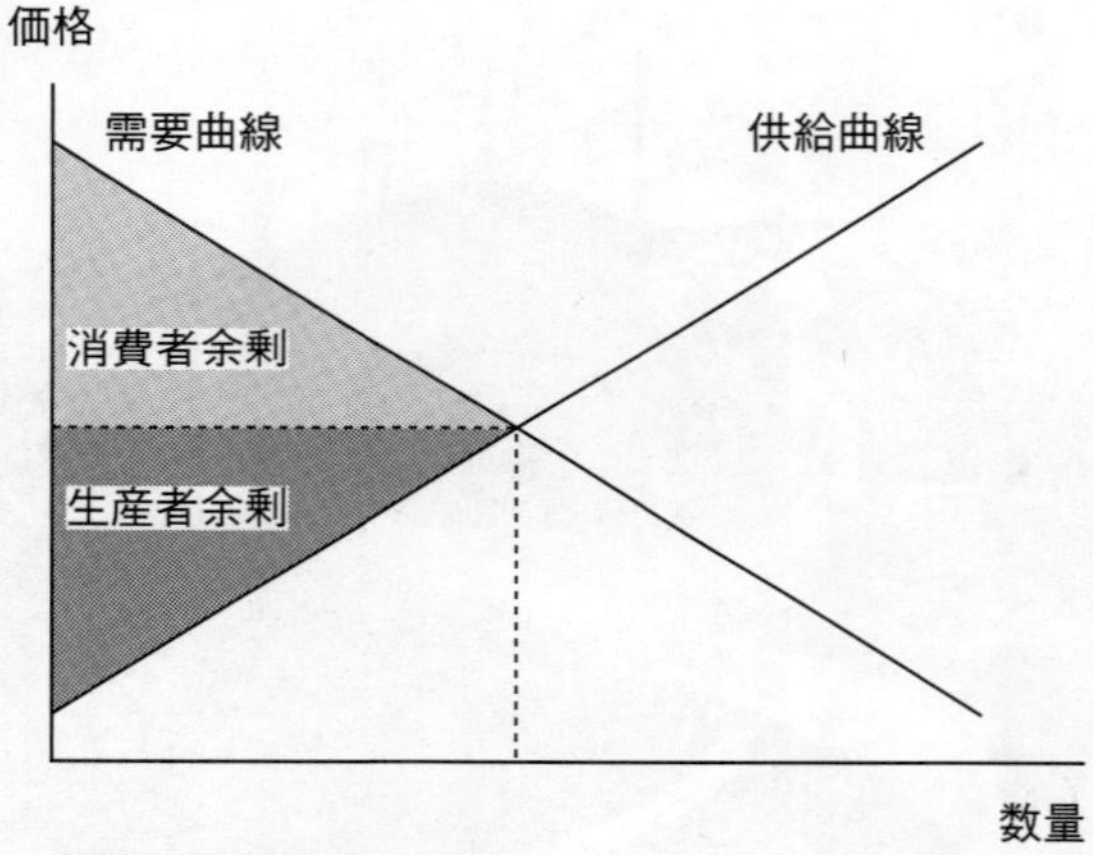

需要供給曲線

レンタサイクル「コミュニティサイクルシステム」のステーションが設置されている。

需要と供給はどう決まるか

日本では、都市交通の運賃額は個々の会社・路線のコストをベースに決められている。

まず、経済学の一般論から解説すると、完全競争市場では需要曲線と供給曲線の交点で市場均衡供給量が決まる。

需要曲線は消費者が財に払ってもよいと思う支払意思価格で、財の量が増えれば増えるほど低下する。供給曲線は限界的な1単位を生産するために必要な費用で、限界費用と呼ばれ、財の量が増えれば増えるほど上昇する。

企業は、生産量をどこまで増やそうとするのだろうか。

企業が、生産量を1単位増やした場合に、支払

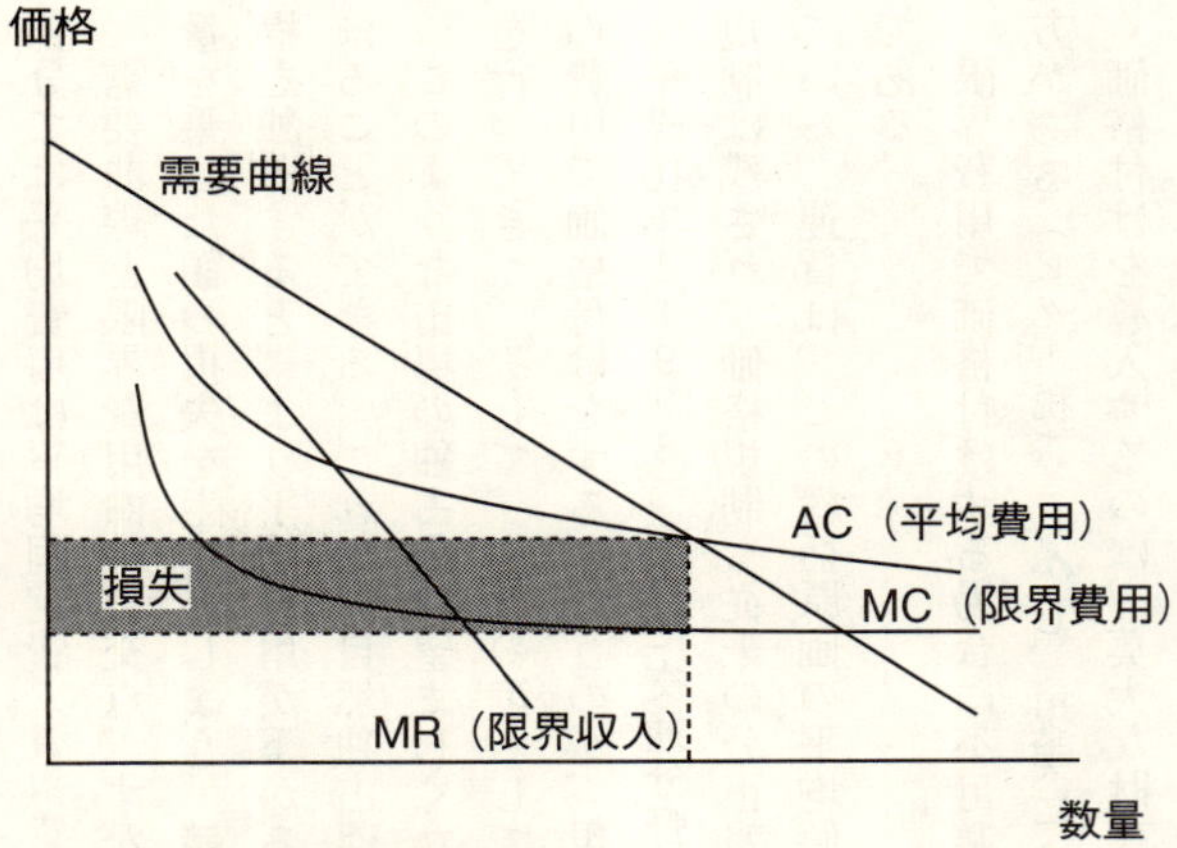

鉄道の場合の需要供給曲線

意思価格が生産に追加的にかかるコストを上回る限り利潤が増える。企業は利潤が増える限り生産量を増やそうとするので、最終的には追加利潤ゼロのところで生産量が決定する。これが市場均衡である。

消費者は効用を最大化しようと行動すると仮定し、消費から得られた効用から支払った価格を差し引く純効用を消費者余剰と呼び、企業の場合は利潤を最大化して行動すると仮定すると、売上高からその生産にかかった費用を差し引いた利潤が生産者余剰となる。

市場均衡の政策論的意義は、この余剰の合計が最大化するというところにある。

公共交通の価格決定

しかし、鉄道事業のような大きな資本設備を要する事業では、生産量を増やすにしたがって、施設を大掛かりに増設しなければならなくなるまで、限界費用が低減する。限界費用が低減する部分では平均費用は平均固定費（資本費分）だけ上回る。

需要曲線と限界費用曲線の交点、すなわち余剰最大点では、平均費用と限界費用の差と生産量を乗じた額の損失を生じてしまう。競争相手がいるならば相手企業を市場から追い出して市場を独占すると、より平均費用が下がるうえに、価格は自由に決められるので独占利潤をむさぼることができる。これを「自然独占性」と呼ぶ。

このような市場の独占化は望ましくないので、市場参入を厳しく制限するうえで、価格規制を行ってきた。そして、次善の策として、市場を独占化したうえで、超過利潤を許さない、平均費用で価格付けをするというのが、現在の公共交通機関の価格付けの方法である。

平成10年（1998）ころに交通分野での規制緩和が一気に進んだが、鉄道事業では、参入規制は残され、価格規制も従来の公正報酬率に基づく総括原価をベースに上限運賃が決められている。運賃は、この総括原価の平均値により決まるので実質的に平均価格での価格付けなのである。

限界費用で価格付けする場合に不可避な会社の損失分を、公共が税金を財源に補塡する考え方がある（ピグー税）。しかし、現実には大都市圏で運行する鉄道システムに限界費用に基づく価格付けを導入するのは、莫大な財政支出が必要となって現実的ではない。

そこで、限界費用で価格付けした場合に生ずる損失は、主に初期投資による資本費分であるので、最初から建設費に補助金を交付すれば、限界費用で価格付けしても損失は生じない。また、建設費用に補助金を充てなくても、リース料として可変費用化すると、限界費用で価格付けしても損失は生じない。これが、現在の日本の都市鉄道整備の補助制度の理論的な根拠である。

しかし、これでは同じ区間の移動に会社ごとに価格差が生ずることになり、利用者の側からは、不便このうえないということになりかねない。

共通運賃制度の導入を

利用者の利便性を考えれば、いずれは利用者の価値観に基づいた価値主義に基づく価格付けの要素を加えるべきであると考える。

同じ区間を利用するのに複数のルートがある場合、費用主義だと、高いほうのルートの効率が落ちるいっぽうで、安いほうは混雑して輸送力増強の設備投資が必要になるかもしれない。

このような場合には、高いほうが安いほうに運賃を合わせるという調整運賃が実施されることも多々ある。これを、利用者によりわかりやすく、一般的な制度として実施するのが、共通運賃制度である。利用する区間が同じならば、利用者にとっての利用価値は一緒なので、同じ価格であるべきだという考え方である。

しかし、共通運賃は、基本的に平均値に決まる。コストの高い事業者は損失を生じ、逆にコストの低い事業者は利潤を手にする。これをどのように調整するのか。

さらに、会社間での収支を調整するために、運賃を一元的に収受する組織を作るとして、その運賃収入をどのように会社間で分配するかという問題がある。

近年のIC乗車券の普及にともない、そのデータを活用して、記録するデータに移動経路や利用交通機関を加えて、計算センターで集計して個々の路線の利用者の実数を出し、これに基づいて収入を分配するという方法もあるかもしれない。ネットワークの全体で損失が出る場合には、適宜、公共側から資金が投入されるということも考えられる。

経営の一元化

東京都内の地下鉄は、東京地下鉄㈱と東京都交通局の2社が経営している。以前から乗継運賃割引など連絡調整が行われていたが、猪瀬直樹《いのせなおき》都知事になってから、サービス一元化が急速に進んでいる。九段下《くだんした》駅の都営新宿線と東京メトロ有楽町線を隔てていた、猪瀬知事が言う「バカの壁」が取り払われて自由に行き来できるようになったのが象徴的であった。

猪瀬知事は、もともとこの2社の完全統合を目指していた。東京地下鉄は、現在、国と東京都がおおよそ半分ずつ出資している。国は、早期に株式を上場して、売却したいという意思表示をしている。そして、東京都にも東京地下鉄の株式の売却を望んでいる。東京地下鉄を完全民営化し、JR東日本のように、民間の発想に基づく創意工夫で効率的経営が進むと考えているからである。

これに対して、猪瀬知事は、都営地下鉄との統合による利用者の利便性の向上という視点で、一元化を主張している。しかも、東京都への統合という意図を持っているらしい。そして、そもそも都営地下鉄は、経営効率が悪いために経営が厳しいとの一般の認識に対して、都営地下鉄の経営状況が東京地下鉄に比べて見劣りするのは、建設費の償還・利払いによるもので、いずれ解決されるものであり、経営上の効率性は東京地下鉄と変わらないとする。

ただ、地下鉄を乗り比べてみれば、駅構内の雰囲気ですら、東京地下鉄は暖かくモダンで、都営地下鉄は冷たくヤボったいという印象を受けてしまう。この違いは、公営交通と株式会社という経営形態の差だと思う。

公営交通の経営スタッフは基本的に一般行政職の公務員が中心である。たまたま交通局に配属された人たちである。それに対して東京地下鉄の経営のトップは営団地下鉄以来の地下鉄屋さんである。サービスの内容の詳細に精通している。その意思決定も、スムーズに適切に行われる。

また、東京都交通局は、大きな問題については都議会の承認が必要である。また、都議会が議決したことに対して、責任をもって対処しなければならない。議会が利用者の側に立つならば問題はないが、沿線住民・地権者の側に立つ場合もあるし、労働組合の側に立つ場合もあるかもしれない。かならずしも、地下鉄経営の効率化による運賃引き下げやサービス改善などに専念できないのである。

現在、東京都交通局も、東京地下鉄も新線建設は終了した。設備投資を減価償却費などの内部留保資金の範囲で賄えれば、負債は順調に返済できる。

この機会に、いずれもインフラ会社に転換してはどうだろうか。東京都と東京地下鉄が現物出資して改めて運行会社を設立し、上場・増資して、運行設備の統一のための設備投資とサービス改善施設に投下すれば、利用者の利便性を大きく向上させることが期待される。

このようにインフラ管理会社と運行会社を分けるという手法を、「上下分離」と呼ぶ。先に、需要価格と限界費用の一致したところで生産規模と価格を決めると社会的余剰が最大となるということを説明した。限界費用は、1単位サービスを増加させたときに生ずる追加費用である(その増加量を際限なく微小量とすることで限界値となる)。つまり、日常の運行によって生ずる費用と、建設時に支払い済みで1年あたりでは固定化している費用とを画然と分けて、運行会社はサービスの供給量と価格を最適化し、資本費については使用料として負担する。インフラ会社は、その使用料で建設のために借り入れた資金を償還することで、確実に債務を減らしていくことができる。このように、上下分離のメリットは、サービスの最適化と、債務の削減を両立できることである。

地域公共交通の維持

地域の公共交通の問題として、都市部であろうと地方であろうと、共通に理解しなければならないテーマがあると思う。それは、「なにゆえに公共的なのか」ということである。

かつて国が経営する国鉄がローカル列車を運行し、現在も、都市部を中心に公営の地下鉄やバスが運行している。そのサービスの供給主体が公共であるので公共交通とする考え方もある。しかし、筆者は、公共交通の「公共」とは、publicであると同時にcommonであると考えている。つまり、広く公共にサービスすると同時に、乗合で利用し、しかも、だれでも利用できるものが公共交通である。

生存権と公共交通

国の政策はすべて法律で規定されている。公務員の恣意《しい》的な政策策定が可能だとすると、場合によっては専横的な政策になり、公共の利益を害するかもしれない。

そして、日本の法律体系は、最終的に憲法の趣旨と合致していなければならない。日本国憲法は、国の統治の基本を定めたもので、いかなる法律もこれに反することはできない。

さらに、この日本国憲法第十一条で基本的人権が保障され、第二十五条で「すべて国民は、健康で文化的な最低限度の生活を営む権利を有する」と規定する。これにより、国家は国民に対してナショナル・ミニマムを保障する義務が生じる。

このナショナル・ミニマムから派生して、国民に与えられた権利としてシビル・ミニマムという和製英語が造られた。地方自治の現場で使われることが多く、市民の最低限度の生活水準を示す基準とし、その基準を自治体と市民が協働して実現するものとして理解されている。ナショナル・ミニマムは単純に最低限の生活水準を保障するという意味であるが、具体的に政策に反映した場合には、広く社会権として教育を受ける機会の保障や職業に就くことの保障、また生存権として医療を受けることを保障するということになると考える。それを実現するために、人々の移動可能性（モビリティ）の保障が求められる。

国民の最低限の生活水準（所得配分の平等性）を保障するには、一つには生活保護費の支給などの社会保障制度がある。これを「結果の平等性」と呼ぶ。しかし、場合によっては生活保護費に頼ることで自立をためらわせることになると、真の平等性を実現することにはならない。それに対して、「手段の平等性」という考え方がある。これは、教育機会を保障することで将来より高い所得を得られるかもしれないし、就業機会が保障されることでもより高い生活水準を獲得できるかもしれない。これを手段の平等性と呼ぶ。歴史的にこのような就学機会の保障、就業機会の保障に大きな役割を果たしてきたのが公共交通であり、とくに高速で地域を結ぶ鉄道であった。それまで都市部に寄宿しなければならなかったのが、鉄道が開通したことにより自宅から通えるようになり、上級学校への就学率が大きく上昇したということがあった。また、農業や漁業しか生計の術《すべ》がなかった地域に鉄道が開通したことで近隣の都市に就職できることになった。

最近、より意識されるようになったのが、医療における鉄道の役割である。具合が悪いから通院するのであり、症状によっては自動車を運転できないかもしれない。普段は公共交通機関を利用しない人でも、いざというときには使わなければならない。また、もともと自家用車を使えない人も多く、公共交通がなくなると交通難民化してしまう。さらに、鉄道は、揺れが少なく、場合によっては車いすのまま乗車できる。交通弱者にやさしい交通機関なのである。

これは都市部でも地方でも同じことである。都市部では、たいてい採算可能なのでその保障が意識されることが少ないが、地方の場合は、努力して確保しなければならない問題である。

移動可能性を保障しつつ、付加価値を高める

次に、この公共交通におけるミニマムは、どこまで保障されるべきかという、レベルの問題がある。

路線バスのサービスでミニマムが保障されるべきか、それとも鉄道のようなインフラ整備・維持が必要なサービスで保障すべきなのか。あるいは、路線バスが維持できないという場合には、住民限定の乗合タクシーでよいのかということである。

鉄道でも路線バスでも、同じく移動可能性を保障できるとするならば、鉄道は不利である。鉄道事業は線路や駅舎などのインフラ部を自前で持つため、ある程度の需要規模がないと成立しない。しかし、路線バスはバス車両が1台と運転士が1人いればサービスを提供できる。鉄

道事業の最低最適生産規模を下回る場合には、コストの安い路線バスのほうが好ましいということになる。

ここで、鉄道の特性は何なのかを考えてみたい。幹線鉄道や都市鉄道では大量定型輸送、定時性に特性があるといわれる。東京〜新大阪間を1300人を乗せて2時間30分で結ぶ「のぞみ」や、ラッシュ時には1本の列車で3000人以上を運ぶ山手線などは、航空機やバスでは代替不可能である。

それでは、大量性のない地方のローカル鉄道は、鉄道の特性が活かせないのであろうか。筆者は、地方のローカル鉄道でも、鉄道の特性を発揮できるケースがあると考えている。

それは、ローカル鉄道では、路線バスと同じようにミニマムを保障するための生活交通を担うと同時に、鉄道車両の室内空間を活かして観光などの付加価値サービスを提供することができるということである。本書で見てきたような、ダイニング車両やストーブ列車のような魅力ある車両は、路線バスでは不可能である。しかも、今日では生活交通のほとんどが通学生で高率の割引が行われ、1人あたりの実収単価が小さいのに対して、観光や鉄道施設を使ったエンターテインメントで集客する場合には、生活交通よりもはるかに大きな実収単価を得ることができる。さらに、生活交通は自家用車との選択となって、その鉄道自体の付加価値は小さい。それに対して、鉄道自体を楽しみにした旅行だと付加価値は大きく上がる。しかも、同じ鉄道の車両・施設を使うので、生活交通との結合生産となって、追加すべきコストも小さい。

つまり、ミニマムを保障するために公的に支援されつつ、鉄道会社自体も観光・行楽客の誘致に努めることで、少ない需要でも路線バスよりも大きな付加価値を生み出す可能性は大きい。

公共の支援

公共による支援方法はさまざまである。かつて国による地方私鉄に対する欠損補助があったが、交付対象が固定化してモラルハザードを招きやすいとして廃止された。現在は赤字を無条件で補塡するような補助金の制度はない。

地方自治体が経費補助をするケースがあるが、これは「赤字の出し得」のようなモラルハザードが起きないように、経営計画に盛り込まれた収支計画で補助額の上限が決められたり、設備投資の所要額と経費補助の10年間の総額を決めるという方法もとられている。後者の場合、公共側の負担額が事前に決定できるという行政側のメリットがある。見込み通りの収入がない場合は、設備投資を抑えて総額を調整することになる。

また、JR三島会社では、もともと鉄道事業で採算をとることが不可能なので、設立時に経営安定基金（総額1兆3千億円）を設定した。基金の取り崩しは禁止されており、各社は運用益を欠損の穴埋めに使う。毎年補助金を交付するのではなく、いわば前払いで支払われるという制度である。しかし、近年の低金利により運用益が低迷しているために、基金を鉄道建設・運輸施設整備支援機構に貸し付けて実勢より高い金利が支払われた。これは実質的に経費補助である。国鉄改革時の思惑通りにいっていない。

ローカル私鉄では、平成14年度（2002）に欠損補助金が終了したため、自治体の単独補助に移行した例も多い。しかし、無条件で赤字を補塡するのではなく、インフラ部の維持経費を自治体が負担するという形で、実質的に「上下分離」するケースが現れた。また、鉄道施設のなかでもトンネルや橋梁の大規模な改修には大きなコストがかかる。赤字ローカル鉄道にはなかなか難しいので、これを公共が支援するために、トンネルや橋梁などの一部の施設だけを公共側が保有して維持費を負担する実質的な「上下分離」も三陸鉄道などで実施された。また、国鉄時代に建設された比較的新しい鉄道路線は、日本鉄道建設公団が建設・保有して鉄道会社に無償貸与されていた。しかし、公団廃止にあわせて鉄道会社へ無償譲渡することになったが、鉄道会社が保有すると固定資産税などの課税が発生する。そこで、土地・施設を自治体が保有したというケースもある。

その後、正式に土地とインフラ部を自治体が保有しその維持経費を負担する制度として、「鉄道事業再構築事業」が創設された。国が支援して、自治体が鉄道会社から土地や施設を有償・無償で取得して「上下分離」し、それを無償で鉄道会社に貸し付けるという制度である。

上下分離にはいくつかバリエーションがあり、自治体が土地を保有して、鉄道事業者が運行施設を保有し運行するという、福井《ふくい》鉄道、三陸鉄道の例や、自治体が第三種鉄道事業者として鉄道施設と土地を保有し、既存鉄道事業者に賃貸する若桜《わかさ》鉄道、信楽《しがらき》高原鐵道の例がある。

再構築事業ではないが、上下分離には、ほかに既存事業者が土地と鉄道施設を保有して第三セクターが運営する伊賀《いが》鉄道の例がある。近鉄が線路施設を保有するが、運行会社についても自治体の出資比率が2％しかなく、上下とも近鉄が丸抱えするということになっている。また、土地を県が取得し、沿線自治体が設備投資の所要額を提供するという形で公共が負担を行う、和歌山電鐵、三岐《さんぎ》鉄道北勢《ほくせい》線の例などがある。

この上下分離の背景にある考え方は、地域のコミュニティが鉄道の必要性を認知し、存続について合意形成が成った場合に、経営が成り立つように公共が支援するというものである。まず、支援すべきであるという合意があって、個々の鉄道の経営状態に応じて、採算可能になるまで、経費を自治体が肩代わりするという発想で始まった。それは、鉄道システムが全体として地域の共有物であるという考え方で、現にある施設をいかに活用するのかというテーマへの答えであった。

しかし、それでは際限なく支援を拡大しなければならなくなるかもしれない。そこで、鉄道会社自体の努力として、集客を図っていかなければならないのである。かつて、国鉄末期に特定地方交通線の廃止問題が持ち出されたときは、輸送密度2000人を廃止基準として示し、地域の努力を促した。それに対して、自治体は、涙ぐましい「乗って残そう運動」を展開した。輸送量が増えて、存続が決まったならば、従前通り国鉄が経営してくれるので、地域一丸となって集客運動を行った。しかし、今はどうかというと、必死に輸送密度を上げても、結局は鉄

三岐鉄道に移管された北勢線（阿下喜駅）（撮影・酒井夏来）

道が存続する限りその努力を続けなければならないのである。いずれ疲れ果ててしまうのは明らかである。それゆえに、鉄道存続運動は、長続きする、「楽しく、無理せず」の活動である必要がある。

大手私鉄の廃止路線を中小私鉄が引き継いだ、和歌山電鐵、三岐鉄道北勢線では、市民の熱心な活動が背景にあり、それに鉄道会社が協力する形で鉄道を存続させた。

続いて、千葉県のいすみ鉄道と茨城県のひたちなか海浜鉄道では社長を公募した。

平成25年（２０１３）に入って、近鉄内部《うつべ》・八《はち》王子《おうじ》線の廃止問題が持ち上がり、最終的に自治体が土地・施設を保有し近鉄の子会社が運行するということに落ち着きそうである。近鉄の場合には、軌間７６２㎜という特殊軌道ゆえにコスト高になっていたという事情や、大手私鉄ゆえの人件費負担の問題という特殊事情があった。

また、北近畿《きたきんき》タンゴ鉄道が鉄道事業を引き継いでくれる会社を募集している。北近畿タンゴ鉄道はインフラを保有し、補修は引き継いだ会社に委託することになる。

このように、各地でさまざまな動きが過去・現在とあったが、結局は、現状にプラスアルファとしてどれだけの観光・行楽需要を上乗せできるかにかかっているように思われる。

通学定期補助

地方ローカル線の公共支援の一環として、通学定期券補助を提案したい。

割引率の大きい通学定期は、文教政策の一環としてはじまったが、鉄道輸送からみると一種の「おまけ」のサービスである。車内にスペースが残っている限り、高校生が1人加わっても追加コストは必要ない。地域の子どもたちの就学の機会を保障するという崇高な目的を持って、鉄道会社の負担によって実施されてきた。

しかし、いまや地方のローカル鉄道では旅客の半分以上が通学定期券を使っている。かならずしも「おまけ」のサービスではなくなっている。それでも、鉄道の輸送力があるから、高校生の通学が可能となっている地域もある。そのナショナル・ミニマムを保障するために、通勤定期の割引率を上回る割引について、公共が負担を肩代わりすべきだと思う。その財源は、一義的には地方自治体が負担し、国が文教予算で支援すべきである。

津軽鉄道のデータで試算したところ、通勤定期旅客と通学定期旅客の1人1㎞あたりの実収単価の差額分を通学定期旅客数に乗ずると、年間762万円という数字になる。自治体が負担するのに無理な金額ではない。

JR東日本の場合は、135億円である。JR東日本は、この金額を地方のローカル線の増発などのローカル輸送の改善にまわせば、地域にとっては大きな便益を享受できることになるであろう。

定期券補助は、JR西日本の小浜《おばま》線の活性化のために小浜市が実施したケースと、北総鉄道のケースの2例について筆者は関知している。自治体が補助して運賃を引き下げた例はほかにもある。

北総のほうは、かつて白井《しろい》市の議員から相談を受けて小浜市の取り組みを紹介し、地元のミニコミ紙に掲載してもらったのが一つの契機になったものと思っている。小浜市の場合は、定期券購入者が市に申請書を提出し、割引額を銀行口座に振り込むという方式であった。駅で割引額を引いた定期券を直接購入できないのは、小浜市の説明では、JR西日本が労力を提供してくれなかったからだという。北総の場合は、千葉ニュータウン内の2市2村（その後印旛《いんば》村・本埜《もとの》村が印西《いんざい》市に併合）が実施したもので、自治体は鉄道会社に補助するのではなく、通学定期券を購入した市民への補助金である。ただし、北総鉄道の協力で、窓口で補助金分だけ割り引いて購入できたので、利用者には運賃そのものが割り引かれたという誤解を招いた。平成

22年（2010）7月、北総鉄道の線路を共用する京成成田スカイアクセス線が開業したさいに、運賃の約5％の引き下げと、通学定期券の割引率の上乗せが行われ、その所要額6億円の半分を沿線自治体が負担し、残りを北総鉄道と京成電鉄が負担した。この段階で鉄道会社への補助金となった。これによる沿線住民の恩恵は大きいと思われるが、普通運賃と通勤定期の割引率がわずかであったために、一部住民はこれに反発して、地方行政を巻き込む混乱を招くことになった。この割引は5年間を期限としているので、平成27年（2015）までである。自治体側は、補助金なしで値下げは可能と主張し、鉄道側は補助金を打ち切られた場合には運賃をもとに戻すとして対立している。

もともと、北総鉄道は京成グループと銀行が主に出資する民間主導の会社であるために、株式の過半を公共が所有する第三セクターに対して交付されるニュータウン新線建設に対する補助金を受けられなかった。また、都心部に直通する第二期線は日本鉄道建設公団が建設し北総鉄道に有償で譲渡された。建設のさい、葛飾《かつしか》区内での反対運動で開業が遅れたために建設中の利子や用地費が膨らんで、この建設費と利子の返済が開業後の経営を圧迫した。

この路線のように沿線開発と新線建設がセットとなる場合は、沿線開発が計画通りに進めば収支の帳尻《ちょうじり》があうことになるが、千葉ニュータウンの場合は、ニュータウン開発が大きく遅れ、さらに計画自体が縮小された。鉄道が計画されたときと状況が大きく変わったのである。そもそもニュータウンの足として必要であるとして、開業が急がれた路線であるので、会社の責任に帰すことができない部分については、公共（国・県）側がある程度責任を取るべきであると考える。

北総鉄道のケースは損益と資金収支が大きく乖離《かいり》しており、黒字を出しているので法人税は高く、資金については不足しているというジレンマがある。損益は単年度の収支であるが、資金収支の支出には建設費の巨額の償還額が加わる。これに対しては、旧鉄道公団から債権を引き継いだ鉄道建設・運輸施設整備支援機構がインフラ部を買い戻して、改めて会社にリースすることで、建設費の回収額を営業費用に乗せて、最終利益を圧縮して法人税の額を小さくすることも検討すべきだと思う。

まとめ

日本の鉄道政策では、本書で触れたほかにもさまざまな問題がある。

整備新幹線は、財源が限られるために、北陸新幹線、北海道新幹線に続く整備路線の整備期間は10年以上の長きにわたることになる。沿線自治体は工事期間の短縮を求めて陳情活動を行っている。

都市鉄道・地下鉄では、東京、大阪ではほぼ都市圏のネットワークが完成して、これからは既存の鉄道ネットワークの機能を高めるための路線の整備が求められるが、既存路線に比べて需要規模が見込めないにもかかわらず、建設費が巨額になるために、プロジェクトとして成立しないケースが多い。広域に便益が波及するような社会的に有益な路線については、インフラ部を公共事業として国・自治体が実施し、採算可能な使用料で運行事業者に賃貸する制度の拡充が期待される。現在、上下分離の制度により相鉄・JR連絡線、相鉄・東急連絡線の建設が進められている。

また、新規路線は需要規模が小さいケースが多くなるため、本格的な地下鉄や高架鉄道ではなく、輸送単位の小さい新交通システムやLRTなど、身の丈に合った交通機関の整備を検討すべきである。また、バスを使った高速輸送システムも各地に現れている。

地方のローカル鉄道については、自然災害による線路の寸断が増えている印象があるが、いったん大規模な災害にあうと自力で復旧することは難しい。国による災害補助、災害被害に対する保険など制度が整備されてきているが、残される自己資金部分も、ローカル鉄道にとっては負担が大きすぎる。復旧せずにそのまま廃止される路線もある。

地方の需要規模が小さい鉄道路線については、それを維持する理由を明確にしたうえで、鉄道会社は非日常需要の誘致や日常需要の掘り起こしをし、公共側も十分な支援体制を確立することが望まれる。現在は、インフラ部の維持経費について、上下分離などの制度により公的な補助が行われているが、これからはこれに加えて、通学定期券補助など、人キロに応じた補助金制度が実施されれば、地方ローカル鉄道の経営改善に資することになる。また、需要喚起努力に報いる形の報奨金的な補助金制度を創設することも考えるべきであろう。

自家用車は便利であり、とくに地方では自動車なしではまともな生活は送れない。しかし、いつまでも自家用車が使えるわけではない。運転ができなくなった段階で、外出がおっくうになって「ひきこもり」になる高齢者が増えるだろう。また、都市部では、そもそも公共交通が充実していれば維持費のかかる自家用車を持たなくても生活ができる。自家用車は、都心部では広大な駐車場を必要とし、また道路の幅員も広げなければならない。都市部においては、土地浪費型の交通機関であるということも認識すべきであろう。地方の財政が厳しくなっていくなかで、既成市街地の再生による都心部の土地利用の効率化のためにも、鉄道・軌道などの公共交通機関の整備が重要である。

佐藤信之（さとう・のぶゆき）

1956年，東京生まれ．亜細亜大学大学院経済学研究科博士後期課程単位取得．亜細亜大学講師，一般社団法人交通環境整備ネットワーク代表理事・会長，NPO法人全国鉄道利用者会議（鉄道サポーターズネットワーク）顧問，公益事業学会，日本交通学会会員．専攻・交通政策論，日本産業論．

著書『最新鉄道業界の動向とカラクリがよ～くわかる本』第2版（秀和システム，2012）
『コミュニティ鉄道論』（交通新聞社，2007）
『鉄道時代の経済学：交通政策の始まり』（交通新聞社，2006）
『首都圏の国電：戦後の発展史』（グランプリ出版，2005）
『地下鉄の歴史：首都圏・中部・近畿圏』（グランプリ出版，2004）
『モノレールと新交通システム』（グランプリ出版，2004）
『都市鉄道整備の展開：東京圏鉄道プロジェクト』（電気車研究会，1995）
ほか

鉄道《てつどう》会社《がいしゃ》の経営《けいえい》
中公新書 *2245*

2013年12月20日発行

著　者　佐藤信之
発行者　小林敬和

本文印刷　三晃印刷
カバー印刷　大熊整美堂
製　　本　小泉製本

発行所　中央公論新社
〒104-8320
東京都中央区京橋 2-8-7
電話　販売 03-3563-1431
　　　編集 03-3563-3668
URL http://www.chuko.co.jp/

Published by CHUOKORON-SHINSHA，INC.
Printed in Japan　ISBN978-4-12-102245-5 C1234